U0565101

黑格尔与现代西方本体论

HEGEL AND MODERN WESTERN ONTOLOGY

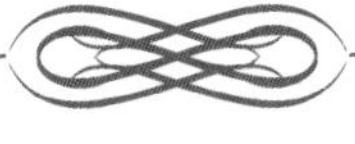

曾劭恺 著

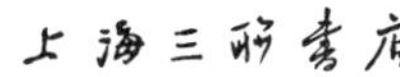

目录

导 言

一、引 言

本书以拉丁宗教哲学本体论为背景，诠释黑格尔（G. W. F. Hegel，1770–1831）的思辨哲学，并以黑格尔思辨哲学（speculative philosophy）为背景，诠释新教正统（Protestant orthodoxy）本体论思想在他之后的发展。现代哲学、欧陆哲学研究者在讨论黑格尔时，经常提及他的宗教背景，但往往未能正确厘清此背景对他的影响。反之亦然，几乎没有研究现代西方宗教思想史的学者会否认黑格尔的重要性，但他具体对十九、二十世纪西方宗教本体论造成什么影响，却少有人能言明。

哲学研究者之所以往往未能精确掌握黑格尔思想的宗教背景，原因之一在于十九世纪以降的西方哲学家带有一种渐趋主流的观点，认为宗教虽是现代哲学之母，但哲学已然在历史的洪流中取代并扬弃了宗教。在这样的氛围下，哲学研究者对于宗教思想往往相当陌生。笔者曾在一次国际会议上与一位知名英伦观念论学者对谈，发现他对西方宗教思想的基本内容带有许多误解，譬如他以为新教一概不承认人有自由意志，而他对于这套思想如何区分不同意义上的“自由”则一无所知。

黑格尔自身的学术训练并非哲学，而是神学，他毕业于图宾根大学（Eberhard Karls Universität Tübingen）的新教神学院（Evangelisches Stift）。尼采（Friedrich Nietzsche，1844–1900）戏谑的名言，或许对于当代的十九世纪欧陆哲学研究，特别是黑格尔及观念论研究，能够带来重要的提醒：“你只需要说‘图宾根神学院’，就能明白德意志哲学其实是什么东西——挂着羊头卖狗肉的神学。”[1]

另一方面，近代西方宗教思想史研究者经常忽略其哲学史及文化史背景，重要原因之一在于，所谓“长十九世纪”（long nineteenth century）出现的哲学文献远较早期现代哲学著作艰涩。因此，这研究领域在过去数十年间，少有学者能充分掌握康德（Immanuel Kant，1724–1804）、歌德（Johann Wolfgang von Goethe，1749–1832）、席勒（Friedrich Schiller，1759–1805）、费希特（Johann Gottlieb Fichte，1762–1814）、施莱格尔兄弟（August Wilhelm Schlegel，1767–1845；Friedrich Schlegel，1772–1829）、诺瓦利斯（Novalis，1772–1801）、谢林（Friedrich Schelling，1775–1854）、荷尔德林（Friedrich Hölderlin，1770–1834）、黑

1. Friedrich Nietzsche, *The Anti-Christ*, *Ecce Homo*, *Twilight of the Idols*, *and Other Writings*, eds. A. Ridley and J. Norman（Cambridge：Cambridge University Press, 2005）, 9.（本书外语文献皆由笔者翻译，以下不再注明，除非另行标示。）

格尔、尼采、克尔凯郭尔（Søren Kierkegaard，1813–1855）、爱默生（Ralph Waldo Emerson，1803–1882）等人的文本，更遑论相关二次文献及学术辩论的前沿发展。再者，许多宗教思想史研究者出于自身的信仰，对于哲学——特别是现代哲学——带有深刻的敌意。这使得他们在研究巴文克（Herman Bavinck，1854–1921）等现代基督教思想家时，难以正视黑格尔等现代哲学家为其带来的正面启发。

本书探讨历史人物思想的进路，属乎“十九世纪基督教思想”（nineteenth-century Christian thought），此乃英美及欧洲的新兴学科及范式，以长十九世纪思想及文化史的原典及相关二次文献为框架，探讨广义基督教“思想”（不只是教义或神学）在社会文化领域中的发展与影响。它以神学史为背景诠释十九世纪欧美思想史及文化史，并以欧美思想史及文化史诠释十九世纪神学史。

此新兴领域及范式始于牛津大学。熟悉英语人文学界的读者可能知道，英伦大学的哲学系乃分析哲学的天下，而研究近代欧陆哲学的专家，许多都在大学的神学系任教。笔者在牛津大学攻读研修硕士（MSt）及哲学博士（DPhil）时，主攻现代基督教思想，所受的基础训练即是以近代欧美思想史为主要框架，阅读了大量的原典，包括上述十九世纪思想家的著作，以及海德格尔（Martin Heidegger，1889–1976）、西蒙娜·薇依（Simone Weil，1909–1943）等二十世纪作者的作品。牛津这种学科氛围，为“十九世纪基督教思想”研究领域提供了坚实的基础。

2013 年，笔者有幸受邀参与权威编著《牛津十九世纪基督教思想手册》(*Oxford Handbook of Nineteenth-Century Christian Thought*) 著述。2015 年，数十位以牛津学者为主体而广邀自世界各地的跨学科学者在牛津三一学院 (Trinity College) 开会，讨论该编著的学科方法论，在这些编著作者及受邀学者的共识下，产生了“十九世纪基督教思想”的新学科。

在此学术圈内，康德与黑格尔通常被视为两座高峰，他们为现代基督教思想带来的启发以及他们构成的障碍，犹如柏拉图与亚里士多德之于初代基督教教父。简言之，我们的理解是，后康德时期的 (post-Kantian) 哲学受到康德批判主义的影响，在“形而下”与“形而上”之间开裂了一道认识论的鸿沟 (不论这是否符合康德自己的用意)，强而有力地否定了人类使用理论理性思辨形而上观念 (第一批判：上帝、宇宙、心灵；第二批判：上帝、自由、永恒) 的可能性。[2] 黑格尔则在康德之后，力图使形而上学、思辨哲学死灰复燃。

笔者的博士导师拉斯穆森 (Joel Rasmussen) 教授在《牛津十九世纪基督教思想手册》中写道，黑格尔带来了“对上帝这概念的重新理解，视上帝为世界内、与世界同在、在世界之下的动态精神，而非完美不变且全然超越世界的存在”，这种“彻底现代”的本体论与“古典神论”(classical theism) 背

2. 康德研究当中有个历史悠久的传统，认为他的超验观念论不只是在认识论层面上开裂现象与本体的鸿沟。笔者已在拙作 Shao Kai Tseng, *Immanuel Kant* (Phillipsburg：P&R, 2020) 中处理这种诠释。发扬此观点的主要当代著作包括：Paul Guyer, *Kant and the Claims of Knowledge* (Cambridge：Cambridge University Press, 1987)；Rae Langton, *Kantian Humility*：*Our Ignorance of Things in Themselves* (Oxford：Oxford University Press, 1998)。

道而驰。[3]之所以说黑格尔的本体论是“彻底现代”的，乃在于哲学史上所谓“现代性”（modernity）的界定。根据康德研究权威阿默里克斯（Karl Ameriks）描述的主流观点，康德对理性的批判乃是为现代哲学“搭建舞台”（stage-setting），而现代哲学“早期后康德‘创办者的时代’”（early post-Kantian “founders’ era”）则属乎黑格尔那一辈。[4]思想史的现代时期有别于早期现代（early modern）之处，在于现代思想的所谓“历史转向”（turn to history）以及根深蒂固的“历史意识”（historical consciousness），这是康德自己尚未确立的。[5]在后康德观念论（post-Kantian idealism）传统中，形而上的历史主义（historicism）一方面在康德之后重新开启了对形而上观念进行思辨的可能性，另一方面却将基督教对上帝超越性（transcendence，包括祂的绝对性［absoluteness］与不变性［immutability］）的传统理解逼入了思想上的困境。笔者在《牛津十九世纪基督教思想手册》中论及黑格尔时，也提出了同样的理解，这基本上是牛津十九世纪基督教思想研究学派的共识。[6]

在当前英语黑格尔研究中，这种“形而上”的诠释在许多

---

3. Joel Rasmussen, “The Transformation of Metaphysics,” in J. Rasmussen, J. Wolfe, and J. Zachhuber, eds., *The Oxford Handbook of Nineteenth-Century Christian Thought*（Oxford: Oxford University Press, 2017）, 16.
4. Karl Ameriks, *Kant and the Historical Turn: Philosophy as Critical Interpretation*（Oxford: Oxford University Press, 2006）, 15.
5. 参 Johannes Zachhuber, “The Historical Turn,” in *Oxford Handbook of Nineteenth-Century Christian Thought*, 57。
6. Shao Kai Tseng, “Church,” in *Oxford Handbook of Nineteenth-Century Christian Thought*, 614–619.

圈子中并不受欢迎。许多学者倾向于强调黑格尔著述的“形而下”社会向度，因为这能令黑格尔的思想变得更为实用、更有市场。笔者 2018 年出版《黑格尔》(*G. W. F. Hegel*)[7] 一书时，拉斯穆森教授在内页荐语中评论道，拙作的解读“在一个非神学性与非形而上学的黑格尔诠释较强势地影响学术场景的时代”，“重建”了黑格尔文本“所当得的”诠释。

我们稍后会介绍当代黑格尔研究的几个主要学派。在这里，我想开门见山地表明我诠释这位哲学家的路线。我所采取的是“修正形而上学派”(revised metaphysical school)的范式，这种进路严肃对待“后康德学派”(post-Kantian school)的历史批判法，却仍保留“传统形而上学派”(traditional metaphysical school)对黑格尔文本字义的尊重。私以为这种诠释范式不但最贴近黑格尔的文本并正视他写作的历史文化背景，且最能帮助我们明白他对后世的影响，以及他的思想在当代处境中的意义。

对于本书的内容与写作目的而言，这样的诠释尤为重要。本书旨在介绍正统基督教思想在黑格尔之后的发展。所谓“正统”是指尼西亚–迦克墩(Nicene-Chalcedonian)的认信传统所界定的本体论。再者，由于黑格尔对基督教思想的冲击首要对象是新教，本书所呈现的也是新教思想家站在拉丁正统的立足点上，与黑格尔所进行的批判性对话。

笔者 2019 年赴图宾根大学新教神学院参加“中德奥古斯

---

7. Shao Kai Tseng, *G. W. F. Hegel*(Phillipsburg: P&R, 2018).

丁学术会议”，在楼梯间颇为激动，叹道：“这曾是黑格尔、谢林、荷尔德林每天踏过的台阶！”其时图宾根大学天主教神学系的哲学教授布拉肯朵夫（Johannes Brachtendorf）博士答道：“黑格尔对于我们天主教神学研究者而言并不是那么重要，我们比较在乎回到传统。”此断言诚然属实：天主教神学家当中，与黑格尔互动者并不多，主要始于二十世纪，包括拉纳（Karl Rahner）、拉库娜（Catherine Mowry LaCugna）等。

有鉴于此，本书介绍拉丁正统本体论时，与天主教重叠的部分，皆是宗教改革前的思想，是新教与天主教共有的。这包括拉丁正统的《亚他拿修信经》（Athanasian Creed）所界定的三一论等。我们着重探讨的内容，乃是十九、二十世纪持守此正统的新教思想家如何受黑格尔启发，并回应黑格尔的挑战。

本书对黑格尔与正统基督新教的解读，采取了相关学术圈内一种较新的范式。相关学界早已注意到，十九、二十世纪几位持定或诉诸正统的基督新教思想大家，在著述中大量使用黑格尔及德意志观念论（German idealism）的词汇。对于这种现象，过去的学者大体上有几种不同的解释。其中一种解释是，这些思想家的论述中有两套难以调和的体系，使得他们时常自相矛盾。另一种解释是，他们使用德意志观念论的词汇，都是为了驳斥这套现代思想，以维护古老的基督教正统。

近年来，几个主要的基督新教研究领域或不约而同、或相互影响，发展出一套新的理解。在巴特（Karl Barth，1886–1968）及巴文克两大研究领域中，出现了“现代又正统”（orthodox and modern）或“现代却正统”（orthodox yet modern）

一说。这种见解摆脱过去那种在“现代”及“正统”之间过于简化的对立二分，肯认这些基督新教思想家对拉丁传统古典神论的委身为其本体论的核心与整体框架；在探讨他们如何克服现代思辨哲学之挑战时，亦正视德意志观念论对他们的正面启发。

本书将以三位现代新教思想家为样本，呈现黑格尔之后建构“现代又正统”或“现代却正统”之基督教本体论的不同典范。这三者分别为巴特与巴文克，以及荷兰裔美国哲学家范泰尔（Cornelius Van Til，1895–1987）。他们分别提出了不同的论述，其中巴特与另二者的差异尤为可观，但三者皆有一共通点：他们的方法论皆以“后思”（*Nachdenken*）及“反思”（*Reflexion*）为进路，而这正是欧陆观念论“思辨法”（*Spekulation*）的核心。

这三位思想家不约而同地严厉拒斥了思辨哲学。德文及英文的“思辨”亦有“臆测”之意，而他们皆采后者的含意，将此单词作贬义词使用。然而，这主要是出于他们那一代基督教思想家对这专有名词的偏见。事实上，欧陆观念论思辨法最主要的特色就是拉丁基督教传承自奥古斯丁（Augustine of Hippo，354–430）及安瑟尔谟（Anselm of Canterbury，1033–1109）“信仰追求理解”（*fides quaerens intellectum*）的类比法（analogical method）。在此意义上，这三位基督教思想家皆采取了某种思辨法，与黑格尔相互呼应。然而，这三位思想家在某种意义上都是反形而上学的（anti-metaphysical）：他们的方法论在基础上与黑格尔的思辨**哲学**背道而驰。黑格尔思辨法的信仰是以笛卡尔（René Descartes，1596–1650）的“我思”（*cogito*）为对象，正如他自己所言，他的思辨逻辑旨在令康德批判哲学“连根拔起”的笛卡尔思辨传统死灰复燃。[8] 巴特、巴文克、范泰尔的信仰则以奥古斯丁及安瑟尔谟的上帝为对象（尽管后二者对安瑟尔谟多有误解），视其为伟大无以复加之完美存在，亦即不可改变的上帝，其三一本质是无可扬弃的（*aufgehoben*，本书稍后会解释“扬弃”或“弃存扬升”一词）。

对黑格尔而言，“我思”及“我在”的确定性，乃是一切思辨的出发点，使人类意识能够反思上帝：正因我们拥有理性的本质，所以上帝必须存在，或者说，上帝必须成为实存者。对巴特、巴文克、范泰尔而言，我们能够理性地反思自己、反思这世界、反思上帝，是因为上帝必然自有永有地实存为三一者，且祂在历史时空中将自己启示于人类，而其之为超越者的本质却未曾改变。

本书第一部分将以浅显的方式呈现黑格尔思辨形而上学的样貌。如哈佛大学迈克尔·罗森（Michael E. Rosen）教授在拙作《黑格尔》的荐语中所言：“没有任何伟大哲学家对其读者所呈现的障碍，比黑格尔更加艰巨可畏。”[9] 本书假设大多数读者的兴趣在于黑格尔之后的正统基督教本体论，对黑格尔的思想并没有深入研究。因此笔者不会用艰涩的术语提出对黑格尔的诠释，而是以较为日常的用语勾勒出黑格尔的思想背景与内容，

---

8. G. W. F. Hegel, *The Science of Logic*, George di Giovanni, ed. and trans.（Cambridge: Cambridge University Press, 2010）, 7–8.
9. 见拙作 Tseng, *G. W. F. Hegel* 书中荐语。

进而用较为易懂的方式为读者介绍本书第二部分所使用的一些专有名词。

本书第二部分是笔者在学术上提出拙见之所在。我们将分别探讨巴特、巴文克及范泰尔本体论思辨的现代性与正统性。在这些领域当中，当前学术前沿的学说多以英文为首，其中一个原因当然是英文书籍的市场远胜德文及荷兰文。另一个原因是，近期欧陆人文学科对一次文献的重视，使得当代学者之间日渐缺乏二次文献的互动，以致英语世界成为当今学术辩论的主要战场。有鉴于此，本书引用文献将以英文及英译为主，只有在需要厘清原文含意之处才会参考德文及荷兰文原典。

二、专业术语的翻译问题

念及本书所采取的诠释范式，笔者在一些专有名词的翻译上，必须对当前汉语学界的主流译法提出异议。特别值得指出的并不是黑格尔的用语，而是康德笔下的 *transzendent*（transcendent）及 *transzendental*（transcendental），这关乎本书所处理的主要课题。当前汉语学界通常将 *transzendent* 一词译为“超验”，而 *transzendental* 则译为“先验”。这种翻译显然切割了康德的思想与拉丁传统之间的连贯。康德笔下的 *transzendent* 源于拉丁哲学“超越性”（transcendence/*transcendens*）一词（亦即新儒家“内在超越”一词的西学来源），它同时具有形而上学与认识论的含意：它在本体论上指上帝与受造世界之间的无限本质差异（infinite qualitative difference），在认识论上则指上帝的“不可参透性”（incomprehensibility）——“有限者无可承受无限者”（*finitum non capax infiniti*）。所谓上帝的“不可参透性”，乃是指上帝之本质的不可知性（essential unknowability）：人类无法直接认知上帝的本质，只能透过上帝自我启示的历史行动来反思上帝的本质。相对于“超越性”的则是“临在性”（immanence），指上帝临在于受造界的万有。超越的上帝借由自我启示、自我彰显的行动，临在于这世界，其之为超越者的存在与本质在临在的行动中却不曾改变、毫无减损。

康德使用 *transzendent* 及 *immanent* 时，与拉丁哲学有重要的连贯。的确这两个词汇在他的《纯粹理性批判》当中，认识论的维度远较形而上的维度显著。康德的超验观念论（transcendental idealism/*transzendentaler Idealismus*，当前汉语学界一般作“先验观念论”）是否或有意或无意构成一套“反形而上的形而上学”，在当前西方学界仍是激烈辩论的议题。[10] 不论如何，在认识论的维度上，将 *transzendent* 译为“超验”，似乎符合康德文本多处提出的定义。这形容词被用以指涉一切“超乎”经验的原则（*Prinzipien*：本体或逻辑上的预设出发点），而与之相对的乃是 *immanent*，指“其用法全然被局限于可能经验的限度内”的原则。[11] 换言之，*transzendent* 一词乃是形容超

---

10. 关于此辩论，笔者的观点接近阿利森学派：Henry Allison，*Kant's Transcendental Idealism：An Interpretation and Defense*，revised and expanded edition（New Haven：Yale University Press，2004）；笔者最赞同的解读是：Karl Ameriks，*Interpreting Kant's Critiques*（Oxford：Oxford University Press，2003）。

11. Immanuel Kant，*Critique of Pure Reason*，trans. Paul Guyer and Allen Wood（Cambridge：Cambridge University Press，2007），A 296/B 352. 另参页 A 327/B 383。原文：Immanuel Kant，*Kritik der reinen Vernunft*，in *Kritik der reinen Vernunft*，*Kritik der praktischen Vernunft*，*Kritik der Urteilskraft*：*Ungekürzte Sonderausgabe zum Kantjahr 2004*（Wiesbaden：Fourier Verlag，2003）。

乎经验而无可认知的原则。

然而我们必须注意到，在认识论的维度上，康德笔下的 *transzendent* 并非仅仅指涉“超乎经验”。他在《纯粹理性批判》第一版序言的第一段，就指出形而上学的问题乃“超越（*übersteigen*：*transzendent* 的动词）人类理性的一切能力（*Vermögen*）”。[12] 换言之，*das Transzendente* 所超越的不只是经验，而是一切认知（*Erkenntnis*），因此翻译为“超验”不足以表达这词汇在认识论维度上的含意。

再者，*transzendent* 及 *immanent* 在康德的著述中，不只具有认识论的、纯理性的（noetic）[13] 维度，还带有一种形而上的、在体性的（ontic）维度。*Das Immanente* 之所以能被应用于我们的经验，乃因它是“物理”的，而 *das Transzendente* 之所以超越我们的认知，是因为它是“超物理”的：“前者属乎自然，只要它的认知能具体地被应用于经验；后者属乎诸经验对象之间的连结，而这超越一切的经验”。[14] 换言之，*das Immanente* 乃因属乎自然，所以能被我们认知；*das Transzendente* 乃因超乎自然，所以我们无从认知。在这意义上，*das Transzendente* 超越的不只是**经验**——这仅仅是主观、纯理性、认识论维度的一部分。*Das Transzendente* 于客观、在体性、形而上的维度上，乃是超越自然的。在这里，康德使用 *transzendent* 及 *immanent* 的

12. Ibid., A vii.

13. “纯理性”及“在体性”的区别可简单地理解为“主观认知”及“客观事实”。用康德自己的比喻，当我们在海边观望时，海平线看起来会高于海岸线，这种必然的主观错觉或假象是“纯理性”的；但客观而言，海平线与海岸线都在球体的表面上，这是“在体性”的事实。

14. Kant, A846/B874.

方式，就与拉丁哲学的定义相当连贯了。不同点在于，拉丁传统的“超越性”在认识论上仅意味“不可参透性”，在康德这里却变为理论上的全然不可知性：前者肯定人类理性能够反思上帝的本质，后者则否定这种可能性。

总之，汉语康德研究学界通常将 *transzendent* 及 *immanent* 译为“超验”及“内在”，笔者认为有待商榷。*Immanent* 在主观、纯理性的维度上，或许有“内在”的含意，但鉴于它在康德文本整体的含意，以及它在定义上与拉丁传统的连贯，则翻译为“临在”会更为妥当。而综合 *transzendent* 整体的含意（在认识论维度上超越一切认知、在形而上维度上超越自然），以及这词汇与拉丁传统的连贯，笔者认为翻译为“超越”会更贴切。

至于 *transzendental* 一词，本书第一章会有较详细的解释。汉语学界一般将其译为“先验”，这的确符合康德自己在一些文本当中所下的定义：“我称一切不被诸对象占据（*von Gengenständen…beschäftigt*），而是被我们对于诸对象的认知模式（*Erkenntnisart*）之为在经验以先（*a priori*）具有可能的认知模式的认知（*Erkenntnis*）为 *transzendental*。”[15] 然而这句话当中，*a priori* 也是康德的术语，与 *a posteriori* 相对。我们需要先厘清这对拉丁文词汇，才能继续讨论 *transzendental* 的翻译。

在汉语康德研究学界，*transzendental* 的标准翻译是“先验”（也有学者译为“超验”），*a priori* 和 *a posteriori* 则分别作

15. Ibid., B25.

“先天”“后天”。然而，在较广泛的哲学研究领域中，*a priori* 和 *a posteriori* 通常被译为“先验”“后验”。笔者不知这对术语为何在康德学界会被译为“先天”“后天”，因为这并不符合康德文本的定义，也不符合康德在哲学史脉络上所处的位置。

在早期现代欧陆哲学中，*a prioi* 及 *a posteriori* 是两种逻辑论证的进路，前者是从因到果的推论，后者则是从果到因的推论。[16] 这也是 *a prioi* 及 *a posteriori* 在莱布尼茨（Gottfried Wilhelm Leibniz，1646–1716）与沃尔夫（Christian Wolf，1670–1754）形而上学体系中的定义。莱布尼茨及沃尔夫认为，人类能够诉诸 *a priori* 的知识来建构形而上学，因为人类拥有“上帝”等与生俱来的**先天内在观念**（*eingeborene Ideen*）。康德受休谟（David Hume，1711–1776）启发，对莱布尼茨与沃尔夫的形而上学提出批判。康德提出，人类的理性会自然而然地、必然地生出“灵魂”“宇宙”“上帝”等观念（*Ideen*），而这些观念会进而生出一种“假象”（*Illusion*/*Schein*），让我们以为自己的心灵当中有内在的观念，对应于外在实存的超越（*transzendent*）对象。[17] 康德认为这种假象无可避免，就像海平线在主观视觉上必然高于海水在岸边的高度。[18] 康德如何处理这种假象，不是此处的重点。重点在于，对康德而言，超越的**观念**对于人类心灵而言乃是先天而自然（属乎人类理性之本性）的，但这些先天观念看似构成的 *a priori* 知识却

---

16. Howard Caygill, *A Kant Dictionary*（Oxford: Blackwell, 1995）, 35.
17. Ibid., A297/B353–A298/B354.
18. Ibid., A297/B354.

只是假象。

康德虽接受休谟对理性主义的批判，但康德不同于休谟，康德坚持 *a priori* 认知以及此认知所构成的判断乃是可以成立的。为了替 *a priori* 认知及判断辩护，康德在定义 *a priori* 及 *a posteriori* 时有别于莱布尼茨与沃尔夫：康德特别强调**经验**在这两种思维模式中所占的地位。这两个词汇在康德笔下描述不同的名词时，会有不太一样的含意，但基本定义有清楚的界定。后者的定义较为简单："仅仅借自经验者……乃是仅仅 *a posteriori* 被认知的，亦即透过经验被认知的。"[19]

康德对 *a priori* 的定义较为复杂，因为他的用意是申论综合（*synthetisch*）*a priori* 判断与知识之成立。对他而言，理性主义传统以因果定义 *a priori*，显然无法使 *a priori* 判断与知识成立。他对 *a priori* 的定义有两个基本条件：（一）普遍性与必然性；（二）纯粹性。所谓普遍性与必然性，是相对于经验而被定义的："这类普遍认知——它们同时拥有内在必然性的特征——必须是在其自身清晰而确定的，独立于经验；因此我们称它们为 *a priori* 的认知。"[20]

康德在同一段论述当中，也定义了 *a priori* 的纯粹性。他笔下的"纯粹"（*rein*）有多重的相关用法，有时与 *a priori* 同义，而有时"纯粹"是指不掺入任何经验："……如果我们从我们的诸多经验中排除属乎感官的一切，某些特定的原始概念以及由它们生出的判断仍会存留，这些概念及判断必定是全然 *a priori*

19. Ibid., A2.
20. Ibid.

生成的，独立于经验……”[21] 换言之，*a priori* 概念及判断的**纯粹性**在于它全然**独立于**经验、不掺和任何经验。

综上所述，康德定义 *a priori* 及 *a posteriori* 的关键在于**是否由经验形成**。若翻译成“先天”及“后天”，就错失了**经验**在这两个词汇中的重要性，也忽略了康德与莱布尼茨及沃尔夫在定义上的关键差异。再者，康德认为形而上的**观念**是与生俱来的、必然由人类心理的自然本性所产生；按照普通汉语的定义，我们可以说这些观念是“先天”的。然而一反莱布尼茨与沃尔夫的形而上学，康德坚持**先天**观念不能形成 *a priori* 的判断及知识，亦即独立于经验而必然成立的判断与知识。换言之，“先天”（与生俱来）并不等于 *a priori*。如此看来，将 *a priori* 翻译成“先天”，不但忽略了康德与莱布尼茨及沃尔夫在定义上的关键差异，更忽略了康德对他们的批判。

有鉴于康德在文本中的定义，以及他在思想史脉络上的定位，笔者认为 *a priori* 及 *a posteriori* 应当翻译为“先验”及“后验”。事实上，韦卓民先生最初也是如此翻译 *a priori*，但后来顾虑到 *transzndental* 已然被译为“先验”，因而采用了“验前”。而这就迫使我们回头思考如何翻译 *transzendental* 了。如稍早所见，康德对 *transzendental* 的定义有两个条件：（一）先于经验；（二）认知到各种认知模式（康德特别强调经验的认知）之为可能、如何可能。如此，倘若 *transzendental* 单单翻译成“先验”，那么就与 *a priori* 没有任何区别了；这样的翻译无

---

21. Ibid.

法体现上述定义的第二个条件。

再者，*transzendental* 的拉丁字首“*trans-*”有“跨越”“超越”的意思。作为形容词，*transzendent* 乃是描述被认知（或说不可能被认知）的对象，而 *transzendental* 乃是描述一种特定的认知，这两者有相同的拉丁字源，乃是因为两者皆指涉某种意义上的“超越”。前者指涉“超越一切认知”以及“超越自然”；后者指涉“超越经验”。换言之，*transzendental* 的认知是一种超越经验的认知，它使得经验的认知成为可能。如此看来，*transzendental* 应该翻译为“超验”，而非“先验”。

综上所述，本书对于康德笔下一些关键专有名词，将采取与主流汉语学界不同的翻译：超越（*transzendent*）、超验（*transzendental*）、临在（*immanent*）、先验（*a priori*）、后验（*a posteriori*）。需注意的是，这套译法虽与汉语学界的现象学派（phenomenalist school）相似，但笔者对康德的诠释其实较接近主流。笔者在《康德》一书中，明确拒斥了现象学派的诠释。[22] 笔者如此翻译这套词汇，与本书诠释黑格尔及德意志观念论传统的方式息息相关。简言之，康德的**超验**观念论将“超越性”与“不可知性”画上等号，使得上帝、自由、永恒等形而上观念在理性的理论使用上，只能被当作用以整合知识的规约原则（*regulative Prinzipien*），却不能构成知识；黑格尔则以**绝对**观念论（absolute idealism）回应康德，设定人类与上帝绝对者之间的终极同一性（*Identität*），使得人类得以将上帝当作理性思辨的对象。

22. Tseng, *Immanuel Kant*.

三、黑格尔于当代的全球影响

在此我们需要处理一个问题：研究黑格尔对十九、二十世纪基督教思想家带来的启发及造成的挑战，对于当代读者有何意义？以范泰尔为例，他年轻时，英伦观念论（British idealism）在英语世界仍备受尊崇，在社会文化的许多方面发扬黑格尔的思想。然而，这始于十九世纪中叶的哲学运动，在二十世纪初渐趋势微。分析哲学、存在主义、逻辑实证主义等新兴学派渐渐取代了英伦观念论的地位。麦康奈尔（Timothy McConnell）在一篇 2005 年的论文中提出，范泰尔对"观念论的使用……对他护教学长远的适用性造成一种潜在的限制"。[23] 尽管黑格尔研究始终是一门显学，观念论传统在学术界也薪火不断，但麦康奈尔认为，范泰尔"如此多的分析都为观念论哲学量身定做，以致他在广泛文化界的听众转移到其他哲学型态时，他就失去他的声音"。[24]

事实证明，麦康奈尔的意见过不了多久就被推翻，而以黑格尔为首的观念论传统在文化界虽一次次看似过时，却又一次次强势回归。2007 年，加拿大观念论（Canadian idealism）泰斗查尔斯·泰勒（Charles Taylor）荣获一向有"宗教界诺贝尔奖"之称的坦普尔顿奖（Templeton Prize）。隔年他又获京都奖（Kyoto Prize）殊荣，这奖项实至名归地与诺贝尔奖并驾齐驱，

---

23. Timothy McConnell, "The Influence of Idealism on the Apologetics of Cornelius Van Til," *Journal of the Evangelical Theological Society* 48 (2005): 558.
24. Ibid., 587.

颁予在诺贝尔奖不包括的领域中达到最高国际成就的人士。泰勒 1975 年发表的《黑格尔》(*Hegel*)及 1979 年的《黑格尔与现代社会》(*Hegel and Modern Society*)表明了他哲学思想的观念论传承。[25]

二次世界大战之后的二次文献，经常将黑格尔描绘为法西斯的精神导师。泰勒纠正了这种误解，指出黑格尔的用意并非否定人类的个体性及个人权利与自由，而是借由集体社会来实现个人的自由。黑格尔的洞见，为泰勒提供了社群主义(communitarianism)的哲学基础。

从这角度看，泰勒的学生迈克尔·桑德尔(Michael Sandel)用以反对罗尔斯(John Rawls)正义理论的社群主义思想，其实可以追溯至黑格尔。桑德尔在哈佛大学主授题为"公正"(Justice)的课程，在 2007 年的选修人数达到一千一百一十五人，此课程影片更席卷全球。他在 2010 年及 2012 年分别出版的《公正：该如何做是好？》(*Justice*：*What's the Right Thing to Do*?)、《金钱不能买什么》(*What Money Can't Buy*)翻译成多国语言，畅销于国际。[26]

如果说黑格尔对桑德尔只有间接影响，那么泰勒在牛津大学任教时的另一位学生罗森(Michael E. Rosen)教授(稍早

25. Charles Taylor, *Hegel*(Cambridge: Cambridge University Press, 1975); *Hegel and Modern Society*(Cambridge: Cambridge University Press, 1979). 前者中译本参查尔斯·泰勒:《黑格尔》，张国清、朱进东译，南京：译林出版社，2012 年。

26. Michael Sandel, *Justice*: *What's the Right Thing to Do*?(New York: Farra, Straus and Giroux, 2010); *What Money Can't Buy*: *The Moral Limits of Markets*(New York: Farrar, Straus and Giroux, 2012). 中译本参迈克尔·桑德尔:《公正：该如何做是好？》，朱慧玲译，北京：中信出版社，2011 年;《金钱不能买什么：金钱与公正的正面交锋》，邓正来译，北京：中信出版社，2012 年。

提到那位替拙作撰写荐语的前辈），则是不折不扣的黑格尔学者，同时跨越分析哲学及欧陆哲学两大传统。他早年任教于牛津大学哲学系，后转赴哈佛大学政治学系担任克拉克议员教席政治伦理学教授（Senator Joseph S. Clark Professor of Ethics in Politics and Government），在全球政法精英中可谓桃李满门。他在 2012 年出版的《尊严：历史和意义》（*Dignity*：*Its History and Meaning*）一书被翻译成多种语言，畅销全球。[27]

历史一再显示，黑格尔的思想每次看似过时，都会不断回归，对全球各地的各领域带来新的启发与挑战。黑格尔思想与研究的确如麦康奈尔所言，在二十世纪一度于存在主义与后现代主义的崛起下相形失色。然而，哲学家们很快就发现，倘若未能掌握黑格尔体系，就不可能真正理解海德格尔、萨特（Jean-Paul Sartre，1905–1980）、德里达（Jacques Derrida，1930–2004）等二十世纪欧洲哲学家。[28]

二十世纪中叶，黑格尔主义哲学与黑格尔研究也因马克思主义的崛起而经历了复兴。苏联与欧陆的马克思主义哲学家肯认了马克思（Karl Marx，1818–1883）与所谓黑格尔左派（the Hegelian Left/*die Hegelsche Linke*）或青年黑格尔派（Young Hegelians/*Junghegelianer*）的密切关联，此学派将黑格尔的观念论（即所谓"唯心主义"）转化为唯物主义及无神论的体系。

---

27. Michael E. Rosen, *Dignity*: *Its History and Meaning*（Cambridge: Harvard University Press, 2012）. 中译本参迈克尔·罗森：《尊严：历史和意义》，石可译，北京：法律出版社，2018 年。

28. 参 Judith Butler, *Subjects of Desire*: *Hegelian Reflections in Twentieth-Century France*（New York: Columbia University Press, 1987）。

布洛赫（Ernst Bloch）等二十世纪马克思主义哲学家兴起了一阵黑格尔研究的热潮，研究他对马克思主义及辩证唯物史观的重要影响。[29]

当代哲学明星齐泽克（Slavoj Žižek），乃是承袭并转化此路线的怪才。他之于哲学界，犹如郎朗之于古典音乐，不以严谨的内涵、严肃的态度、卓越的品味见长，却得以成为国际巨星。齐泽克在意识形态上是坚定的共产主义者，在马克思主义的立足点上进行思想溯源，诉诸拉康（Jacques Lacan，1901–1981）的论述，重新诠释黑格尔，进而在黑格尔主义的基础上建构一套新的唯物主义本体论。在《比无更少：黑格尔与辩证唯物论的身影》（*Less than Nothing*：*Hegel and the Shadow of Dialectical Materialism*）一书中，齐泽克主张我们不能单单回归黑格尔，而是要找出黑格尔主义中最关键的要素，彻底实践黑格尔自己没有贯彻的黑格尔主义。[30] 他在代表作《易碎的绝对——基督教遗产为何值得奋斗？》（*The Fragile Absolute*：*Or*，*Why is the Christian Legacy Worth Fighting For?*）中，采取一种与黑格尔宗教哲学相似又迥异的方式，主张基督教与马克思主义在当代处境中是敌非友：革命乃是基督教的核心精神，这种精神不应该被基督教的基要派垄断。[31] 虽然他另辟蹊径的诠释在黑格尔研

29. 参 Guy Planty-Bonjour，*The Categories of Dialectical Materialism*：*Contemporary Soviet Ontology*（Dordrecht：Reidel，1965）。

30. Solavoj Žižek，*Less than Nothing*：*Hagel and the Shadow of Dialectical Materialism*（New York：Verso，2012）.

31. Solavoj Žižek，*The Fragile Absolute*：*Or*，*Why Is the Christian Legacy Worth Fighting For?*（New York：Verso，2009）. 中译本参斯拉沃热·齐泽克：《易碎的绝对——基督教遗产为何值得奋斗》，蒋桂琴译，南京：江苏人民出版社，2004 年。

究学界并未受到广泛认可，就像郎朗始终难以得到严肃音乐人的青睐，但他书籍的销量却如郎朗的票房般，在当代少有黑格尔学者或黑格尔主义者可与之并驾齐驱。

改革开放后，国内黑格尔研究蔚然成风，走向了北京大学教授杨河先生所言“新的百家争鸣时期”。[32] 所谓“左倾路线”的黑格尔研究在国内虽不再独领风骚，但事实上也从未间断。复旦大学张双利教授受邀为权威参考书《牛津黑格尔手册》（*Oxford Handbook of Hegel*）撰写“马克思与黑格尔”（Marx and Hegel）一文，反映国内马克思主义路线的黑格尔研究在国际上的地位。[33]

这些例子在在说明，黑格尔的影响遍及东西方各社会文化领域的各种立场。我们很难想象他在任何可预见的未来，会成为一位过时的思想家。

四、黑格尔与现代基督教思想

英美哲学家怀海德（Alfred North Whitehead）曾夸大地说，整个西方哲学史都是对柏拉图的注脚。若将同样的形容用于黑格尔（以及康德）对现代基督新教的影响，其实并不夸张。自十九世纪以来，没有任何主流的基督新教思想家能够绕过黑格尔，就像十九世纪以降的交响曲，皆无法回到贝多芬之前的时代。基督教自由派神学（liberal theology）鼻祖施莱尔马

---

32. 参杨河：《康德黑格尔哲学在中国》，北京：首都师范大学出版社，2002 年。
33. Zhang Shuangli, “Marx and Hegel,” in Dean Moyar, ed., *The Oxford Handbook of Hegel*（Oxford：Oxford University Press，2017）.

赫（Friedrich Schleiermacher，1768–1834）曾是黑格尔在柏林大学的同事，他与黑格尔在思想上进行了激烈的交锋，但二人又有许多极其相似之处。[34] 立敕尔（Albrecht Ritschl，1822–1889）是自由派传统继施莱尔马赫之后的主要代表人物，他以黑格尔为主要抨击对象，拒斥了黑格尔的思辨形而上学，采取了康德反形而上学的路线。[35] 黑格尔的"阴魂"亦继续缠扰反黑格尔的立敕尔主义阵营当中两大后期代表人物，赫尔曼（Wilhelm Herrmann，1846–1922）及哈纳克（Adolf von Harnack，1851–1930）。[36] 大卫·施特劳斯（David Friedrich Strauss，1808–1874）是圣经历史批判学的拓荒者，他曾一度隶属青年黑格尔主义运动，并将黑格尔主义的历史方法应用于圣经研究（本书论及巴文克时，会介绍施特劳斯的思想）。黑格尔的历史哲学至今仍持续影响圣经研究的基本方法及预设，尽管很多当代圣经学者并不清楚这一点。

在二十世纪的圣经研究当中，布尔特曼（Rudolf Bultmann，1884–1976）继承了这份黑格尔主义的遗产。[37] 卡尔·巴特（Karl Barth，1886–1968）是另一位与黑格尔进行深度交锋的二十世纪基督教思想家，他与黑格尔的关系至今仍是欧美巴特研究主

---

34. 参拙文 Shao Kai Tseng, "Church," in *Oxford Handbook of Nineteenth-Century Christian Thought*, 613–619。
35. 见 Rasmussen, "The Transformation of Metaphysics," 22–25。
36. Ibid., 24.
37. 布尔特曼对黑格尔的批判与传承，在 1970 年代曾是学界热议的课题。例如：J. C. O'Neill, "Bultmann and Hegel," *Journal of Theological Studies* 2（1970）：388–400；Kenley Dove, "Hegel and the Secularization Hypothesis," in *The Legacy of Hegel: Proceedings of the Marquette Hegel Symposium 1970*（The Hague：Martinus Nijhoff，1973），146–147。

要辩论的议题之一，本书也会就此课题提出拙见。[38] 在当代基督教思想家当中，莫尔特曼（Jürgen Moltmann，1926–2024）与黑格尔的相似之处常有学者提及：莫尔特曼先生认为，上帝需要世界作为他者或异在（*Anderssein*），方能自我实现为上帝，而世上无常的变幻与疾苦反映了受苦的上帝内在的本质。罗丹（R. Scott Rodin）贴切地评论道，莫尔特曼"以黑格尔的路线"，主张"上帝创造一个在祂之外的现实，是祂按照自己本性行动时不得不做的事"。[39] 此外，莫尔特曼在布洛赫的影响下提出的许多社会理论，与马克思主义路线的黑格尔研究者颇有异曲同工之妙，尽管莫尔特曼并不能在任何简单的意义上被定位为社会主义者。莫尔特曼明确拒斥马克思传承自费尔巴哈（Ludwig Feuerbach，1804–1872）的唯物论，认为唯物论只能申述某种"量的超越"（*quantitativer Transzendenz*），令人类生命沦为物质社会这庞大器械的工具或零件；在这方面，莫尔特曼认为黑格尔坚持"质的超越"（*qualitativer Transzendenz*），值得我们效法（虽然笔者并不同意莫尔特曼对黑格尔的诠释）。[40]

上述基督教思想家皆采取较为开放的路线，他们与黑格尔的关系就像原牛津大学马格丽特教席教授（Lady Margaret

---

38. 拙见已以德文及英文发表：Shao Kai Tseng，"Karl Barths aktualistische Ontologie：Ihre Substanzgrammatik des Seins und Prozessgrammatik des Werdens，" *Neue Zeitschrift für Systematische Theologie und Religionsphilosophie* 60（2019）：32–50；"Karl Barth and Actualistic Ontology，" in George Hunsinger and Keith Johnson，eds.，*Wiley-Blackwell Companion to Karl Barth*（Oxford：Wiley-Blackwell，2019）。
39. R. Scott Rodin，*Evil and Theodicy in the Theology of Karl Barth*（New York：Peter Lang，1997），79.
40. Jürgen Moltmann，*Der lebendige Gott und die Fülle des Lebens*：*Auch ein Beitrag zur gegenwärtigen Atheismusdebatte*（Gütersloh：Gütersloher，2014），27 and 42.

Professor）帕提森（George Pattison）先生在一封私信中的自我描述那般，与黑格尔处于长期的“爱恨关系”。[41] 在较为保守的当代基督教思想圈中，黑格尔更经常被视为公敌；他就像传染病的感染源，必须被隔离。

然而，这种非此即彼的敌我意识，并非保守基督新教的传统精神。荷兰新加尔文主义者凯波尔（Abraham Kuyper，1837–1920）及巴文克皆是黑格尔的热衷读者。他们确实在根本上坚定反对黑格尔的哲学体系，但他们也正面地使用许多黑格尔的词汇、概念与方法。巴文克在莱顿（Leiden）的一位师长舒尔顿（Johannes Scholten，1811–1885）甚至尝试将黑格尔的思想融入认信改革宗神学（confessional Reformed theology）的体系，尽管结果并不理想。美国十九世纪的保守新教思想家也熟读黑格尔的著作，藉之洞察当时的思想与文化。旧普林斯顿（Old Princeton）学派巨擘贺智父子中的查尔斯·贺智（Charles Hodge，1797–1878）即以黑格尔哲学的框架去分析十九世纪中叶颇具影响力的美国超验主义运动（transcendentalist movement），此文化运动由爱默生主导。林肯总统曾称爱默生为“美国文明之父”，他的爱国诗词是所有美国人在小学时就会背的。贺智评论爱默生的超验主义运动时直言，这套思想“跟随黑格尔到骨子里去了”。[42]（那些简单地将美国视为基督教国家、简单地以为经常引用圣经的美国总统都是基督徒的人，在此不

41. George Pattison-Shao Kai Tseng correspondence，30 August，2018.
42. Paul Gutjahr，*Charles Hodge*：*Guardian of American Orthodoxy*（Oxford：Oxford University Press，2011），233.

妨思考一下，林肯如此赞誉爱默生，究竟意味着什么。）

贺智直接处理黑格尔的篇幅并不多，但可以看出，他虽拒斥黑格尔的体系，却并未在文字间营造对立二分的敌我意识。从贺智论述黑格尔同时期的观念论者、自由派神学鼻祖施莱尔马赫的文字，我们便可看出他对思想对手的敬重。贺智在柏林时得识施莱尔马赫，后来在著述中追忆这位亡友，毫无保留地肯定，施莱尔马赫现在必定在基督面前颂唱他生前最爱带着孩子一起唱的赞美诗。[43] 在批判施莱尔马赫的泛神论（Pantheism）思想时，贺智首先肯定道，施莱尔马赫在早年经历中建立了对基督的敬畏，"这份对基督的敬畏，施莱尔马赫持守了一辈子……他的哲学、他的历史批判、他的一切，他都愿意臣服于他的伟大目的，就是紧紧抓住他所珍视的那位敬畏而深爱的对象"。[44]

凯波尔虽不遗余力批判自由派思想，但他也像贺智一样，从不吝于肯定自由派的正面贡献。论及施莱尔马赫，凯波尔写道："不论他在如何多的论点上失足，也不论他以多么危险的方式将自我剪除于客观启示之外，施莱尔马赫却是第一位真正高等科学意义上的神学家，因为他是首位审视神学整体，并在他的方式上决定她在科学的有机体当中的地位的神学家。"[45]

如此在立场坚定的同时仍兼容并蓄、海纳百川，正是凯波

---

43. Charles Hodge, *Systematic Theology*, vol. 2 (Grand Rapids: Eerdmans, 1989), 440.
44. Ibid.
45. Abraham Kuyper, *Encyclopedia of Sacred Theology*: *Its Principles* (New York: Scribner's, 1898), 301.

尔、贺智所属的保守新教传统原初的精神。加尔文与十七世纪改革宗正统正面使用亚里士多德方法及思想的方式即是一例。此外还有弗修斯（Gisbertus Voetius，1634–1693）与笛卡尔的著名辩论，以及维特修斯（Herman Witsius，1636–1708）较为正面地借用笛卡尔思想的方式，在在显示这传统在历史上并不以故步自封的方式来维护正统。我们还可以提出普林斯顿大学（Princeton University，原新泽西学院［College of New Jersey］）第二任校长爱德华兹（Jonathan Edwards，1703–1758）如何借用英国哲学家洛克（John Locke，1632–1704）的经验论术语，还有他在著述中所显示对霍布斯（Thomas Hobbes，1588–1679）、牛顿（Isaac Newton，1643–1727）、艾迪生（Joseph Addison，1672–1719）、巴特勒（Joseph Butler，1692–1752）、休谟，以及许多作者的丰富知识。范泰尔结合上述传统当中的阿姆斯特丹、普林斯顿两大流派。他获普林斯顿大学哲学系博士学位，研究的课题便是以黑格尔为首的观念论传统，他与巴文克一样，一方面拒斥黑格尔的基本预设，一方面又正面取材自黑格尔的哲学体系。

在晚期近代的保守基督新教思想当中，黑格尔所带来的启发与挑战，可能只有康德与施莱尔马赫可与之相比。巴文克、范泰尔等思想家深度阅读黑格尔，既回应黑格尔的挑战，又自黑格尔的体系取材，为他们的传统增添格外丰富的内涵。

简言之，不论是立敕尔、布尔特曼、莫尔特曼等采取开放路线的思想家，或是凯波尔、巴文克、范泰尔等采取保守路线的思想家，又或是巴特这样试图以辩证法彻底整合现代与正统的思想家，都因着他们与黑格尔的互动而使得现代基督新教更为广博丰富。若说基督新教思想于十九世纪以降，皆是在黑格尔巨大的身影下发展出来的，其实并不为过。既然如此，若不明白黑格尔的影响，我们就会错失现代基督新教思想当中许多精微的关键。

五、本书内容综述

如稍早所言，本书旨在介绍黑格尔之后的正统基督新教思想发展。我们将聚焦于两大主轴：（一）三一论；（二）思辨法。此二者在黑格尔的体系中相辅相成。黑格尔以三一型态呈现他的逻辑科学，而他的逻辑学不同于过去西方主流哲学传承自亚里士多德的进路：他的逻辑学就是他的本体论，他的本体论就是他的逻辑学。精神以三一型态在历史过程中发展为绝对者，而人类意识乃是产生于这三一过程，因此人类能够以自己的意识作为出发点，反思并映现绝对者，亦即上帝。

许多基督教思想家诉诸黑格尔的历史三一论，试图在后康德时代确立上帝的可思辨性。这种路线十分值得探讨，但这不是本书关注的课题。事实上，基督教思想家若要跟随黑格尔、十九世纪德意志观念论、过程哲学（process philosophy）的路线，虽然需要丰富的创意来发展建构性论述，但在本体论的层面却不需要处理艰深的难题。

对于基督教思想而言，真正艰难的挑战乃是如何克服黑格尔这严峻的障碍：不是从他面前撤退，不是绕道而行，也不是停滞于这道屏障面前，而是在这座高山峻岭上开辟通道。这意味在后康德及后黑格尔、后观念论的时代，坚持三一本质的自存性（self-existence）、永恒性（eternity）、不变性（immutability）、超越性，同时又确定这本质对于历史时空中的人类意识是可思辨的。

本书第一部分共有二章。第一章介绍黑格尔的生平与思想史背景，帮助读者在西方哲学史的脉络当中找到黑格尔的定位。第二章为读者勾勒出黑格尔思辨哲学的基本轮廓，包括他的宗教哲学。我所采取的黑格尔诠释虽不属于当前英语学界引领风骚的流行范式，但却符合历代黑格尔研究的"正统"，是一种贴近文本、尊重文本的诠释。我的论述当中较具新意的部分在于黑格尔宗教哲学在不同时期的发展。这并非我的创见，而是受到当代学者托马斯·路易斯（Thomas Lewis）近期著作的启发。[46]

本书第二部分共有三章，即第三至五章。我们将以历史先后，依序讨论黑格尔三一论及思辨法在巴文克、巴特、范泰尔三人的思想中所带来的启发与挑战。其中巴文克与范泰尔的路线十分相近，但二人在处理黑格尔三一论及思辨法时，各有独到的见解。我对此二者的诠释与过去几十年的学者较为不同之处在于，过去的学者基本上没有深入研究过黑格尔及德意志观念论的著作，也因此没有细腻地处理过黑格尔与德意志观念论在他们著作中所扮演的角色。他们以一种过于简单的敌我二分看待巴文克与范泰尔关于黑格尔的论述。近几年的巴文

46. Thomas Lewis, *Religion, Modernity, and Politics in Hegel*（Oxford: Oxford University Press, 2014）.

克学者则开始重视德意志观念论思想在巴文克笔下的复杂角色，而这些年轻学者的论述基本上也说服了上一代的一些主要学者。

相较于巴文克研究，目前论述范泰尔思想的著作，几乎都是发展及应用他的认识论体系，少有从思想史角度切入、进行文本细读的研究成果。范泰尔在世时，曾有学者批评他暗渡陈仓，在基督教思想里掺入观念论哲学，而范泰尔的拥护者则辩称，范泰尔使用观念论词汇仅仅是为了驳斥这套源自黑格尔的思想。我认为，这两派学者对范泰尔的理解都过于粗糙。倘若缺乏对黑格尔的理解，我们就很难掌握范泰尔笔下“世界观”（worldview）、“具体普遍者”或“具体共相”（concrete universal）等正面借自黑格尔的词汇，也无法明白范泰尔“超验法”（transcendental method）与康德超验论证最根本的差异。

至于巴特，认信正统（confessional orthodoxy）的规范对他的约束，并不似对巴文克及范泰尔那般强烈。这使得不少学者在后康德诠释（post-Kantian interpretation）的框架下，认为他与黑格尔的本体论颇有异曲同工之妙。我将采取一种后观念论（post-idealist）的诠释框架，指出他与黑格尔的根本差异。这框架基本上采取所谓传统主义学派（traditionalist）的诠释，但过去的传统主义学者几乎完全聚焦于巴特的文本，而我的诠释则是在忠于文本的同时，从文本重构出思想史脉络，正视巴特在文本中大量使用的传统拉丁形而上学术语及十九世纪德意志观念论专有名词。我与好友巴科（Sigurd Baark）共同开拓巴特的“后观念论诠释”，目前尚在初始阶段，我们的专著不约而同在 2018 年用英文出版。[47] 应普林斯顿巴特研究泰斗杭星格尔（George Hunsinger）教授之邀，我也在 2019 年北美巴特学会（Karl Barth Society of North America）年会上发表演说，介绍这套新的诠释框架。

在本书的总结章节中，我们将综述拉丁基督教本体论从奥古斯丁至新教的发展，从后黑格尔的角度探讨这套本体论在当代的适切性。如巴科的书名《对理性的肯定》（*The Affirmations of Reason*）所提示的，新教正统的本体论所提出的思辨法，绝非唯信论（fideism），亦非“宗教式之信仰”，要求“纯粹感情的服从，而不容一毫理性之批判者”。[48] 源于拉丁传统的基督新教正统在三一本体论的基础上所发展出的认识论，不但为人类的理性思辨提供了可能性，更将“理解”视为“信仰”的必然结果。

我希望本书能为基督教研究学者厘清黑格尔思想对现代正统基督新教所造成的重要影响，以及传统基督新教特有的“超越性”概念在后观念论时代的发展。我也希望本书能够在国内人文学界当中，为欧陆哲学研究及基督教研究两大领域建立对话的桥梁。此外，本书讨论巴文克、巴特、范泰尔的部分，处理了西方相关学界的一些前沿课题，而我的拙见也已发表于英语及德语的国际期刊与著作中，我希望这些论述能够为国内学

---

47. Sigurd Baark, *The Affirmations of Reason*: *On Karl Barth's Speculative Theology*（Cham: Palgrave Macmillan, 2018）; Shao Kai Tseng, *Barth's Ontology of Sin and Grace*: *Variations on a Theme of Augustine*（London: Routledge, 2018）.

48. 欧阳竟无：“佛法非宗教非哲学而唯今时所必须”，载王雷全编：《悲愤而后有学：欧阳渐文选》，上海：上海远东出版社，1996 年，第 6 页。

者提供与西方学术界对话的管道。对于西方哲学与基督教研究领域外的读者，我希望用这本书来介绍基督新教在西方现代性的转型过程中仍然保留的一些历史性特征，我认为这有助于洞悉基督新教在当代东亚处境当中可能发展的未来方向。不论如何，盼望我透过本书所尽的一份绵薄之力，能够抛砖引玉，在汉语人文学界的主流学术领域当中开始讨论一些过去不论在东西方都被忽视的议题。

第一章
黑格尔与西方思想史

本章及第二章将以较浅显的方式为读者介绍黑格尔的思想。碰到学术上有争议的论述时，我会简略地说明其他学者的论点，以及我所认同的诠释，但我们无法深究这些学术上的辩论。这两章的目的是概括地勾勒出黑格尔思辨哲学的轮廓，并找到其之于思想史脉络上的定位，为本书第三至五章奠定讨论的基础。

我在哲学系讲授本科高年级专业课时发现，就连主修哲学专业的学生，对黑格尔的思想也没有太深入的研究。在英美的哲学系，黑格尔的思想通常也是在哲学史、形而上学等课程上一笔带过，专门讨论黑格尔的课程，通常是研究生课，或是本科的选修课。有鉴于此，我们在本章当中会尽量避免过于艰涩专精的讨论，以日常的语言，为读者呈现黑格尔在思想史上的样貌。

一、哲学史的背景与脉络

自西方哲学于古希腊的开端以来，“神学”作为研究“上帝”概念的一门科学，在漫长的历史中有相当的一段时间被视为科学的核心（此处“科学”是指以合理的认知方式有系统地将知识整理为体系的学科）。柏拉图认为，神学的职责就是以科学论述上帝，以致“上帝始终被呈现为祂真实之所是”。[1] 亚里士多德则视神学知识为人类智慧的最高峰：“由此可见，理论科学有三种——物理、数学、神学。理论科学属乎最高的层级，而在此三者间，最后提及的那一门学科又是最高级的；因为它处理实存事物中的至高者，而每门科学之间的高低之分，乃取决于它研究的对象。”[2]

早期基督教思想家援用希腊哲学的内容与方法时，进行了大幅修改，以致他们使用希腊哲学术语时，词汇的定义与任何古典希腊哲学的学派皆大相径庭。譬如尼西亚传统的本体论区分“实体”（*ousia*）及“位格”（*hypostasis*），这对任何古典希腊学派而言皆是完全陌生的。[3] 第一世纪开始，古典希腊各学派基本上都采用亚里士多德的术语，将 *ousia* 及 *hypostasis* 当作同义词使用，意指“实体”或“存在”。尽管不同学派对“实体”有不同定义，新柏拉图主义研究学者艾米尔森（Eyjólfur Emilsson）

---

1. Plato, *The Republic*, book 2, in Plato, *The Republic and Other Words*, trans. Benjamin Jowett（New York: Anchor, 1960）, 56.
2. Aristotle, *Metaphysics*, book 11, part 7, ed. and trans. W. D. Ross（Oxford: Oxford University Press, 1979）, 1064b5.
3. 见 John Zizioulas, “Human Capacity and Human Incapacity: A Theological Exploration of Personhood,” *Scottish Journal of Theology* 28（1975）: 409。

指出，总括而言在古典希腊的形而上学当中，*hypostasis* 一词“缺乏所有”基督教所赋予它的“位格特征”。[4]

然而，不可否认的是，主流的古典希腊哲学家在西方哲学史上为神学奠定了其在所有学科中的至高地位：所有学科皆以形而上学为核心，形而上学以本体论为核心，本体论又以神学为核心。许多早期基督教思想家采取了（新）柏拉图主义及亚里士多德主义的概念工具及词汇，用以表述基督教的世界观。虽然奥古斯丁等多数拉丁教父对亚里士多德的哲学体系并不熟悉，但他们透过柏拉图主义的影响同样采用了许多亚里士多德的概念与词汇。到了中世纪晚期，西欧思想家重新发现了亚里士多德的著作，并用他的形而上学建构了处理哲学大哉问的主要范式：存在与生成（不变者与变者）、实存的目的与意义、现实的本性与起源等。就像在古典哲学的体系中那样，这些大哉问最终都取决于思想家对“上帝”这概念的解释。

虽然文艺复兴的人文主义（包括世俗与基督教人文主义）可观地转化了西方思想与文化的轮廓，哲学却仍聚焦于以上帝概念为基础及核心的那种形而上学。此形而上学传统在斯宾诺莎（Baruch Spinoza，1632–1677）、莱布尼茨等早期现代欧陆哲学家的著作当中达到了高峰。当然，除了莱布尼茨这位虔诚的信徒以外，多数早期现代理性论者对“上帝”这概念的阐述，已与中世纪经院哲学大相径庭，不再遵循基督教正统。

斯宾诺莎与莱布尼茨所属的现代理性主义传统，可追溯到哲学史的早期现代时期。笛卡尔经常被称为“现代哲学之父”，

4. Eyjólfur Emilsson, *Plotinus on Intellect*（Oxford：Oxford University Press，2007），5.

他提出了一种认识论方法，许多人称之为“方法论的怀疑主义”（methodological skepticism）：他假设性地拒斥所有可容怀疑的真理断言，进而找到不容置疑的命题，并以此命题为基础，重构一套确定的知识体系。他的名言“我思故我在”（*cogito ergo sum*）表达了他认为无可怀疑的真理：我现在正在怀疑一切，但我无法怀疑“我正在怀疑”的这个事实。就认识论而言，他的思辨出发点乃是正在思考的“我”。（这套论述其实与奥古斯丁有深厚的渊源，而笛卡尔在个人信仰上也是正统的天主教徒，但他的哲学方法却颠覆了拉丁神哲学的传统，这涉及很多学术上的辩论，在此不赘。）

许多人认为笛卡尔主张哲学上的“唯我主义”（solipsism）：亦即，我唯一能够确定的现实，只有我自己的存在。然而事实并非如此。就形而上学而论，笛卡尔使用了一套所谓的“本体论证”（ontological proof/ontological argument，这是康德发明的用语），以“我在”及“我思”为出发点，诉诸纯粹的理论理性，推论出一位完美造物上帝的必然实存。他进而推论，由于创造世界并赋予我们感官的上帝是良善的，不会欺骗我们，所以我们可以确定我们感官所感知到的世界是真实的。

笛卡尔的这套思辨法，对于本书的内容至关重要：它为黑格尔及十九世纪德意志观念论的思辨形而上学提供了基本的进路。当然，许多学者皆指出，笛卡尔的思辨法源于拉丁基督教，特别是奥古斯丁及安瑟尔谟。[5] 但我们必须注意，笛卡尔哲学的

5. 例如：Stephen Menn，*Descartes and Augustine*（Cambridge：Cambridge University Press，1998）。

“上帝”乃是个理性的观念，这观念内在于人的心灵，而其所对应之外在于心灵的存在，乃是理性思辨必然认知的客体：简言之，因为我是理性的，所以完美的造物上帝必须存在。笛卡尔坚定的信仰，乃是以“我思”与“我在”之间的同一性为对象。他以上帝观念为反思宇宙现实的参照点，但这观念是从“我思”及“我在”所得到的理性必然结论。这正是现代**理性主义**（rationalism）的招牌：预设我们思辨过程在理性上的确定性，以此为基础，反思、解释外在于心灵之世界的现实性。

在英吉利海峡的另一端，一派以“经验主义”为名的哲学亦于早期现代时期崛起，并在十八世纪开始挑战欧陆的理性主义传统。培根（Francis Bacon，1561–1626）、洛克、贝克莱（George Berkeley，1685–1753）等经验主义先驱及早期奠基者们，与早期理性论者相似，皆深受基督教思想的影响。

经验主义（empiricism）的核心教条很简单：感官经验乃是人类对现实、对实存物件的知识首要甚或唯一来源。这基本教条其实与较主流的中世纪西方基督教乃至宗教改革的思想一致。然而，当贝克莱提出“存在即是被感知”（To be is to be perceived）这著名论点后，就将经验主义的知识参照点从外在于心灵的现实转移至内在于心灵的观念。贝克莱尚未走向经验主义的极端：他仍认为，虽然我们无法感知自己的心灵，但我们心灵正在从事感知活动的事实就意味，心灵乃是实存的。此外，他也认为，外在于心灵的世界并非因被我们感知而实存。外在世界具有客观的现实性，因为它在被我们感知之前，已然呈现于上帝的心灵当中。

经验主义在苏格兰哲学家休谟笔下集为大成，提出了前后一致地贯彻“存在即是被感知”这教条的哲学体系。他反对以洛克为首的“白板说经验论学派”（*tabula rasa* empiricists）：洛克认为，人类的心灵就像一块白板，所有的观念（ideas）都是被动地由外在事物透过感官传递给我们的资料铭刻上去的，而我们的心灵则在它透过感官信息所接收到的各观念之间进行必然联系（necessary connections）。这说法最早可追溯至亚里士多德，而托马斯·阿奎纳（Thomas Aquinas）则透过阿拉伯哲学，将此说纳入基督宗教的认识论体系。主流的宗教改革神学也传承了这套理论。图伦丁（Francis Turretin，1623–1687）是十七世纪最具代表地位的欧陆改革宗神学家之一，他在巨著《醒世神学要义》（*Institutes of Elenctic Theology*）写道：“确定的是，我们并无与生俱来的实在知识，而在这方面，人就像一块白板（*tabulae rasae*）。”[6] 当然，“人的心灵并非绝对空白的一块白板，而是在论证功能及逻辑认知的知识之外相对空白……”[7]

休谟同意，人类的心灵如同白板，在感官经验接收到的信息外没有任何先天的观念或知识。他也同意，数理、逻辑的先验概念是与生俱来的，也能被理性思维分析而在心灵当中形成体系。然而，他却认为，藉由先验概念之分析所理解的必然真理，无法被应用于感官经验的对象。换言之，他认为“白板说”学派所提出的理性之“必然联系”没有任何感官经验的依据，因此是模糊不清而不确定的。

---

6. Francis Turretin, *Institutes of Elenctic Theology*, 3 vols., ed. James Dennison, trans. George Giger (Phillipsburg: P&R, 1992–1997), 1:71.

7. Ibid., 1:75.

我们的理性会用一些抽象的方法来解释外在事物及事件之间的联系，包括传统形而上学至关重要的“因果论”（causality）。休谟大胆地对因果论提出质疑。譬如他认为，亚里士多德笔下的“动力因”（efficient causation）根本是我们无从确定的，因为我们的感官从来没有感知到它。他举台球为例：我们以为第一颗球的运动及两颗球的碰撞，乃是导致第二颗球运动的动力因，但事实上我们用感官所观察到的，只有两颗球在一系列瞬间所在的不同位置，我们并没有观察到一个叫做“因果”的物件。于是，休谟得到了一个结论：传统形而上学无法包含任何对现实的确定知识，因为传统形而上学预设了内在于心灵而呼应于外在世界的先天理性结构（诸如因果关系等），而这种理性结构并非感官经验能够感知的物件。因此休谟一反早期经验主义学派的有神论者，强而有力地拒斥了人类以形而上学理解“上帝”这概念的可能性。

康德将近知天命之年时，阅读了休谟的著作，后来他以一句名言描述自己如何因此从哲学“教理的迷梦”（dogmatic slumber）中被唤醒。[8] 如拉斯穆森教授所言，“在莱布尼茨的早

---

8. Immanuel Kant, *Prolegomena to Any Future Metaphysics*, ed. and trans. Gary Hatfield（Cambridge: Cambridge University Press, 2004）, 10. 国内通常翻译为“独断论的迷梦”，这会误导读者。康德发展哲学的批判论（criticism），主要是为了防治哲学上的怀疑论（scepticism），在他看来，休谟的经验论必然会导致某种怀疑论的结果。从古典希罗哲学到早期现代欧陆理性主义，反对怀疑论的哲学家坚信形而上的真理是能够用理性去断定的，而当某个哲学学派确立了某个信念为哲学真理时，该信念就成为那个学派的“教理”（dogma）。古希腊哲学一直到柏拉图（Plato, BC 427–347），都是用叙事、诗词方式探讨哲学思想，各学派的立场也较为自由松散，缺乏固化的教理体系。亚里士多德（Aristotle, BC 384–332）与逍遥派（Peripatetics，信奉亚里士多德教理）对于教理哲学作出了重要贡献，而柏拉图创办的学院（Academy）则因缺乏确定教理而在他身后发展为学院派怀疑论（Academic scepticism）。马可·奥勒留（Marcus Aurelius,（转下页）

期现代形而上学以及十九世纪形而上学体系之间，伫立着康德这伟大的分水岭”。[9] 康德早年受教于理性主义传统，其时德语学界的理性主义由沃尔夫学派挂帅，此学派剔除了莱布尼茨思想当中的基督教元素，并将其整合为包罗万象的知识体系，试图将宇宙整体的现实约化为逻辑命题。康德在哲学上的天赋与创意，于前半生皆处沉睡状态，因为他以为理性主义的思辨形而上学已处理了所有重要的哲学课题。当然，他生涯早期已是一位多产而知名的学者，但他的著作皆未挑战哲学的基础课题。他以为自己传承了一套已大致完成的哲学教理体系，如同一间已建成且装修好的房屋，而他所能贡献的只有些细微的内容，如同微调屋里的小摆设、小家具般。

（接上页）121–180）大帝信奉斯多葛主义的教理，他在公元 176 年颁布谕旨，封逍遥派、斯多葛派（Stoic School）、伊壁鸠鲁派（Epicurean School）、柏拉图派（Platonist School，并非柏拉图所创办，而是公元前一世纪开始形成的哲学教派，反对斯多葛派，主张回归柏拉图的教导，将柏拉图的著述整理成一套哲学教理）为雅典四大教派，哲学的教理主义在此时达到顶峰。基督教神学也是在这样的哲学氛围下形成了“教理”的传统：“教义”（doctrine）是指基督教所教导的主题（譬如上帝论），而“教理”则是某个宗派甚至整个大公教会在某个教义上的官方立场（譬如“圣子受生，非受造”）。康德认为，古典希罗哲学与早期现代哲学的形而上学教理主义（metaphysical dogmatism）都太过信任理性的能力，但他批判教理主义的独断，目的是要防止怀疑论趁教理主义的独断之虚而入。的确，康德认为教理主义是独断的，但我们一旦将教理主义翻译成“独断论”，就等于在主观上认同了康德的批判，对亚里士多德到莱布尼茨的整个教理主义传统贴上了“独断”的标签，这在学术上是不客观、不公允的。就算笔者个人认同康德对教理主义的批判，也不应该将教理主义翻译成“独断论”。再者，康德原文用的是 *dogmatischer Schlummer*（“...aus dem dogmatischen Schlummer zuerst aufgeweckt...”），而不是 *dogmatistisch*。*Dogmatisch* 是 *Dogma*（教理）的形容词；*dogmatistisch* 则是 *Dogmatismus*（教理主义）的形容词。康德所指的“迷梦”，是“教理的”而不是“教理主义的”。由此可见，将 *dogmatischer Schlummer* 翻译成“独断**论**的迷梦”，就连在文法上都站不住脚。

9. Joel Rasmussen, “The Transformation of Metaphysics,” in J. Rasmussen, J. Wolfe, and J. Zachhuber, eds., *The Oxford Handbook of Nineteenth-Century Christian Thought*（Oxford: Oxford University Press, 2017）, 12.

这一切都因着休谟而改变了。康德从哲学教理的睡梦中醒来后，便将自己软禁于书房中，整整十一年未曾发表任何作品。十一年寒窗的成果，就是划时代的《纯粹理性批判》第一版（*Kritik der reinen Vernunft*, 1781），亦称康德的“第一批判”。

康德指出了理性主义与经验主义各自的优势与难题。他提出两对理性判断的对偶：（一）先验（*a priori*）及后验（*a posteriori*）判断；（二）分析（analytic）及综合（synthetic）判断。先验判断是人类理性不需感官经验即可做出的判断，而后验判断则是从感官经验来的。在分析判断的命题句中，主词（subject）在定义上已经包含了谓语（predicate），譬如“所有的男人都是男的”。相较之，在综合判断的命题句中，谓语提供了主词的定义尚未包含的新信息。

经验主义的难题在于，它依赖综合后验判断建构知识体系，这虽然能够提供新的信息，却无法指出必然的真理。早期现代理性主义的难题则在于，它使用分析先验判断建构知识体系，这虽然能提出理性上的必然真理，但它的分析判断却构成了一套自说自话的恒真句或同义反复（tautologies），只能厘清我们已有的概念及观念，却无法扩展我们对现实世界的认识。

康德认为，只有综合先验判断既能提供新知识，又指向必然真理。这种判断是所有真科学（*Wissenschaften*）的基础。换言之，真正具有科学性的学科，都必须建立在综合先验判断的基础上。算术与几何学对康德而言，是非常明显的范例，而他用了很多篇幅去论证，自然科学（特别是牛顿物理学）亦是依赖综合先验判断而成功地发展为真科学。在此之外，他也思考了形而上学的科学性，亦即这门学问是否能建基于综合先验判断之上。

康德的初步答案与休谟基本一致：康德宣告了传统理性论形而上学的末路，包括莱布尼茨-沃尔夫学派的理性神学（rational theology）。但我们在此必须立即澄清两个重点。首先，康德的用意并非抛弃形而上学，更不是要否定形而上知识的可能性。他清楚地提出，形而上知识是由“某种认知”构成的，这种认知“在一种特定意义上也应当被视为当然成立的”。[10] 诚然，“形而上学是实现的，就算不是作为一门科学，也仍是一种天然禀向……；某种特定的形而上学一直就真实地临在于全人类之中……，而且也会一直存在”。[11] 所以，康德并非质疑形而上学是否成立；他所提出的问题是：“形而上学作为一个天然禀向的可能性何在？”[12] 换言之，人类拥有形而上知识，是个明显成立的事实，而康德要做的，就是解释形而上知识的来源以及证成的方式，进而在理性论与经验论之外，为形而上学提供新的基础与出发点，以重新确立形而上学的科学性。其次，康德否定理性神学，并非为了否定人类对形而上观念（上帝、宇宙、灵魂；上帝、自由、永生）的信仰。他所否定的是在沃尔夫学派达到巅峰的理性主义特殊形而上学（理性神学、理性宇宙学、理性心灵学），而非神学本身。他在《纯粹理性批判》第二版的

---

10. Immanuel Kant, *Critique of Pure Reason*, ed. and trans. P. Guyer and A. Wood (Cambridge: Cambridge Universtiy Press, 1998), B21.

11. Ibid.

12. Ibid.

序言中强调，他批判理性乃是“为了否定知识，以致为信仰存留空间”。[13]

康德区分“信仰”与“意见”：“意见”的形成并不需要任何确据，而“信仰”则是带有强烈确据的一种意见。但康德又区分“信仰”与“知识”：“知识”拥有足够的证据，用义务论的认识论术语来说，乃是证成的真信念；而“信仰”的信念则没有那样充足的证据来证成为知识。康德认为，知识仅仅在极为受限的范围内方能成立，而信仰在人类的生活与理性活动中扮演了不可或缺的角色。康德对早期现代理性形而上学的批判，在他对本体论证以及笛卡尔“我思故我是（在）”（*cogito ergo sum*）的评述那里达到高峰。笛卡尔在论证上帝存在时，称上帝为“完美存在”：“存在”是上帝诸般完美属性之一，上帝若不存在，则不完美，因而“不存在的上帝”即意味“不完美的完美者”。但既然“我”（*ego*）即我之理性所思，而我之所思不容任何自相矛盾的观念，那么上帝就必须存在。这套论证由莱布尼茨及沃尔夫承袭，并进一步发展，康德称之为“本体论证”。

康德提出，本体论证的谬误就在于“混淆逻辑的谓述与实存的谓述（亦即某物的规定）”[14]。这反驳其实不似许多分析哲学家所想的那般简单。康德对“存在是一种完美”这命题的驳斥，背后其实是他的超验神学思想：至少在超验概念的层面上，上帝是纯粹理性的理念（Ideal：殊相与共相的结合），而这就意

---

13. Ibid., Bxxx.
14. Ibid., A598/B626.

味在上帝里面没有任何偶然的属性。[15] 一切关于上帝属性的谓述，例如“上帝是全能的”，都必须是分析命题。然而，一切关于存在的命题都是综合的：“上帝存在”综合了“上帝”与“存在”两个概念。没有任何综合判断在逻辑上是必然成立的（综合先验判断之必然成立，不在于其逻辑必然性，而在于其先验性）：“这［逻辑必然性的］特权单单属乎分析命题……”[16]

在此或许有人会反驳：在西方神学传统中，“上帝”这概念在定义上不正是“存有自身”（*ipsum esse*）吗？在此语境下，“上帝存在”难道不是分析判断吗？对此我们必须说明：首先，康德认为“存在”作为范畴，是被我们用以理解经验物件的先验概念，而非物件自身的属性，因此任何关于物件存在的谓述都必然是综合的。

所以现在的问题就变成：当我们用先验范畴去谓述“上帝”这超越经验的对象时，是否有可能构成分析命题呢？在此我们必须解释，西方神学正统也并未将“存在”这先验概念当成“上帝”的综合谓语。反之，西方神学正统拒斥了“存有单义性”（*univocitas entis*）之说：当我们说“上帝存在”时，这语句中的“存在”是我们无法参透的概念，在含意上与“太阳存在”这语句中的“存在”有本质的差异。言说上帝为“存有自身”，仅仅是一种类比（*analogia*）。

康德对“存在是一种完美”这命题的驳斥，与西方神学反对“存有单义性”的正统立场是吻合的。在康德批判哲学的前

---

15. Ibid., A580/B608.
16. Ibid., A589/B626.

提下，我们所能知道的一切，不外乎先验概念以及经验物件，而“存在”作为先验范畴，对于人来说乃是内在的（*immanent*）而非超越的（*transzendent*）。我们能用“存在”范畴思考的对象，皆不外乎可感世界内的有限对象。当我们把内在的“存在”概念套用于“上帝”这超越的观念时，就必然以一种异于其他存在命题的方式构成综合判断，但这样一来，就等于否认了上帝的自在性（*aseitas*），而这会造成超验神学层次上的概念矛盾。

在此我们不可忽视康德对超验神学的重视。他认为，超验神学虽不能证明上帝存在，却仍有“极大的用途”，亦即“借由令我们对这存有（上帝）的认知达到自洽且与每个可理解的目的相融洽，借由过滤与原初存有的概念不相符的一切以及掺合经验局限的一切，而将这认知纯粹化，进而修正我们对这存有的认知”。[17] 康德对本体论证的反驳，正是超验神学的应用：当我们用超验神学设想超越的上帝时，我们就发现上帝是不可被内在范畴设想的，而本体论证在超验神学层面上的谬误，就在于试图用“存在”范畴设想上帝。

康德在第二版《纯粹理性批判》中直攻笛卡尔本体论证乃至整套思辨形而上学的根基，亦即“我思故我是（在）”。如前所述，在康德看来，笛卡尔本体论证的根本谬误，就在于试图用“我思”的内容去映现上帝存在的逻辑必然性。

康德指出，“我思故我是（在）”要不就是个分析命题，要不就是个综合命题。当笛卡尔以“我思故我是（在）”作为唯

---

17. Ibid., A640/B668.

一无可怀疑、不证自明的命题时，他其实就设定了“我思”及“我是”之间的直接同一性。如此，这命题其实不过是个恒真句（*Tautologie*），其中的“故”（*ergo*）不过是诡辩修辞。[18]

康德坚持纯粹理性的理念（*das Ideal der reinen Vernunft*：指上帝）只能被分析命题规定。同时，但凡不是上帝的，都只能被综合命题规定。这就意味，当笛卡尔用分析命题规定人之“我是”时，他其实无非是将人抬高至西方神学传统从《出埃及记》3:14 之“我是”所解读出的“存有自身”（*ipsum esse*）了。

而在康德看来，“我思故我是（在）”的问题还不止于循环论证。在笛卡尔写作的语境下，“我是”一词所指涉的“存有”乃是可智知的实体概念。在此定义下，“我思”并不包含“我是”。思考与存有、行动与实体乃是根本不同的规定。这意味“我思故我是（在）”其实是个综合命题。

从“我思”之现象跳跃至“我是”之实体，在康德看来无非是对一个“综合命题”的盲信，“好似”（*als ob*）这论证的结论是“拜天启所赐”。[19] 笛卡尔对理性之自我（*ego*）那“神迹”般的信仰令康德嗤之以鼻，康德称其为“一切表象中最破烂的”。[20]

然而，康德的用意并非否定超验神学。在“超验逻辑”（*Die transzendentale Logik*）底下的“超验辩证”（*Die transzendentale Dialektik*）当中，康德提出“从理性的思辨原则对一切神学的批判”（*Kritik aller theologie aus spekulativen Prinzipien der Vernunft*），

---

18. Ibid., B407.
19. Ibid.
20. Ibid.

并在此分节当中开宗明义区分“理性神学”与“启示神学”：“若我将神学理解为对那太初存有的认知，那么它要不就源于理性（*theologia rationalis*），要不就源于启示（*revelata*）。”[21] 理性神学又包含超验神学、自然神学。自然神学用“借自自然的概念”来思考上帝，而超验神学则“单单透过纯粹理性，借由纯然超验的概念（诸如 *ens originarium*、*realissimum*、*ens entium*）来思考其对象”。[22]

超验神学在康德形而上学革命当中扮演了两个至关重要的角色。负面而言，它去除了笛卡尔以降的傲慢理性，重新强调了上帝的本质不可知性、不可参透性。正面而言，它为理性提供了规约原则、纯粹理性的至高理念：若无此理念，那么一切的人类知识，不论是形而下抑或形而上的，皆必分崩离析、不成体系。

由此，在其形而上学革命的基础上，康德建构了一套所谓**超验观念论**的知识论。

“超验观念论”一词令人闻之生畏，它的内容以及它在康德后期思想的发展也的确十分复杂，但它的基本定义其实并不难懂。首先，康德说“观念论者”在定义上“不承认（感官经验的外在对象）是透过直接知觉所认知，并进而推论，我们始终无法从任何可能的经验全然地确定它们的真实性”。[23] 在此意义上，笛卡尔是典型的现代观念论者。

21. Ibid., A631/B659.
22. Ibid.
23. Ibid., A368.

然而，笛卡尔及早期现代的观念论，在康德眼中都过于天真。康德所主张的，乃是一种“超验”的观念论。我们可以如此理解“超验”一词：感官经验的可能性，乃是由心灵当中一些特定的范畴所构成的。康德非常明确地指出，在理性的理论用途中，他持感官经验实在论（empirical realism/*empirischer Realismus*），否定贝克莱那样的经验观念论（empirical idealism/*empirischer Idealismus*）。康德的观念论，并非针对感官经验的对象，而是针对超验的对象。

所谓“超验”，是指“我们认知到特定的表象……乃是全然先验地被实施，又是如何全然先验地被实施的；或者认知到这乃是可能，又如何可能”。[24] 在这里，“表象”（representation/*Vorstellung*）一词的汉语翻译容易误导人。在黑格尔笔下，*Vorstellung* 确可贴切地译为“表象”，但是康德则是使用这个字，泛指一切**呈现**于我们心灵的思维内容。不论是感性直观、直观的先验形式（亦即时间与空间）、智性概念、任何的认知，都可称为 *Vorstellung*。康德这段话是指我们心灵的内在结构如何将外在事物对我们的显现——亦即“显象”（appearance/*Erscheinung*）——**呈现**于我们的认知，而这有别于这些事物在其自身的状态：外在于心灵的物件在其自身的状态是我们无法认知的。

如此，“超验观念论”的“教义”就是：我们所认知到的一切外在事物的显象，“全都必须被视为单纯的表象，而不是事

---

24. Ibid., A56/B80.

物的自身，而既然如此，那么空间与时间就仅仅是我们的直观（intuition/*Anschauung*）的感性形式，而不是被赋予它们自身的规定（determinations/*Bestimmen*；可简单理解为一件事物之为那一件事物而非任何其他事物的总体决定性因素），或是作为事物自身的对象的条件”。[25]

换言之，空间与时间并不是外在于我们心灵的实存物件，也不是我们直观到的事物的显象。空间与时间乃是构成我们的直观的形式本身：它们乃是内在于我们的心灵，且是我们的心灵用来认知外在事物显象的条件。如此，康德的观念论乃是“形式观念论”（formal idealism/*formaler Idealismus*），而非经验观念论（empirical idealism/*empirischer Idealismus*）。论及感官经验，康德不是观念论者，而是实在论者（empirical realism/*empirischer Realismus*）。

康德的超验形式观念论意味，我们作为认知的主体，并不是被动地接收外在世界传递给我们的感官讯息。我们的心灵在认知外在世界的过程当中，扮演了主动积极的角色：我们使用内在于心灵的形式，即空间与时间，来整合外在物件传递给我们的显象，将这些显象呈现（to represent/*vorstellen*，“呈现”乃是“表象”的动词）于我们的认知。

在这超验观念论的框架下，康德提出，上帝、宇宙、心灵这些形而上的观念既然在定义上是超越空间与时间的，那么它们在理论理性的范围内，就只能被当成“规约原则”。[26] 康德区

25. Ibid., A369.
26. Ibid., 591.

分“规约原则”(regulative principle/*regulatives Prinzip*)与“构成原则”(constitutive principle/*konstitutives Prinzip*)。所谓“原则”，乃是指某种逻辑的、本体论的出发点。规约原则作为这样的出发点，被用于整合智性的理解，以致理解能够在最高程度达到前后一致，但这原则是否成立、是否实存，却是我们无法确切得知的——我们甚至无法用反证(*reductio ad absurdum*)来确立规约原则的实存或有效性。相较之，构成原则乃是理论的设准(postulate/*Postulat*)，用以解释我们已知的真理与现实。只要在一些定规的条件下能够显示此设准对于解释已知真理或现实乃绝对必要，那么理论理性就能确认构成原则的真实或实存。康德认为，在理论理性的限度之内，上帝等形而上观念都是至高的理念及规约原则，我们始终无法证明或证伪其实存。

这并不意味康德否定上帝的客观实存，或者他在整套哲学体系内都将上帝等形而上观念约化为人类理性心灵当中的规约原则。他在《实践理性批判》(“第二批判”)中宣称，在理性的实践使用中，上帝、自由、永恒等形而上观念“在它们作为实现纯粹实践理性的必然目标(即至高的善)的前提下，即变为临在而构成性的”实存者。[27] 黑格尔以及他那一代许多思想家误以为康德这套论述意味，对上帝的信仰及宗教信仰乃是属乎道德实践的领域，而不是理论理性的领域：它乃关乎**行为**，而非**理论知识**。我们不能断言“有上帝”；我们只能断定“必须

---

27. Immanuel Kant, *Critique of Practical Reason*, ed. and trans. Mary Gregor (Cambridge: Cambridge University Press, 1997), 141. 参 John Hare, *The Moral Gap: Kantian Ethics, Human Limits, and God's Assistance* (Oxford: Oxford University Press, 1997)。

有上帝”，或者“我们必须肯认有上帝”。

在许多方面，康德的超验观念论可被理解为尝试挽救宗教信仰的努力，他试着在道德的领域重建形而上学及神学。然而出于种种复杂的原因，后康德时期的主流思想家大多误以为他否定了形而上学及神学在理论理性领域中的可行性。至少在黑格尔看来，康德的超验观念论与道德形而上学无非是宣布传统形而上学及理性神学已然告终，无可挽回。

康德有生之年已声名远播，但批判哲学的实质影响，要过整整一个世代才真正显明，也就是黑格尔的世代。费希特、施莱尔马赫、荷尔德林、谢林，以及较其年长一轮左右、曾与康德进行笔战的席勒，皆在此世代如雨后春笋般出现。他们各自以不同的方式，在康德巨大的身影下回应康德的思想。

黑格尔与他那一辈的后康德时期观念论者与康德之间的关系，一直是学界激辩的议题。学者们通常认为，费希特与早期谢林乃是采取了康德的核心思想，试图发展、修正、完成康德的超验观念论。黑格尔早期的著述也显示了康德思想的痕迹。他二十五岁时出版的《基督生平》（*Das Leben Jesu*，1795）与《基督宗教的正立性》（*Die Positivität der christlichen Religion*，1795），表达了用现代方式重新诠释基督教的迫切需要。在那年代，对黑格尔以及他年轻的同侪而言，“现代”基本上就是所谓“康德主义”的同义词。

但就连在他们生涯的早期，黑格尔与谢林皆已对康德超验观念论当中的一些向度感到不安，特别是康德所宣告的物自身（the thing-in-itself /*das Ding-an-sich*）之不可知性。康德在事物自身与它们的显象之间、本体与现象之间所划下的鸿沟，对于这两位年轻人而言已经显得非常刻意而缺乏理据。对这两位神学院训练出来的年轻哲学家而言，康德哲学当中同样令他们感到困扰的向度，乃是康德看似否定理性神学知识的断言。

他们尤其在意的，乃是笛卡尔所传下的思辨形而上学。黑格尔在生涯后期曾评论道，笛卡尔的洞见在于“意识对于自身是确定的；随着‘我思’，‘我在’被设定了。意识进而寻求延伸自身的认知知识，并发现在其自身当中有许多事物的表象。”[28] 对黑格尔而言，“总体而言，这是现代哲学最有趣的观点，而笛卡尔不论如何都是第一位整理出这观点的人。”[29] 康德扼杀了笛卡尔的“我”，而黑格尔对此感到极度不安。

为了回应康德超验观念论对他们所带来的困扰，重新从“我思”出发来思辨上帝及形而上观念，黑格尔与谢林发展出了一套哲学体系，称为**绝对观念论**（absolute idealism）。**绝对**观念论与**超验**观念论的基本差异在于，前者不再设定（posit/*setzen*）独立于心灵之外而与之对立的某种现实自身（*an sich*）。在绝对观念论当中，心灵就是一切，而一切都是心灵。当然，这个“是”字的含意有很多可以计较的地方，但总体而言，这种形而上学的进路预设认知主体（人类意识）及它认知的对象（绝对精神，或者正在成为绝对者的精神，亦即理性实存世界的总和）之间的某种同一性（identity/*Identität*）。整个世界历史被视为精

---

28. Georg Wilhelm Friedrich Hegel, *Lectures on the History of Philosophy 1825–1826*, vol. III: Medieval and Modern Philosophy, ed. and trans. Robert Brown (Oxford: Oxford University Press, 2009), 112.
29. Ibid.

神透过人类意识在历史上的各个阶段，逐渐自我实现为绝对者的过程。这种在精神与人类意识之间设定终极同一性（在早期谢林的思想中，这是一种更为直接而简单的同一性）的哲学，主要目的之一就是要克服康德超验观念论在现象与本体之间所开裂的鸿沟，确立人对上帝的理性知识，进而在这至高知识的亮光下反思世界及历史的一切现象。

这种思辨哲学，基本上就是“升级版”的笛卡尔反思法：以人类意识为出发点，确立上帝的存在、理解祂的本质、肯认祂创造了世界，进而在这神学知识的前提下反思受造世界的起源与本质。在这意义上，笛卡尔可以说是现代思辨传统的开创者，而黑格尔则是集大成者。

在继续讲下去之前，我们不妨简单介绍一下当前学界处理康德与黑格尔之间的关系时所引发的一些辩论，因为以上的论述其实采取了某种学术立场，并不是所有的学者都会同意我的叙述。在几大主流见解中，最为传统或“正统”的黑格尔研究学派是所谓的“传统形而上”（traditional metaphysical）或“传统”（traditionalist）学派。这学派认为，黑格尔的绝对观念论乃是对康德超验观念论的反动，旨在恢复传统形而上学的科学地位。在这种诠释框架当中，“上帝”与“绝对精神”之间的等号乃是黑格尔形而上学的核心。上帝的心智透过集体人类意识在历史过程中的发展来表达自己，并且自我实现为上帝。这意味我们能够透过人类思想史的研究来认知上帝心智的本质与终极现实性。

另一种诠释黑格尔的观点宣称，黑格尔那套形而上学的核心，其实是康德反形而上学的理性批判。在较近期的研究当中，有些学者更彻底地发挥了黑格尔与康德之间的连贯性。“后康德学派”（post-Kantian school）的黑格尔研究提出了一种颇具争议的论点，这派学者认为，黑格尔从来没有提出上述那套形而上的思想。反之，他终其一生皆贯彻了康德反形而上学的理性批判。根据这种诠释，黑格尔乃是采取康德批判哲学的基础，来解决康德所面临的一些矛盾，完成康德的知识革命，去除康德体系当中残存的形而上学痕迹，将哲学转化为一种历史研究、社会研究的学科。[30]

对于熟悉黑格尔文本的人而言，这种极具争议的断言诚然难以置信，然而在这些断言背后，学者们其实对黑格尔的思想史背景下了很深的功夫。后康德学派的诠释者至少指出了黑格尔在字里行间所体现的康德影响，而这迫使许多传统学派的学者修正了他们对黑格尔的诠释。

笔者认为，若要全面而平衡地考虑黑格尔的文本与历史文化处境，那么我们就必须同时正视他哲学方法当中的康德批判哲学向度，并尊重他文本明确表明的形而上学意向。这种诠释路线经常被称为“修正形而上学派”（revised metaphysical school）或“批判形而上学派”（critical metaphysical school），霍尔盖特（Stephen Houlgate）是主要代表人物之一。[31] 这学派是当今西方黑格尔研究的中流砥柱，但就我所知，其著作至今仍

---

30. 这学派的代表人物及其作品主要有 Robert Pippin，*Hegel's Idealism：The Satisfactions of Self-Consciousness*（Cambridge：Cambridge University Press，1989）；Terry Pinkard，*Hegel's Naturalism：Mind Nature，and the Final Ends of Life*（Oxford：Oxford University Press，2012）。

31. 他的代表作是 *The Opening of Hegel's Logic：From Being to Infinite*（West Lafayette：Purdue University Press，2005）。

甚少译为汉语。私以为此派诠释在当前所有范式当中，最能帮助我们尽量客观地辨明黑格尔在思想史及哲学地图版块上所属的位置，正视他为一位后康德时期的现代哲学家，在康德批判哲学的挑战下，延续并转化他传承自古典及早期现代思想先驱的形而上学传统。

对于专攻基督教研究及熟稔基督教思想的读者而言，初读黑格尔的著作时，很容易在黑格尔的文本当中看到许多神学性的意向。我认为，不论就文本字义或思想生平的角度而论，这种意向是难以否认的。正如他在康德之后尝试挽救形而上学传统的努力，他在绝对观念论的前提下重新诠释基督教的思想体系，也可以被视为他在现代社会当中为这古老信仰保留一席之地的心血。基督教教义体系的新解，事实上为黑格尔及绝对观念论者提供了他们的哲学框架，正如拉斯穆森教授所言："谢林与黑格尔乃是最早表述一套三一论形而上学的（哲学家），在这套形而上学当中，具有神性者现实地透过自然、历史的世界和人类对超越性的渴求而进行发展。他们视上帝为世界内、与世界同在、在世界之下的动态精神，而非完美不变且全然超越世界的存在。这种对上帝这概念的重新理解，代表了取代古典神论的一种彻底现代的选项。"[32]

二、黑格尔思想与生平

为了更深入明白黑格尔的形而上学及神学动机，我们不妨在此简单地叙述他的生平。他 1770 年生于符腾堡

32. Rasmussen, "The Transformation of Metaphysics," 16.

（Württemberg）的斯图加特（Stuttgart），这座城市现为德国巴登-符腾堡州（Baden-Württemberg）的首府及第一大城。他所处的时代与文化，不论在思想上或者在政治上，都充满了不确定性，甚至可谓动荡。

许多人对他那时代——即所谓的"长十九世纪"——的精神带有一种浪漫的迷思，以为它的特征是一种对人性与社会的乐观主义，承袭自启蒙运动，坚信人类自主意识的无限力量，并以世俗人文主义所带来的社会变革为这种乐观主义的依据。

这种理解并非完全错误，但其实相当偏颇。事实是，1789年的法国大革命同时带来了对自由、平等、博爱的盼望，也造成了百姓对自主人性之残暴与善变的恐惧。拿破仑战争（1803-1815）摧残了欧洲许多城市，而黑格尔在耶拿（Jena）任教时曾目睹战争带来的破坏。总体而言，黑格尔一辈子都十分仰慕拿破仑，但这种仰慕也包含一些批判，而他对法兰西"高卢雄鸡"（*Le Coq gaulois*）精神的评价则更是复杂。此外，始于1760年左右的工业革命一方面改善了许多人的生活条件，另一方面却带来了悬殊的贫富差距，造就了庞大的低收入却高劳动量的工人阶级，这种不公正的现象在黑格尔的时代已渐渐浮现，后来更在梵高（Vincent van Gogh，1853-1890）的早期画作及马克思的著作中充分体现出来。日耳曼民族主义精神在黑格尔的时代迅速凝聚，体现于荷尔德林等人的诗词，以及后来瓦格纳（Richard Wagner，1813-1883）的歌剧等。然而，德意志各公国与城邦的势力，却在统一"日耳曼父国"（*deutsches Vaterland*）的盼望之上笼罩了一层可观的阴影，使得民族主义者高唱"德国、德国，高于万有”（*Deutschland*, *Deutschland*, *über alles*）时，着实不确定他们是否能够得见统一的祖国“在荣耀中绽放”（*blüh' im Glanze*）。[33]

哲学的领域也一如稍早所见，充斥着各方面的不确定感。黑格尔那一辈的哲学家年轻时已然发现，康德的批判哲学不论立意如何，实质上在学术界无非是宣判了传统思辨形而上学的死刑，而他们又开始认为，康德在超验观念论的局限下所发展的道德形而上学无法有效地回答传统形而上学所追寻的大哉问。启蒙运动对于自主人类理性之无限能力的天真乐观，已然随着历史洪流一去不返。现实世界在其自身之存在（*An-Sich-Sein*）似乎变得不可知，对上帝及形而上观念的理性知识似乎已然无法成立。旧的哲学范式已被扬弃，而哲学界急需一个新的范式来解释新的时代精神。

黑格尔正是在这样的文化历史背景下开始他的学术生涯。1788 年，他入读图宾根大学附属的基督新教神学院。在那里，他与同窗谢林结为好友，此二人后来成为了绝对观念论的开创者。这一派德意志观念论会源于图宾根，并非纯属巧合。日耳曼西南方神秘敬虔主义（mystical pietism）的宗教氛围，笼罩着图宾根这座城市。相较于十七世纪信义宗、改革宗正统时期传承下来的思想，这种敬虔主义的传统并不那么强调上帝的超越性和特殊启示（special revelation）的固定性。它更加鼓励信徒

33. 这是日耳曼诗人霍夫曼（August Heinrich Hoffmann，1798-1874）的诗词，于 1922 年被选为德国国歌。在二次世界大战后，国歌被局限于那首诗的第三段，“高于万有”的那种民族主义则在历史教训下为当代德国人民所摒弃。

与上帝在个人层面上的相遇，在灵修及神秘经历中聆听上帝的声音，因此在正统主义者的眼中，这神秘主义的传统强调上帝临在的同时，妥协了上帝的超越性。这种宗教氛围，为人文主义的新柏拉图主义研究提供了肥沃的土壤，使得图宾根在欧陆成了新柏拉图主义的历史重镇。新柏拉图主义视宇宙的整体为某种神性的流溢，流溢的程度与顺序将宇宙分为一系列的阶级。此外，斯宾诺莎的一元论形而上学在黑格尔时代的德语世界受到了广泛关注，引起了一阵学术风潮。黑格尔与施莱尔马赫二人年轻时皆受到敬虔主义的熏陶，也都将斯宾诺莎一元论思想的一些元素纳入他们的观念论体系中，这绝非巧合。这种泛神论（pantheism）形式的一元论将上帝视为宇宙整体的实质，临在地内住于宇宙中的每个物体，以致宇宙整体及每个部分都具有内在的神性。这些文化与思想的潮流汇集于图宾根，为黑格尔及谢林的绝对观念论提供了沃土。

黑格尔在图宾根求学时，与谢林及荷尔德林这两位室友建立了密切的友谊。这三人在那青涩的年龄，皆是法国大革命理想的热衷支持者。然而，黑格尔在 1790 年代的早期著述中，已经开始显示他对革命理想有所保留。在见证了革命法庭（创办于 1793 年）所带来的恐怖时期后，黑格尔开始相信，政治威权与压迫无法透过暴力来根除。虽然有些学者仍认为，若要前后一致贯彻黑格尔的哲学思想，那么武装革命乃是必要的手段，但至少黑格尔自己在成熟时期的文本中表示，温和的社会改革才是实践自由社会的正确方法。他在晚年认为，基督教作为呈现哲学概念的“国民宗教”（*Volksreligion*）乃是在社会上落实公民自由的必要且至要因素，永远不能在历史辩证中被扬弃（尽管这不是他早年的看法：我们稍后会讨论这点）。

除了这三个年轻人对法国大革命的着迷外，他们日常的谈话还有个热衷的话题，就是古典希罗文明。这与那时代的氛围及精神相当吻合。文艺复兴的古典主义（Renaissance classicism）在西欧引发了人们对古典希罗文明的强烈兴趣，但古典主义所描绘的古典世界，却充满了基督教理想所带来的成见。到了 1760 年代，一场名为“新古典主义”（neoclassicism）的文化运动在视觉艺术当中开始成形，并在接下来几十年内，于音乐、文学、建筑，以及其他文化领域当中席卷欧陆及英国。酝酿新古典主义的要素之一，乃是庞贝等地所挖掘出土的古城。这类的考古发现，佐以当时的一些哲学文化思潮（譬如休谟对“品味”的论述），使得人们开始质疑古典主义的文化及美学理想。新古典主义者不再相信“美”与“善”的必然联结，以及“美善”的客观性；他们一方面崇尚文艺复兴古典主义的创作风格，另一方面却拒斥古典主义“客观呈现自然之美”的教条，力图重现真实古典世界堕落的原貌，并以此为美。紧接着，施莱格尔兄弟与诺瓦利斯将歌德及席勒早期的狂飙突进（*Sturm und Drang*）及后期的魏玛古典主义（Weimar classicism）发展成浪漫主义运动，于黑格尔的时代在文化战场上成为主要角逐者，与新古典主义携手以德国希腊化主义（German Hellenism）来颂赞真实古典异教多神论世界的颓废败坏之美。与此同时，始于意大利文艺复兴的世俗人文主义与基督教人文主义，在中世纪兴起了拉丁世界对古典哲学的研究热潮，这在现代西欧文化根深蒂固，甚至可谓方兴未艾，图宾根的人文新柏拉图主义传统即是一例。

在这样的文化氛围以及他好友的影响下，黑格尔从年轻时便视西方文明的古典传承为至宝。他与康德那样一辈子没出过远门、没见过世面、缺乏艺术品位（偏偏又用哲学理论在艺术界翻天覆地）的“宅男”不一样，他无法那么轻易地丢弃柏拉图与亚里士多德所奠定的古老传统。有些学者甚至认为，黑格尔完全无视康德的影响，以“前批判的”（pre-critical）模式试图延续康德已然推翻的哲学传统。我认为较为平衡的诠释，是正视黑格尔为一位真正的现代哲学家，带着后康德的批判，否定古典形而上学，目的不是要令它入土为安，而是要使这种传承自古人的思辨形而上学以现代的形式死而复生。黑格尔在《哲学史讲演录》（*Lectures on the History of Philosophy*/*Vorlesungen über die Geschichte der Philosophie*）对亚里士多德的评价，充分说明了这点：他一方面批判亚里士多德那种实体形而上学，但他也在亚里士多德的体系当中找到许多指向动态形而上学的要素（我们稍后会解释这些内容）。

康德的批判哲学是在黑格尔的图宾根时期形塑他思想的另一大影响来源。他两位室友荷尔德林与谢林都是康德的热衷读者，这两个年轻人在寝室里时常以康德思想不确定的未来为题展开辩论。黑格尔在那时期对这些辩论的兴趣并不如这两位室友那般浓厚；他 1790 年代的著述显示，他到 1800 年左右才开始严肃地对待康德的批判哲学。然而，我们无法忽视宿舍中的这些辩论对早期黑格尔的影响，特别是谢林在学生时期对黑格尔思想的启发。在那时期，黑格尔的思想总体而言是跟在谢林脚步之后的。他们的友谊到后来会渐渐演变为相互竞争的关系，甚至时不时用一些尖酸的言语嘲讽对方的思想。不论如何，正如稍早所见，黑格尔在 1795 年左右已经开始于字里行间显示出康德批判哲学给他的思想带来危机感，而在这时期黑格尔对康德的认识有很大一部分是来自谢林及荷尔德林的影响。

黑格尔于 1793 年完成图宾根神学院的学位。他并未如起初的规划，成为神职人员，这一方面是因为他对日耳曼基督新教教会的腐败感到失望，另一方面也是因为他在后康德时期的整体氛围下，开始认定传统基督教的教义若不以现代的形式死而复生，那么就要在思想史的洪流中被淘汰了。毕业之后，黑格尔先后在伯尔尼（Bern）及法兰克福（Frankfurt）担任私人家庭教师，直至 1801 年才在谢林的帮助下，在耶拿大学找到一份无薪讲师的工作，正式开始他在学术界的职业生涯。当时谢林已经评为编外教授（*Professor extraordinarius*），在那个时代乃介乎中国现行制度的副教授或助理教授（当代德国的编外教授则令人产生“郁郁不得志”或“怀才不遇”的联想）。尽管薪资等级极低，甚至无薪，但谢林较黑格尔年轻五岁，以那样的年纪评到这职称，算是相当令人羡慕的。在黑格尔与谢林的竞争关系当中，前者的名气与影响终有一天超越了后者，但在学术生涯初阶，黑格尔却需要靠着荷尔德林及谢林，才能找到他在法兰克福与耶拿的工作。

黑格尔到了 1805 年才评上耶拿大学的编外教授职称。这份教职并不是校方主动提供的，他乃是诉诸行政途径，寻求歌德的帮助，透过歌德在魏玛（Weimar）政府的职权，才获得那份教职。黑格尔在升等后的薪资等级仍为无薪，这使得他在经济上日渐拮据。尽管如此，他仍含辛茹苦完成了第一部巨著——《精神现象学》(*Phenomenology of Spirit*；*Phenomenology of the Mind*/*Phenomenologie des Geistes*)。

1806 年 10 月，拿破仑铁蹄踏入耶拿，虽然黑格尔带着仰慕的心情看着这位时代精神的化身骑马进城，仍无法磨灭这座城市以及他所属的大学饱受摧残的事实。他隔年为了维持生计，被迫离开耶拿，先后在班贝格（Bamberg）及纽伦堡（Nürnberg）担任非学术性的职务。但也就在那一年，他终于出版了划时代的《精神现象学》，将“1807”这数目字烙印在无数哲学人的心上。

黑格尔 1808 年出任纽伦堡一间文理高中（*Gymnasium*）的校长，直至 1816 年。这期间，《精神现象学》的影响在日耳曼学界迅速发酵，终于推动他的职业生涯搭乘延迟的航班，顺利起飞升空。奠定他成熟时期思想框架的《逻辑学》(*Science of Logic*/*Wissenschaft der Logik*）也是在这段时间完成的。这部俗称“大逻辑”(Greater Logic）的著作共有三卷，分别出版于 1812 年、1813 年和 1816 年。黑格尔生前原欲撰写第二版，但仅完成第一卷，辞世后出版于 1832 年。

1816 年，三间日耳曼名校争相向黑格尔提出聘任邀约，包括刚刚成立的现代研究型大学柏林大学（Humboldt-Universität zu Berlin)、十八世纪新兴名校埃尔朗根大学（Friedrich-Alexander-Universität Erlangen)，以及历史悠久的古典名校海德堡大学（Ruprecht-Karls-Universität Heidelberg）。他起初选择了海德堡，但只待了两年，便于1818年转赴柏林，接替费希特（1814年逝世），成为哲学系教席教授。尽管在海德堡任教时间十分短暂，但他却在那期间出版了《哲学科学全书纲要》（*Encyclopedia of the Philosophical Sciences in Basic Outline*/*Enzyklopaedie der philosophischen Wissenschaften im Grundrisse*）第一版（1817年）。许多学者认为，这部著作的第三版（1830年）是黑格尔哲学体系最成熟的表述。

柏林大学与黑格尔的名讳紧密相连，直至1831年逝世前，欧陆各领域精英纷纷为了投入他师门而赴柏林求学。他与同事施莱尔马赫的敌对关系至今仍是学界津津乐道的议题。柏林大学是现代研究型大学的原型，而施莱尔马赫则是最主要的创办人之一，他慧眼识英雄，力主礼聘黑格尔，却又因思想上的差异（或者某种瑜亮情结？）而动用行政影响力，将黑格尔排除于柏林的皇家科学学会（*Königliche Akamedie der Wissenschaften*，历史上几经更名，于东德解体后解散）之外。黑格尔与施莱尔马赫这两位哲学界与神学界的观念论宗师彼此碰撞出的火花，在柏林孕育出一整代日耳曼魂的代表人物，包括海涅（Heinrich Heine，1797–1856）、布鲁诺·鲍尔（Bruno Bauer，1809–1882）和中国马克思主义教育言之必及的唯物论者费尔巴哈。大卫·施特劳斯更为了赴柏林师从黑格尔，而放弃了一份教授职务，只不过他尚未抵达，黑格尔便已溘然辞世。

在柏林任教期间，黑格尔出版了几部著作，代表他成熟时期的思想。《哲学科学全书纲要》于1827年及1830年二度再版，修正了他早期的一些观点。1821 年出版的《法哲学原理》（*Elements of the Philosophy of Right/Grundlinien der Philosophie des Rechts*）是黑格尔政治哲学最完整的表述，尽管其中仍有些与他晚期思想有出入的元素。他在柏林大学数度开设宗教哲学、历史哲学、哲学史、美学课程，这些课程的讲演录于他身后出版，其中一些内容显示他晚期思想与中期思想的显著差异，对于研究黑格尔思想传记的学者而言弥足珍贵。

1831 年 11 月，霍乱在柏林蔓延，其时黑格尔自身的健康状态早已急转直下，因此无法确定他是否死于疫情。不论如何，他在柏林的思想遗产代代相传，以多样的方式，或直接或间接，或正面或负面，影响了德意志思想史上各领域的代表人物，包括马克思、恩格斯（Friedrich Engels，1820–1895）、狄尔泰（Wilhelm Dilthey，1833–1911）、马克斯・韦伯（Max Weber，1864–1920）等。毋庸置疑，黑格尔的影响远不止于柏林或日耳曼文化，他在世界思想史上留下了巨大的身影。

第二章 黑格尔与三一论思辨哲学

正如我们在上一章的思想传记中所见，黑格尔哲学的一些向度在他学术生涯中经历了可观的发展与转变。他以三一论为框架所发展的宗教哲学即为一例，我们在本章会较详细地介绍。然而，他在《精神现象学》所奠定的哲学方法，其基本要素构成了他思想体系在后来的发展中万变不离其宗的框架，在《逻辑学》及《哲学科学全书纲要》(以下简称《全书》) 当中提出修正，用更清晰、整全的方式表述。在本章当中，我们首先会较为概略地勾勒出黑格尔思辨哲学的基本轮廓。接下来，我们会诉诸黑格尔的逻辑科学，较深入地介绍这套思辨哲学的**辩证**向度，以明白这套形而上学的三一论框架。由于本书旨在探讨黑格尔之后的基督新教正统思想发展，我们在本章最后会用些篇幅介绍他的宗教哲学。

一、黑格尔思辨法简述

黑格尔在《逻辑学》中以“思辨的”(speculative/*spekulativ*)

一词描述他的哲学方法。[1]“思辨”一词在其直接意指（denotation）之外，还有一些特定的蓄意指（connotations）。在一种较广泛的意义上，它蓄意指涉传统的“形而上学”，由于“康德哲学”对一切“思辨的思想”之否定而被“连根拔起，从科学的等次中销声匿迹”。[2]黑格尔在此是指从柏拉图及亚里士多德传承至笛卡尔、斯宾诺莎、莱布尼茨的形而上学思辨方法。这套传统预设在心灵与外在现实之间有一种必然的联结或类比，使得我们得以在理性思辨的基础上理解这世界。这在亚里士多德逻辑学的《范畴篇》当中尤为明显：他宣称，我们的心灵结构当中有些内在的范畴，包括实体、数量、关系、性质、活动、时间、空间等，对应于外在的现实，使得我们的心灵得以认知外在的对象。

笛卡尔的思辨法特有的现代性在于上一章提到的方法论怀疑主义。他认为感官所接收到的讯息皆是可怀疑的，唯一不容置疑的事实，乃是“我现在正在怀疑”。如此，我虽无法确定外在世界是否存在，但至少我无法怀疑我自己的存在，因为假如我不存在，我就无法怀疑。笛卡尔于是从“我正在怀疑”这不容怀疑的事实，推论至“我存在”的结论：“我思故我在”。紧接着，笛卡尔借用安瑟尔谟“信仰追求理解”的思辨进路，以“我在”及“我思”为出发点，用一套所谓的“本体论论证”推

---

1. G. W. F. Hegel, *The Science of Logic*, ed. and trans. George di Giovanni（Cambridge: Cambridge University Press, 2010）, 9. 这部权威英译批判校订版包含了《大逻辑》全三卷，其中第一卷为黑格尔生前完成的第二版。进深的读者可参考 Murray Greene, “The Speculative Method,” in *Hegel on the Soul*（Dordrecht: Springer, 1972）, 23–37。
2. Hegel, *Science of Logic*, 7–8.

论出全善之造物主上帝的存在，进而声称，我的感官既然是这位全善的造物上帝赐下的，那么我就可以确定我所感知到的受造世界是真实的。

敏锐的读者在此可能已经发现，笛卡尔的“我思故我在”其实是个循环论证：因为“我思”预设“我在”，而既然我无法怀疑“我思”，那么我就可以确定“我在”。但既然“我思”预设“我在”，那么“我思故我在”其实只是个分析判断，是个恒真命题或同义反复，而不是有效论证。“我思故我在”的“故”，其实并不成立。这正是克尔凯郭尔在十九世纪对笛卡尔提出的批判。[3] 事实上，早在克尔凯郭尔之前，康德就已在综合先验判断（见第一章）的知识标准下指出，如果“我在”指涉的是理性思考的主体之实存，那么“我思故我在”其实就是个“分析命题”。[4] 康德又指出，倘若“我在”所指涉的是理性主义传统所笃信的单纯实体（simple substance），那么笛卡尔的问题就更严重了：“我思”在概念上并不包含“单纯实体”这概念，而从“我思”推论出某种单纯实体，会构成一个毫无理据的“综合命题”，“就像”这命题是“由天启”所赐下的。[5] 在康德看来，笛卡尔对于理性自我作为单纯实体的信心，犹如“神迹”一般，是“最差劲的概念呈现（representation/*Vorstellung*）”。[6]

简言之，康德与克尔凯郭尔都指出，笛卡尔的思辨法建立

3. 见 Søren Kierkegaard, *Philosophical Fragments*, Edna Hong and Howard Hong, eds. and trans.（Princeton：Princeton University Press，1985），38–42。
4. Immanuel Kant, *Critique of Pure Reason*, trans. Paul Guyer and Allen Wood（Cambridge：Cambridge University Press，2007），B407.
5. Ibid.
6. Ibid.

在一种对理性自我的信仰之上。的确，笛卡尔与安瑟尔谟的雷同之处就在于，二者皆将某种信仰当成知识的出发点。安瑟尔谟乃是以伟大无以复加的完美存在为信仰与理解的对象及知识的出发点，而笛卡尔所信的乃是“我思”或“我知”（*cogito*）的主体、理性的自我，以思辨主体为出发点，论证某种上帝概念之存在，进而回过头后思（*nachdenken*）并映现（*reflektieren*）世界的本质、起源与目的，即是笛卡尔对思辨哲学传统的贡献，也是前现代与早期现代思辨法的分水岭。

黑格尔笔下那套被康德“连根拔起”的思辨哲学，正是笛卡尔的这套理性形而上学的方法论。康德在第一批判的“纯粹理性二律背反”中对笛卡尔的本体论证提出了著名的反驳，而黑格尔的思辨法在康德之后，强有力地提出一种对人类意识之“我思”主体的预设信念。人类理性为上帝存在的必然性提供了基础（简言之：我在而我思，故上帝在）。“上帝”在黑格尔的哲学体系中，成为了一个理性的概念（concept/*Begriff*），使得人类能够反思上帝在世界历史当中的显象（appearances/*Erscheinungen*）。

如此，黑格尔乃是跟随笛卡尔，用一种现代版、以人类意识主体取代上帝客观启示的安瑟尔谟式进路，建构“信仰追求理解”的思辨法。当代学者坎兹（Howard Kainz）即评论道，黑格尔“呼应安瑟尔谟‘我信以致理解’（*credo ut intelligam*）的信仰”，视其为“思辨性哲学探索的基础”。[7]

---

7. Howard Kainz, “Hegel, Providence, and the Philosophy of History,” *Hegel-Jahrbuch*（1995）: 184.

这种诠释拥有悠久的历史，可追溯至黑格尔的学生，诗人海涅。海涅代表着黑格尔那代德意志文化人（*die Gebildete*）所结出的果实，他在波恩大学期间深受奥古斯特·施莱格尔的浪漫主义思想影响，也对许多浪漫主义者眼中象征德意志魂的《尼伯龙根之歌》(*das Nibelungenlied*）产生了精神上的连结（海涅到后期会渐渐与浪漫主义疏远）。那个时代的德意志诗人、文学家如果没有深厚的哲学、史学底蕴，不可能会受到文化市场的认可。海涅在《论德国宗教及哲学历史》中用"泛神论"(*Pantheismus*）来解读后康德时期的德意志观念论及浪漫主义，也强调说歌德并非"自然神论者"(Deist)，而是"泛神论者"(Pantheist)。[8] 海涅盛赞"伟大的黑格尔，那位伟大的哲学家"，认为德意志特有的泛神论宗教与哲学在黑格尔的绝对观念论那里达到巅峰。[9] 康德的批判哲学造就了"自然神论"的普遍氛围，而后康德时期的"泛神论"则诉诸"本体论证"的伟大传统来回应自然神论，这论证由"笛卡尔"提出，而"早在那之前，在中世纪的时候"，"坎特博雷的安瑟尔谟"就已经"用一种平静的祷告形式被言说出来"。[10] 海涅甚至指出，"圣奥古斯丁"早已在"《论自由意志》(*De libero arbitrio*）第二卷当中提出了本体论证"。[11]

---

8. Heinrich Heine, *Zur Geschichte der Religion und Philosophie in Deutschland*, Third Book, [on-line] available at: http://www.zeno.org/nid/20005029740 (last accessed 10 December 2020).
9. Ibid.
10. Ibid.
11. Ibid.

海涅的解读造就了后来的“传统形而上学派”的黑格尔诠释，这种诠释将黑格尔视为泛神论者，回归前康德时期的思辨传统，以克服康德的自然神论（“自然神论”至今仍是许多人对康德的误解）。海涅与传统形而上学派的贡献在于指出笛卡尔以至黑格尔的现代思辨法在思维模式（thought-form/*Denkform*）上乃是受到了奥古斯丁及安瑟尔谟的启发，以信仰作为理解的出发点。

然而，海涅与传统形而上学派诠释黑格尔的路线会涉及许多问题。首先，黑格尔绝非斯宾诺莎（Baruch Spinoza，1632–1677）那样简单的泛神论者，黑格尔的哲学并未全然或直接地磨灭超越性（transcendence）的概念。其次，康德也绝非自然神论者：他在宗教哲学方面是一位坚持赤裸理性（bare reason/*bloße Vernunft*）必须穿上天启外衣才能追寻盼望的纯粹理性主义者（pure rationalist/*reiner Rationalist*）。[12] 第三，黑格尔绝非简单地回归前康德时期的形而上学传统，也绝非简单地反对康德对形而上学的批判。反之，黑格尔接受了许多康德批判哲学的结论，包括人类认知的时空条件性、本体与现象的鸿沟等：如果没有这些来自康德的前提，那么黑格尔就不可能会发展出典型现代的历史意识观念。

海涅与传统形而上学派最大的问题在于，他们诠释黑格尔的方式暗示，泛神论的因子在奥古斯丁、安瑟尔谟的思辨法当中已经种下，而黑格尔仅仅是在笛卡尔的基础上，更加清晰、彻底地展现出本体论证的泛神论本质。这忽略了笛卡尔思辨法

---

12. 参 John Hare, *The Moral Gap: Kantian Ethics, Human Limits, and God's Assistance*（Oxford: Oxford University Press, 1996）, 44–45。

的早期现代特征：笛卡尔的“信仰追求理解”，是以思辨的主体为信仰的对象、以理性的自我为思辨的出发点，而奥古斯丁与安瑟尔谟却是以上帝的自我启示为思辨历程的出发点。

再者，黑格尔与笛卡尔分别作为后康德及前康德时期思想家，也有根本的差异。这差异的关键在于，笛卡尔仍旧将上帝当成客观的他者、异在。尽管笛卡尔的上帝不似安瑟尔谟的上帝那般具有绝对而不可改变的主体性（在安瑟尔谟那里，上帝是自我启示的主体，而人类是领受启示的客体，因此他其实并未提出任何所谓的本体“论证”，他只不过是在对上帝的启示进行反思），但笛卡尔仍在他的体系当中保留了上帝不变的超越性。黑格尔的思辨法，则对传统形而上学当中“超越性”与“临在性”的对立提出挑战。在康德之前，像斯宾诺莎那样想要诉诸临在性来思辨上帝的形而上学家，只能简单粗暴地磨灭超越性，在上帝与自然之间直接画上等号。黑格尔作为一位后康德时期哲学家，则是用一种辩证的手法处理超越与临在的张力。他这套进路，最主要的动机之一就是要回应康德的超验观念论。

如我们在上一章所见，康德超验观念论所造成的结果之一，就是从上帝的超越性推论出上帝在理论理性范围内的不可知性。此“不可知性”与古典西方基督教神学的“上帝本质不可知性”（essential unknowability of God）其实是吻合的，却颠覆了早期现代的理性神学。黑格尔那一代许多观念论者严肃对待康德的批判哲学时，便随康德否定了理性神学的科学性。施莱尔马赫在试图挽救神学这门学科的科学性时，便将其转化为一门历史学科，研究基督教教义在历史上如何表述基督宗教的本质，亦即对上帝绝对依赖的感受（*Gefühl*）。

对黑格尔而言，这是不能接受的。他批评道："神学在过去各时代曾是思辨性的诸奥秘及形而上学的监护者，现在却放弃了形而上学这门从属于它的科学，以诸般感受、一般的实践性，以及博大精深的史学取代之。"[13] 神学既然抛弃了它本当监护的形而上学，那么黑格尔就无意恢复基督教教义神学的科学地位了。反之，他声称神学作为对上帝的科学性研究，乃是思辨形而上学的职责，是哲学家的专利。

如此看来，在某种意义上我们可以说，黑格尔哲学方法的思辨特性暗示，他乃是传承了理性观念论的旧传统，包括古典与早期现代的形而上学。他同意亚里士多德和柏拉图的观点，认为人类心灵的内在结构与外在的现实世界有种本体的对应或类比。他也同意笛卡尔的思辨法，采取了以"我思"之主体为出发点的"信仰追求理解"反思进路。然而我们必须再次强调，如果我们以为黑格尔只是天真地从康德面前撤退，逃回前康德时期思辨形而上学传统的战壕，那我们就大大误解黑格尔了。

黑格尔的思辨法是典型现代、后康德的。如他在《全书》第一版的序言中所言，他的方法论乃是"哲学的重新建构"，他希望这套方法被肯认为"唯一的正确方法，与其内容同一不二"。[14] 在这里，黑格尔同时与所谓旧形而上学（*alte*

---

13. Hegel, *Science of Logic*, 8.

14. G. W. F. Hegel, *Encyclopedia of the Philosophical Sciences in Basic Outline*, *Part I*: *Science of Logic*, trans. and ed. Klaus Brinkmann and Daniel Dahlstrom (Cambridge: Cambridge University Press, 2010), 5. 以下简写为 *Encyclopedia of Logic*。

Metaphysik）的思辨法以及康德分道扬镳。如我们在上一章所见，黑格尔认为康德的超验观念论在认识的**方法**以及知识的**内容**之间设定了一道鸿沟。传统思辨哲学则用另一种方式切割了方法与内容，这充分显明于古代斯多葛教派及逍遥派之间关于逻辑与哲学之关系的辩论。斯多葛派认为，逻辑是科学研究的首要对象，而对逻辑的研究当然是哲学的核心学科。逍遥派则认为，逻辑是人类理性心灵的内在结构，它只是人类进行哲学探索时所使用的工具，但它本身却不是研究的对象。在西方哲学史上，逍遥派的观点最终压倒性地胜出，且支配主流哲学直至中世纪经院主义（scholasticism）及早期现代的形而上学。在黑格尔看来，如此切割哲学探索的方法与内容，乃是预设了人类意识与外在宇宙的二元对立所导致的弊病。黑格尔认为，这种形而上的预设其实就是康德那看似反形而上学的超验观念论的核心：康德在理性的心灵与外在的事物自身之间设定了一道形而上的鸿沟。康德从这形而上的预设推论，在纯粹理性的范围之内，人类不可能获得对本体世界的形而上知识。

黑格尔认为，康德用形而上的预设得到反形而上学的结论，因而自相矛盾，而这问题其实就出自这预设本身。于是，黑格尔的思辨哲学就采取了相反的形而上预设：他的**思辨方法**乃是建基于他形而上学的内容，亦即人类意识与外在世界二者之为精神在历史过程中之显现的终极同一性。根据黑格尔的逻辑观，人类意识的理性与外在世界及其历史的合理性，终极而言乃是同一的，二者皆是精神的自我彰显。这终极的同一性，就为思辨形而上学提供了科学性的保证。黑格尔的思辨方法正是要揭示这世界在本质上的合理性，反思或后思这本质合理性如何必然而非偶然地透过现实的历史渐渐自我彰显，进而呈现或映现历史过程的终极目的及意义。

黑格尔的思辨法有丰富的向度，可以用许多方式描述，我们接下来会提出其中一些关键的主题及词汇。以下内容乃是浅显的简介，读者需要明白，鉴于黑格尔思想的复杂程度以及二次文献当中多种立场的辩论，我接下来勾勒出的图画既不可能完全中立而没有一套诠释的框架，也不可能全面地呈现黑格尔思辨法的样貌。有意进深阅读的读者，可以参考拙作《黑格尔》的附录“进深阅读”，其中包括推荐的二次文献以及黑格尔原典的阅读策略。

二、概念与表象：具体的诠释学

黑格尔思辨法当中一个重要的对偶乃是“概念”（concept/*Begriff*）与“表象”（representation/*Vorstellung*）的区分。简言之，表象思维是一种主要属乎感性（sensibility/*Sensibilität*）的认知，而概念思维则追求理解表象背后的理性本质。黑格尔认为，理性者必然是真实而实存的；它乃是一件事物的“纯粹本质性”（pure essentiality/*reine Wesentlichkeit*）。黑格尔笔下的“本质”并不是一种**抽象**的普遍性（abstract universal/*das abstrakte Allgemeine*），而是**具体**的普遍性或共相（concrete universal/*das konkrete Allgemeine*）。它透过每个殊相（particular/*das Besondere*）显现出来，而我们需要透过具体共相的眼镜，才能在反思的过程中映现个殊事物的本质。黑格尔对“具体”（the concrete/*das Konkrete*）的基本定义乃是殊相与共相的结合与一体性。关于"具体普遍性"，我们在第五章讨论范泰尔时会详细介绍。在这里，我想要提供一种较为浅显的方式，帮助初次接触黑格尔的读者明白他的思想。

黑格尔并不否认抽象思考的重要性。抽象思考是人类与生俱来的认知功能。当一个小孩在书本上看到猫狗的图片，他心中就有了抽象的形式概念，知道何为"狗"、何为"猫"。当他在街上看到一只狗时，他会兴奋地说："狗狗！"除非他的认知功能有问题，否则他不会指着狗说："妈妈你看，好特别的猫咪啊！"此时他是用脑海中一个抽象、普遍的"狗"的共相观念来认知具体、个殊的一条狗。然而，抽象普遍的"狗"只是我们意识当中的观念，它在现实中是不存在的。

黑格尔坚持，纯粹本质性的整全真理唯有在它自我实现（actualize/*verwirklichen*，我喜欢译为"实动化"）于具体的历史现实中，亦即在殊相与共相合一的时候，才能被我们认知。然而，在现实的历史具体化过程中，理性的概念无可避免地必须以表象的方式呈现出来，因而带有偶然、非理性的性质。这些偶然与非理性的性质并非终极现实的，它们只有在历史的直接性当中可被视为现实。终极现实的，乃是终极理性的，而终极理性的，乃是终极具体的：在其中，共相与殊相绝对而全面地结合为一体。这就是黑格尔笔下的"绝对者"（the Absolute/*das Absolute*），是绝对理性的概念，亦即上帝。

黑格尔思辨哲学方法的职责，就是**掌握**表象所隐藏而彰显的概念：概念乃是借由以表象自我隐藏来自我彰显。黑格尔用德

文字 *Begriff* 表达“概念”，恰恰具有这蓄意指。这单词是从动词 *greifen* 变化来的，意思是“掌握”或“抓住”。“表象”的德文则是 *Vorstellung*，在康德的超验观念论当中论及经验知识时，意指我们心灵的内在结构（空间与时间）将外在事物对我们的显现呈现于我们的认知时的状态，有别于该事物在其自身的状态。我们在上一章解释过，我们的心灵作为认知的主体，在这表象呈现的过程扮演了积极主动的角色。对康德而言，我们所能认知的只有事物的表象，我们始终无法认知事物在其自身的状态。

对黑格尔而言，尽管某概念的表象必然具有偶然而矛盾的性质，将纯粹的本质性隐藏起来，但这并不意味一件事物的概念合理性对我们的意识而言是不可知的。宇宙历史纯粹本质性的可知性，取决于**意识**（consciousness/*Bewußtsein*）与**精神**（spirit; mind/*Geist*）之间的关系。黑格尔在《大逻辑》第一版的序言中如此概述这关系：

> 意识乃是精神之为具体、自我知觉的知识——固然是一种离不开外在性的知识，但这题材的进程，就如所有自然与精神之生命的发展，全然取决于构成逻辑之内容的纯粹本质性之属性。意识作为在自我彰显的过程中从它的直接性与外在具体性释放自己的精神，达到以它们在其自身与为其自身之所是看待这些相同的纯粹本质性的纯粹知识。它们是纯粹思维，是思想着自身之本质的精神。[15]

15. Hegel, *Science of Logic*, 10.

这段极为浓缩的文字并不容易懂，在哲学专业的本科生课程上往往都需要花上好些功夫才能解释清楚。我会试着用比较熟悉的事物来展开这段文字的内涵，解释思辨哲学家作为意识的主体，如何诉诸某种诠释法（hermeneutical）来反思外在的表象，进而获得对某事物之内在合理性或纯粹本质性的概念性理解。

试想篮球这门体育运动。我开始关注篮球赛事，是国中（相当于大陆地区的初中）一年级，那是我在台湾地区的最后一个学期，过年前就移民加拿大了。那个年代，篮球大帝迈克尔·乔丹（Michael Jordan）刚刚开始率领芝加哥公牛队（Chicago Bulls）称霸 NBA。就像我这一代多数的国内篮球迷一样，我小时候开始看球赛的时候，并没有人教我篮球的**抽象**规则、目标或意义。我只有自己收看电视上的赛事转播，渐渐掌握篮球的概念。每一场**比赛**都是篮球这**运动**的**表象**；篮球这**运动**则是每一场**比赛**的**概念**。这概念不是抽象的，而是在每一场比赛当中**具体化**。

在表象的形式上，篮球比赛有很多等级：可以是 NBA，可以是 CBA（中国篮协），可以是美国的 NCAA（全国大学体育协会），可以是高中校队，也可以是初中生下课时间的游戏。在 1990 年代，没有人能想象三分球能像在斯蒂芬·库里（Stephen Curry）手中那般出神入化。就像黑格尔曾称拿破仑为时代精神的化身，我们也可以说，库里是三分球这**概念**在肉身中的显现。当然，不论是库里或是拿破仑，仍都只是他们各自所呈现之概念的表象。而库里在 2014–2016 年赛季两任常规赛 MVP（最有价值球员）的表现，诚然让人耳目一新，更深刻地**掌握**三分球的**概念**。在这种诠释法的进路当中，三分球的概念不是透过抽象命题来诠释的，而是去观察那概念的具体化身——一位**个殊**的球员——如何具体地投出每一球。

以上的比喻要表达的是：思辨哲学乃是透过**反思**某概念在**具体化**（共相与殊相的合一）的过程中呈现的**表象**，来**映现**这表象所隐藏并彰显的**概念**。黑格尔认为，我们不可能抽象地掌握某个概念，而无视于它的表象。他的思辨法强调，哲学家必须从殊相出发，借由对殊相的反思诠释，找到概念的共相，再从终极具体的共相回过头来解释历史当中一切的表象。黑格尔思辨法的**诠释学**向度就在于，他乃是借由诠释心灵在社会、文化、思想史的具体表达，以掌握人类意识与精神之间的关系，亦即二者的终极同一性。

三、概念与表象：目的论与历史主义的向度

我们在此不妨继续使用篮球的比喻。哲学家开始思辨一个概念的时候，就像一个孩子收看一场又一场的球赛转播，学习欣赏篮球赛事。她与我小时候一样，手上并没有篮球规则手册：她必须在“启示”或“天启”之外自行厘清比赛的规则。她父母跟我父母一样，都是读书人，不爱运动，所以也没有人在一旁为她解释这运动的规则与目标：她无法诉诸哲学或宗教上的“教理权威”。

可能她小学时观看的第一场篮球赛，是学校男同学下课时

的游戏，他们都仍在学习打篮球，对规则并不熟悉，频现两次运球、带球跑步，却无人喊犯规。在这种情况下，她所面对的乃是篮球这**概念**的一个糟糕的**表象**。可能她需要在电视上多看几场 CBA 或 NBA 的比赛，才能学会篮球的基本规则，纠正她从第一场球赛所得到的错误观念。尽管就连在篮球的最高殿堂，也没有一场球赛完美地呈现篮球的概念，但她唯有借着收看一场场打得好或打不好的具体球赛，才能渐渐学会篮球运动的所有规则，以及不同联盟之间在规则上的细微差异。

篮球的规则仅是这运动的**规范性**（normative）向度，而这离篮球的**概念**尚远。要真的学会欣赏这运动，就必须掌握它**目的论**（teleology）的向度：篮球的目的与意义是什么？让我们继续思忖以上的比喻。那孩子在她所观看的第一场比赛中，应该很容易就发现，篮球运动最直接的目的就是把球投入篮中。她也会学到，投篮成功时，就会有分数入账。比赛结束时，她就已然明白，整场比赛的目的就是要尽量让自己的队伍得分，在分数的高下上胜过场上的对手。当她在电视上开始收看 NBA 及 CBA 的比赛时，她渐渐明白，常规赛的目的就是在赛季内赢得足够的比赛，以进入季后赛，最后赢得联盟总冠军。

黑格尔认为，一个概念的**合理性**（rationality/*Vernünftigkeit*）除了它的规范向度外，必然具备一个目的或一系列的目的，而这目的论向度乃是通过历史上一系列的表象所呈现出来的。我喜欢将“合理性”译为“理”，因为它与宋明理学所谓的万物之“理”颇有异曲同工之妙。就像那孩子借由观察 NBA 及 CBA 赛季的发展来学会欣赏篮球的目的与意义，思辨哲学的职责就是透过研究世界历史的发展来辨识每个历史阶段的目的，以至历史整体的至高目的。

当然，篮球的目的远不只是赢得赛季总冠军。冠军的头衔只不过是一个途径，目的是要鼓励各球员与球队在练习、休息、比赛、场外生活中，愈发纯粹地彰显篮球的**精神**，将这运动提升至愈来愈高的境界。“Showtime”时期的湖人队（Lakers）、乔丹帝国的公牛队、“浪花兄弟”（Splash Brothers）以至“神奇四侠”（Fantastic Four）时代的勇士队（Warriors），都在表象上为全球的球迷彰显了篮球这本质概念当中一些前所未见的内容。史蒂夫·纳什（Steve Nash）在2004–2006年赛季当中，揭示了MVP这概念的新向度，不以得分见长，而是以不可思议的“纳什视野”（Nash vision）成就了匪夷所思的传球与助攻。在篮球史上（不只是NBA），这些“历史伟人”们一次又一次横空出世，将这运动提升到新的高度，更彻底地彰显篮球的精神。若要全面探索篮球运动的目的论向度，就必须研究它的历史以及其中那些配称为篮球精神或概念之化身的伟人。

相似地，世界历史乃是由一系列良莠不齐的表象所构成，在每个阶段呈现终将成为绝对者的精神。辨识一个时代的精神，最有效的方式就是反思那时代的历史伟人。黑格尔的思辨哲学强调，我们只有贴近研究具体的历史表象，才能掌握精神的概念，明白历史的目的。透过研究人类历史的公例与公理，我们找到历史上的共相，明白历史的终极目的，并理解历史为**有目的的行动**（purposive activity）：这就是黑格尔思辨哲学的**历史主义**（historicism）向度，也为整个十九世纪历史主义及史学研究奠定了基础。

四、反思法：后思、映现、复和

以上篮球的比喻，还能够体现黑格尔思辨法的另一个维度。试想那孩子追了二十多年NBA的赛事，自己也一度成为NCAA球员，现在结婚生子了。她的儿子现在读的小学，就是她当年观看人生第一场篮球赛的学校，而他现在是校队的队员。她现在看这些小学生打球，跟她当年的心态很不一样了。一方面，她的思维已经具有**批判性**，她知道这些孩子哪里还有进步空间、整个球队应该如何提升水平。另一方面，作为一位母亲，她看着孩子的球队打球时，并不是从球评的角度，以事不关己的态度观赛。虽然她自己无法下场参赛，但她的意识乃是参赛者的意识，而不是冷眼的旁观者。她所看见的，也因此不是这些小球员的失误与不成熟。反之，她看见每位球员及整个球队的**潜力**。

终极的潜力，当然就是这运动的至高层级——篮球的纯粹概念——这超乎任何的表象，包括任何一届美国篮球梦幻队。这纯粹概念就是那小学校队不完美的表现背后的**本质性**与**合理性**；是这概念推动着每个球员及整个球队向着它们所能**成为**的终极状态发展。

这比喻有几个要点。第一，黑格尔认为，一件事物的**本质**（essence/*Wesen*）并非由它恒常所**是**的形式决定或“**规定**”（determined/*bestimmt*）的。反之，一件事物的本质，乃是它在发展过程中终将成为的状态；是那终将**成为**的状态，决定那件事物在过程中每个阶段之所**是**。我们稍后将更详细地解释，黑格尔对“存在”（being）与“变迁”或“生存”（becoming）的论述，如何带来一种革命性的理解。这种理解，启发了后来所谓的“过程哲学”，而黑格尔无疑是这类哲学直接或间接的鼻祖。

第二，思辨哲学家的意识，与上述比喻中的母亲相似。她并非冷眼旁观；她的心思与球员同在场上，因此她的批判不论如何客观而正确，她都始终保持一个**参与者**的**角度**。正如那位母亲无法亲自下场打球，思辨哲学家也无法“穿越”到古希腊，成为柏拉图学院或逍遥派的成员。然而，在我们研究哲学史及文明史的每个阶段时，我们都必须采取一种**内部的角度**（英语学者经常称之为“internal perspective”），亦即参与者的角度。唯有如此，我们才能发现每个历史阶段的表象背后的概念，并看见那时代的精神将如何发展进步。如果我们采取冷眼旁观的角度，我们就只能批判每个时代、每派思想的瑕疵，否定其价值，却看不见其中的内在本质性与合理性，亦即它未来将蜕变成为的形态。更严重的是，我们会忽略，我们自己的时代精神与过去每个历史阶段都是连贯的，不是不同的精神，而是同一精神主体在不同阶段的表象。

我们还可以这样理解黑格尔这种“内在角度”的含意。中国文化向有“敬老尊贤”的美德，但“老”有时也用于贬义词，例如“为老不尊”“老而不死”（当然，这原本只是孔子嘲笑老友的一句玩笑话）等。什么样的老者会让年轻人尊敬、效法呢？“倚老卖老”的长者，看到年轻人不成熟的思想、冲动的行为，就只会责骂，不给年轻人担当责任的机会，挤压他们成长的空间。这样的长者所缺乏的正是“历史意识”：他们是失忆的。令人尊敬的长者，也看见年轻人种种不是，但他们会记得自己也曾年轻过，也曾冲动、不成熟。他们会带着同理心去看年轻人，因为他们拥有历史意识，他们没有忘记自己成为德高望重的尊长的人生过程。

对黑格尔而言，那些只会一味批判其他哲学体系、贬低异文化的思想家（很多汉学家认为黑格尔带着高傲的欧洲中心论来贬低儒家思想，但这可能正是我们带着当代“先进”的眼光在苛求黑格尔时代尚不成熟的欧洲汉学及民族意识），就像倚老卖老的长者一样，或许诚然透过岁月的历练而拥有过人的智慧，但他们那种态度是不可取的。黑格尔心目中的思辨哲学家，就像德高望重的尊长一样，带着同理心去看待人类历史上所有的思想及文化体系，从其不完美的表象中找到宝贵的终极概念——绝对精神。

第三，让我们再次回到篮球的比喻，试想那位母亲开始担任她儿子小学校队的教练。她作为一位思辨哲学家，不只是回头以事后反思或“后思”（*Nachdenken*）的方式研究过去的历史阶段。她儿子的球队当下的现实状态，乃是她自己所属的，因为她作为教练，也是球队的一分子。当她思考过去、审视当下的时候，她会从球队转变的过程，以“映现”（reflection/*Reflexion*）的方式掌握篮球运动的本质概念。

黑格尔笔下的“思辨”，正是由这两大要素所构成：“后思”及“映现”。简单地说，“后思”乃是对既成现象的事后反思。

“反思”一词与“映现”原文相同。在初步的意义上，反思就是后思。但进一步说，后思的目的乃是要像一面镜子一样，从现象映现出本质。

如果那位母亲是位称职的教练，那么她在反思的过程中，会带着一种特定的态度来看待每位球员及球队整体的失误、失败、瑕疵。这种态度除了上述的“内在角度”外，更重要的特征是黑格尔所谓的“复和”（reconciliation/*Versöhnung*）。

“复和”无疑是借自基督教救赎论的词汇，但在黑格尔笔下，它已不具有基督教特有的救赎内涵。我这样说，可能有些基督教思想家会不同意，因为他们所采取的救赎论，恰恰是黑格尔主义型态的，而不是基督教天启经典或信经正统当中那种救赎论。我想说的是，在基督教天启经典及信经正统当中，“救赎”乃关乎人类罪恶、堕落，以至处于上帝审判与刑罚之下的景况；“复和”意指在此救赎的前提上，上帝与人和好的过程。黑格尔并不是以道德意义上的“罪”与“堕落”为框架，理解人类历史处境中的变迁幻灭、苦难矛盾。黑格尔认为，人与上帝（或者终将成为上帝的精神）之间的疏离，并不是人类犯罪、得罪祂而造成的。反之，上帝与人类终极而言乃是同一者，人类在本质上就是精神，因此这二者间的疏离，其实就是精神的自我疏离。精神从自我疏离，目的是要在它之外设定一个它者，以至在这主体与客体的关系中，透过相互疏离的二者之间的复和，因而成为绝对者。（我们稍后讨论黑格尔逻辑学时，会更详细解释这过程）。

从黑格尔文本字义所表达的明确意向看来，他笔下“复和”的概念首先是形而上的、本体论的、神学的，是在这基础上才具有社会伦理学的意义。本体的疏离体现于社会现实的实存维度，而思辨哲学必须借由**反思**历史的发展，意识到社会上种种矛盾与苦难、种种非理性的现象，都将在复和的过程中被扬弃。黑格尔在《法哲学原理》的序言中有段充满诗意的名句，浅显地表达了这思想："肯认理性为当下的十字架当中的玫瑰，因而以当下为喜悦：这理性的洞见，就是与现实的复和。"[16]

复和的思维方式，乃是正视历史与当下的现实，透过（而不是绕过）它千疮百孔的表象去肯认它里面所拥有的潜质，亦即它的合理性、它终将成为的型态。在上述篮球的比喻中，那位教练的看待球员与球队的方式，正是这种复和的思维。她看见每位球员及整个球队的潜力：不是无视于他们一次又一次的失败，而正是透过这些不完美的表象来肯定他们的本质。

哈尔迪门（Michael Hardimon）清晰地解释了黑格尔笔下"复和"的社会维度（虽然我认为他整体的诠释忽略了更基本的形而上学维度）：

> 根据黑格尔的理解，肯认社会世界所显示各种真实充满问题的特征，与复和乃是相容的……我们不能借由戴上玫瑰色的眼见而达到真正的复和；反之，复和取决于接受社会世界为一个有诸般问题的世界……在黑格尔的观点中，内在于复和的喜悦，必须与接纳十字架所代表的苦难共存。因此，根据黑格尔的理解，复和无可避免地会笼罩上一层

16. G. W. F. Hegel, *Elements of the Philosophy of Right*, ed. Allen Wood, trans. H. B. Nisbet (Cambridge: Cambridge University Press, 1991), 22.

可被归纳为忧郁的气氛或感觉。[17]

但我们如果再次回到那篮球的比喻，我们就会发现，那位教练的复和态度绝非姑息，绝非对千疮百孔的问题视而不见。她的职责是在十字架（那些充满瑕疵的表象——球员及球队的种种失败）当中辨识那朵玫瑰（那纯粹的概念——篮球的绝对精神），进而将球队的能力与表现提升到更高的境界，更彻底地具体彰显那朵玫瑰所代表的本质性。这正是思辨哲学的职责：与当下苦难、不公正、压迫，以及各种恶的现实和好，带着积极的态度寻求进步，而不是在问题面前消极退缩。唯有如此，哲学家才能将世界精神提升至历史过程的更高阶段，愈来愈接近当下十字架当中的那朵玫瑰。

在此需稍作说明，黑格尔笔下的“复和”常被理解为“正—反—合”（thesis-antithesis-synthesis）辩证。这其实很容易导致我们误解黑格尔“中介逻辑”的辩证法（稍后会详加说明）。事实上，黑格尔从未使用过“正—反—合”这术语；这是费希特思想体系当中的专有名词。若要以简约的方式理解黑格尔的复和辩证，“负负得正”或“对负面性的否定”（the negation of a negation）是较为适切的表达方式。这套逻辑源于黑格尔的日耳曼基督新教背景。我们稍后将解释其三一论的向度，在此我可先指出，这套复和的辩证采取了马丁·路德（Martin Luther）十架神学（*theologia crucis*）的典范，其基本

---

17. Michael Hardimon, *Hegel's Social Philosophy: A Project of Reconciliation* (Cambridge: Cambridge University Press, 1994), 90.

要义是，上帝乃是透过自我隐藏来自我揭示：十字架的羞辱遮蔽了圣子的荣耀，目的是透过这帷幕彰显上帝的荣耀。路德坚持，那些在十字架的羞辱以外寻找上帝荣耀的人，都不配被称为神学家。这套十架神学当中有一套关键的双重否定：人否定上帝，而这罪被上帝否定了；在十字架上，基督之死宣判了死亡之死。基督走上十字架，不单是为了死，而是要借由十字架上的死来治死人类的死亡，进而彰显复活的荣耀。只有透过十字架的双重否定，人才能得见复活的荣耀。

黑格尔笔下“玫瑰”与“十字架”的隐喻，有浓厚的路德十架神学背景。那朵玫瑰并非“正”与“反”之结合。黑格尔对复和的理解是，思辨哲学家以一种类似基督的方式拥抱当下的十字架，不是为了十字架本身，而是透过“双重否定”的反思模式，映现十字架当中的玫瑰。正如路德认为十字架所彰显的荣耀必须透过信才能见着，黑格尔的反思也是从信出发的，只不过后者的信乃是哲学的信仰，其对象是人类意识与精神的终极同一性，亦即人类意识的神性本质。我们稍后还会回来讨论黑格尔笔下这种“双重否定”的辩证，介绍他哲学体系当中一个关键的词汇：“扬弃”或“弃存扬升”。

五、思辨哲学的辩证维度

以上讨论以触及黑格尔思辨逻辑的“辩证”特征。对黑格尔而言，辩证既是哲学方法，也是哲学内容。精神透过自我疏离及自我复和而“思想自身之本质”的历史过程，在**本体上**就是辩证的。说得简单点，现实自身的本性乃是辩证的。辩证哲学方法的合理性就在于这方法所研究的对象自身之本性，亦即现实以及其发展过程的整体。

或许有些读者对“辩证”（dialectic/*Dialektik*）一词感到陌生。这单词源于希腊文动词“对话”，拉丁文字译（transliteration）是*dialectica*，意指辩论这门哲学艺术。如此，“辩证”最简单的意思，就是透过相互驳斥的言说来揭示真理的哲学方法。柏拉图的对话录是古希腊辩证法的典型，黑格尔肯认其为辩证思维的历史源头。在这些著作中，特定的角色（经常是苏格拉底）会被设定为哲学真理的言说者，他经常会用一系列看似无知的提问来揭露对手的谬误或诡辩。

黑格尔的辩证法是典型**现代**的，其特征之一在于对古典逻辑的非矛盾律（以至排中律及同一律）提出挑战。在黑格尔之前，古典逻辑学的三大定律被主流哲学家视为无可置疑的定律。非矛盾律可追溯至柏拉图，它断定相互矛盾的两道命题，如果使用的词汇意指是同一的，就不可能同时成立。这定律是亚里士多德逻辑学的基础。康德在《纯粹理性批判》当中声称，亚里士多德已然表述了我们对于逻辑所能知晓的一切，而康德自己也接受非矛盾律为判断真理的必要标准。

在非矛盾律的基础上，康德提出了一系列“纯粹理性二律背反”，以否定传统形而上学的科学地位。所谓“二律背反”（antinomy/*Antinomie*）是指两条相互矛盾的命题同时在同等有效的论证或反证下被证明，以致理性陷入逻辑上的两难。康德在论述中试图说明，传统思辨形而上学所处理的问题，在纯粹理性的范围内至终无法避免二律背反的窘境。这对康德来说，就意味形而上的真理或观念无法用理性思辨获知。

黑格尔其实并未拒斥非矛盾律及相关的排中律、同一律，但他提出，真理的概念远比传统逻辑学的定律要复杂。当我们肯认真理为发展过程的整体时，我们就能学会与当下的矛盾共处。在这视角下，我们可以理解他思辨哲学的辩证维度为“借由矛与盾之间的中介与复和呈现真理的整体”。接下来我们就会讨论黑格尔辩证思辨的“中介逻辑”。

六、辩证思辨的逻辑：真理与中介

黑格尔笔下的“中介”（mediation/*Vermittlung*）逻辑，是他在早期巨著《精神现象学》即已提出的，他在序言中以相当可观的细节解释这概念。如他自己所言，此序言颇不寻常，他在其中“解释笔者心中的目的、促成这部著作的因由，以及笔者的立场与前人及时人论述相同课题的其他著作之关系”。[18]

序言行文开始不久，黑格尔便对传统逻辑学提出挑战：“平庸的思想愈是将是与非之间的对立视为僵化不变的，它就愈发习惯期待以非此即彼的敌友关系看待特定的哲学体系……它未将诸般哲学体系的多样性理解为真理的进化过程；反之，它在多样性中只看到了诸般矛盾。”[19] 对黑格尔而言，若将非矛盾律当成检验真理的普遍标准，就等于是误解了真理之为真理的本质。

这并不意味黑格尔采取了一套相对主义的真理观。黑格

18. G. W. F. Hegel, *The Phenomenology of Mind*, 2nd ed., trans. J. B. Baillie (New York: Macmillan, 1931). 此老旧译本许多专有名词并不理想，且与当代学界通用的翻译有出入，但整体而言，我认为此译本较为尊重黑格尔文本的形而上意向。本书在译文模糊的地方，会引用原文或其他译本。

19. Ibid., 68.

尔坚持，真理是绝对的。更确切地说，真理乃是**绝对者**（the absolute/*das Absolute*）。然而，“论及绝对者……我们必须说，它在本质上乃是一个结果，唯有在终结点上它才是它作为真理之所是；而它的本性就是由此构成，亦即存在为实动者、主体，或成为自己的生成、自我发展”。[20]

黑格尔在此不仅是挑战亚里士多德的逻辑学。他直指亚里士多德形而上学的核心，他认为这套形而上学与用以建构它的逻辑工具是相辅相成的。黑格尔对亚里士多德的看法在二次文献中是个较为复杂的题目，这与黑格尔处理康德的方式有关，此处无法深入讨论这些学术辩论。[21] 我们只需说明，尽管黑格尔毫不掩饰他对亚里士多德的景仰，但就连十分强调两位思想家之间连贯性的学者都会承认，黑格尔的体系离开了亚里士多德的“实体形而上学”（substance metaphysics）范式，转移至一种“过程形而上学”（process metaphysics）的范式。

“实体形而上学”或“实体主义”（substantialism）一词源于后期过程哲学的传统，黑格尔通常被视为此传统直接或间接的鼻祖。它意指黑格尔所谓西方哲学史“趋向实体的倾向”。[22] 用黑格尔的术语表达之，“实体主义”的观点可理

---

20. Ibid., 82.
21. 见 Gilbert Gérard, “Hegel, lecteur de la métaphysique d’Aristote. La substance en tant que sujet,” *Revue de Métaphysique et de Morale* 74（2012）: 195–223; Nicholas Lobkowicz, “Substance and Reflection: Hegel and Aristotle,” *Review of Metaphysics* 43（1989）: 27–46; Béatrice Longuenesse, *Hegel’s Critique of Metaphysics*（Cambridge: Cambridge University Press, 2007）。
22. 见 Johanna Seibt, “Particulars,” in Johanna Seibt and Roberto Poli, eds., *Theory and Applications of Ontology: Philosophical Perspectives*（New York: Springer, 2010）, 28。

解如下：构成现实的实体乃是静态的“抽象普遍性”（abstract universality/*abstrakte Allgemeinheit*），即“未分化、不动的实体性”（undifferentiated，unmoved substantiality/*ununterschiedne*，*unbewegte Substantialität*）。[23] 黑格尔并不否认，真理诚然有一个实体的维度或动相（moment/*Moment*，亦译为“状态”），但这并非真理之整体。他视现实的真理或真相为一个历史的过程，渐渐在透过历史辩证的各阶段绽放开来。

黑格尔坚持，“终极的真理”不只是“实体”，更是“主体”（subject/*Subjekt*）。[24] 这意思是，宇宙的真理不只是一套抽象形式或观念，更是一个又真又活的**主体**。生命是个**过程**，而当我们说终极的现实与真理就是一个有生命的主体时，这意思是它在生命成长的过程中渐渐绽放，在表象上愈来愈贴近它理性的本质。这就意味，就连在实体性的阶段当中，这主体都不是僵死、一成不变、抽象的实体，而是“有生命的实体”：它是“那真正为主体的存在，换言之，它唯有在自我设定的过程，亦即在它从一种状态或定位到相反的状态或地位的转变以及它的自身之间提供中介的过程当中，才是真正被实现而实动（*wirklich*）的”。[25] 这是个渐渐具体化的过程，抽象的普遍性渐

23. G. W. F. Hegel, *The Phenomenology of Mind*, trans. James B. Baillie（New York: Dover, 2003）, 80; G. W. F. Hegel, *Phänomenologie des Geistes*（Hamburg: Felix Meiner, 2011）, 14–15.

24. Hegel, *Phenomenology*（Baillie, 2003）, 80. 另见 Hegel, *Encyclopedia of Logic*, 13。

25. Hegel, *Phenomenology*（Baillie, 2003）, 80; *Phänomenologie*, 14. 汉语文献通常将黑格尔笔下 *Wirklich* 译为“现实”“真实”，英文则为 actual。但其相应名词在英语文献中，经常被译为 efficacy，中文作“效应”“有效性”等。德文名词 *Wirklichkeit* 直译为中文时，通常却作“现实”“真实性”。此专有名词之中译既无统一规范，笔者以为“实动”（形容词）、“实动性”（名词）更能体现其原文丰富的含意。

渐与历史的特殊性结合，最终抽象性被扬弃，主体就从抽象的“实体”阶段进入具体普遍性的阶段。黑格尔解释：“真正的现实……是它自身之生成的过程，即预设其终点为其目的之圆周，而它的终点就是它的起点；它唯有借由被实现，以及借由它所涉及的终点，才变为具体而实动。”[26]

在这成为自己的生成过程中，宇宙整体现实的真理自我异化、自我疏离、自我客体化，因此无可避免地经历**自相矛盾**的阶段。这种矛盾体现于历史上不同哲学体系之间的辩论。这些思想终极而言，其实都是同一个宇宙主体在思忖自身的本质时，在人类的意识当中的体现。当然，这自相矛盾的阶段只是宏观精神历史辩证的第二个阶段。

整全的真理乃是**中介**（mediation/*Vermittlung*）过程的整体。黑格尔区分中介与**直接性**（immediacy/*Unmittelbarkeit*）。原文“中介”将名词转化为动词，再将动词转化为名词，也就是说，转化后的名词是指涉中介的**行动**。“直接性”则是使用了转化前的“中介”这名词，字首加上“非”或“无”（*un-*），字尾加上形容词，再加上“性”（*-keit*），将形容词变化为名词。简言之，“直接性”按照字义理解，就是“无中介性”。“直接性”在同时期及较早的德意志观念论与浪漫主义当中，是普遍使用的术语，而“中介”一词虽然也可在当时其他文献找到，但黑格尔是中介逻辑的首创者，是他将“中介”的思想建构成一套体系（施莱尔马赫也独立于黑格尔自创了一套中介思想）。

---

26. Hegel, *Phenomenology*（Baillie, 2003）, 81; *Phänomenologie*, 14.

康德的超验观念论（见上一章解释）经常被称为“对直接性的批判”，而费希特、早期施莱尔马赫、早期谢林等后康德时期的观念论者，采用了一些不同却又相似的“直接性”概念来论述神性与人性、无限者与有限者、具自我意识之“我”（*Ich*）的本质与行动等对偶之间的同一性，进而试图声称某种“上帝”概念的可知性。黑格尔的思想发展至 1807 年时，开始苛刻地批评谢林的形而上学，谑称其为“在其中所有的牛都一样黑……的黑夜”。[27] 为了克服直接性所导致的难题，黑格尔坚持，“中介”的过程对于人类自我认识为精神的绝对知识乃是必要的。

在黑格尔笔下，直接性简单来说是真理的初始阶段，在其中，真理被表述为抽象共相。在这阶段当中，精神仅仅是**在其自身**（in itself /*an sich*），却无法将自己当成客体来认识。基督教三一论当中“圣子受生”的教义，以表象的方式呈现了精神自我分化、自我客体化过程的哲学概念，这过程使得精神能够成为**为其自身**（for itself /*für sich*）。然而在这第二个阶段，精神相对于自身而言成了一位**异在**（other/*Anderssein*）而这就与它初始的纯一性相违了。

真理整体的进化，亦即中介的过程，在第三阶段方告成大功。这阶段的概念由基督教三一论当中“圣灵发出”的表象教义所呈现，精神在其中同时是**在其自身而为其自身**（in and for itself /*an und für sich*）的。在此，精神终于成为它本质上之所

---

27. G. W. F. Hegel, *Phenomenology of Spirit*, ed. Terry Pinkard and Michael Baur, trans. Michael Baur（Cambridge：Cambridge University Press，2018），12. 此版本强调“后康德”的视角，虽然笔者对此诠释有所保留，但在此处颇为适切，故在此特定注脚中使用此版本。

是：绝对者。

黑格尔认为，基督教的三一论“表象地将绝对者呈现为精神——最为伟大的概念”。[28] **精神**（spirit/*Geist*）之为终极本质上的**绝对者**（the absolute/*das Absolute*），不只是现实的本质。精神是一切真现实的总和：“唯有精神是现实。”[29] 绝对者乃是精神完满地实现为精神的状态，这实现的过程就是客观—主观—绝对的三段中介。精神所经历的中介过程乃是现实的全部，而真理就是这过程的整体。若要掌握整全的真理，就必须拥抱这过程当中的矛盾。“真理乃是那整体。然而，那整体单单是本质的本性透过它自己的进展所达到的完满。”[30] 这种对真理之过程的本体论理解，赋予了黑格尔思辨方法所特有的辩证性。他将他在《精神现象学》一开始就提出的这种中介辩证逻辑应用于他所有后期的著作，解释世界历史的一切现象。

七、有机主义：“教化”的辩证

上文探讨黑格尔笔下“真理”之为“整体”、“有生命的实体”、经历生命过程的主体，已然暗示了他思辨哲学的**有机主义**（organicism）维度。简言之，**有机主义**泛指一切将现实以及真理视为有机整体的哲学体系，此有机体就像生物一样，其中百体互相连结，支撑整体的生命与成长。黑格尔的有机主义与上述“过程形而上学”相辅相成，而在他的哲学框架当

28. Hegel, *Phenomenology*（Baillie, 1931）, 85.
29. Ibid., 86.
30. Ibid., 81.

中，后人称为“实体主义”的那种形而上学乃是无机的“机械主义”(mechanicism)。在有机主义的思想体系中，命题式真理(propositional truths)是有效的，但不可被理解为在其自身独立成立的抽象真理，而当被理解为对有机现实的真确描述。有机主义哲学的一个特征，乃是使用有机的隐喻来诠释现实世界并表述其真理。

一个典型的有机主义实例是基督教的经典所描绘的世界，其上帝被形容为“又真又活”，其创造乃是借由赐生命的话语及圣灵，而教会则被形容为“基督的身体”。然而，也有些基督教思想家用无机的机械主义来理解这世界，譬如十八世纪哲学家威廉·佩利(William Paley)将宇宙比喻为智慧设计的钟表。黑格尔的有机主义启发了十九世纪之后许多基督思想家，这些思想家认为所谓“自然神学”(natural theology)无法避免机械主义的结论。本书三至五章将介绍他们的思想。

黑格尔的有机主义是英语二次文献经常提及的主题。他的有机思想与现代理性主义分析解剖真理与现实的方式形成强烈对比。黑格尔认为，这种思维方式无法正视宇宙为有生命的主体。虽然亚里士多德的形而上学在西方哲学史上带来了强烈的实体主义倾向，但黑格尔也肯定亚里士多德为过程形而上学之有机思辨的源头。黑格尔评论道，亚里士多德“将自然描绘为有目的的行动，而目的乃是直接、不受搅动、自我推动的不动者；如此它便是主体”。[31] 即便如此，有机的过程思想在亚里士

31. Ibid., 83.

多德的著述中仍仅是潜在的。黑格尔之前的西方哲学史，整体而言仍旧以实体主义的无机思想挂帅。

我们可以如此理解黑格尔在“实体”与“过程”之间的区分。虽然“实体形而上学”与“过程形而上学”是后人的用语，但确实是黑格尔明确表达的思想。在《小逻辑》当中，他批评斯宾诺莎“仅仅”描述上帝“为实体，而非主体或精神”。[32] 黑格尔在此是指没有生命、没有意识的静态实体，与他笔下的有机**主体**相对。如稍早所述，有机主体的确会经历实体的阶段，但就连在此阶段当中，都仍是有生命而持续成长的实体。

实体思维及过程思维最重要的差异之一在于，实体形而上学视现实与真理为静态、一成不变的，而过程形而上学则以动态的观点看待现实与真理。用亚里士多德的术语表述之，“自然”或“本性”（nature）乃是一件事物的“潜动性”（potentiality），它决定这事物在“实动性”当中的实存状态。换言之，一件事物的实存状态，是由它潜在而一成不变的本质所决定的。一个东西之所“是”，决定它“成为”什么：“存在”（being）规定“变迁”或“生成”（becoming）。黑格尔一反这种观点，坚持说一个东西在当下之所“是”，乃是由它终将“成为”什么而决定的：“变迁”或“生成”规定“存在”。

这套玄奥的陈述，在黑格尔笔下的有机隐喻中变得十分浅显。胚胎诚然是人类生命过程的一个阶段。[33] 然而，它“在其

32. G. W. F. Hegel, *The Encyclopaedia of Logic*, trans. T. F. Geraets, W. A. Suchting, and H. S. Harris (Indianapolis, IN: Hackett, 1991), 8.

33. Hegel, *Phenomenology* (Baillie, 1931), 83.

自身”（*an sich*）只是个“潜在的人”，因为它尚未“为它自己”或“为其自身”（*für sich*）经历构成整体人性的每个阶段。[34]

较为传统的形而上思维以实体主义的方式，用一种静态的“人性”看待这过程：人性乃人之为人的形式因（formal cause），在物质中构成人的实体，决定人类胚胎的生长过程。在这过程的每个阶段中，这实体都拥有人之为人的本质。黑格尔并不认为这种传统思维全盘错误，但在他看来，实体主义太过狭隘，忽略了这幅图画的全貌。换言之，实体主义未能定义“本性”与“实体”为“过程”或“有生命的实体”。

黑格尔认为，胚胎的发育并不是由静态的人类实体所决定的。我们必须用更全面的视野，看待胚胎当下的状态（form; state/*Gestalt*）为生命主体的一个阶段，它现在之所**是**，乃是由它整个发育过程所决定的。人的本质是这整个有目的的过程，而不是一成不变的形式因。更确切地说，达成目的时的完成（consummation/*Vollendung*）[35]状态，才是人的本质：是“在长成而已受教化之理性的状态”中的那个尚未实存的“人”，以胚胎的型态“将自己造成他现在潜在之所是”。[36]

黑格尔在这段引文中提出了“教化”（cultivation/*Bildung*）的概念，这出现于《精神现象学》，在他后期的著述中亦是个非

34. Hegel, *Phänomenologie*, 17. 另见 *Phenomenology*（Baillie, 1931）, 83；此译本将 *für sich* 译为“by itself”，不甚理想。

35. 我喜欢翻译成“圆满”。*Voll* 是“满”的意思；*Endung* 是指“结束”“达成目的”。我们在稍早的一段引文中看见，黑格尔认为“真正的现实……是它自身之生成的过程，即预设其终点为其目的之圆周，而它的终点就是它的起点”。中文“圆满”一词既能表达圆满的结局，又能体现这种“圆周”的思维。

36. Hegel, *Phenomenology*（Baillie, 1931）, 83.

常显眼的主题。这词汇的原文源于名词“图像”(*das Bild*)。此处翻译使用“人”字旁的“像”，乃是基于这词汇的字源。德文“教化”一词的现代用法，通常指涉文化熏陶与人格塑造，而不只是狭义的学校“教育”(*Erziehung*)。“图像”与“教化”的有趣连结，源于中世纪日耳曼神秘主义：信徒会看着圣像画默想属灵的神秘现实，以达到灵命塑造的目的。

在长十九世纪当中，“教化”的概念成了日耳曼文化的核心价值，但狭义的宗教含意已经转化为普遍的社会文化了。“教化小说”(*Bildungsroman*)[37]的文学传统在此时期蓬勃发展，它与德意志观念论在文化界的姊妹运动浪漫主义有深厚渊源，但并不局限于浪漫主义。歌德所倡导的狂飙突进（*Sturm und Drang*）文学运动是浪漫主义的前身，他的《威廉·迈斯特的学习时代》（*Wilhelm Meisters Lehrjahre*，1795–1796）就是教化文学的知名作品，此类小说以主角的心智发展与人格塑造为核心主题。施莱尔马赫等神职人员及神学家在这时期，也开始把社会文化意义上的“教化”视为他们的职责，认为自己有责任将基督教传递给社会上那些有文化素养的人（*die Gebildete*，从 *Bildung* 的动词 *bilden* 变化来的分词名词），说服他们认为宗教对于社会上所有的人而言——不论这些人信或不信——皆是教化过程必要的一环。这正是施莱尔马赫撰写《论宗教：致蔑视宗教的文化人》(*Über die Religion*：*Reden an die Gebildeten unter ihren Verächtern*）的目的。

37. 在国内外国文学研究当中，经常被译为“教育小说”，从哲学与文化研究的角度看来，这翻译很不理想。

“教化”一词当时在德国文化当中并没有完全固定而僵化的定义，黑格尔将这词汇应用于个人的教化过程，以及精神在世界历史中的进化发展。教化的过程始于“试图脱离天真心灵生活那未被打破的直接性的挣扎”。[38] 这就像婴儿渐渐长大时，开始有意识地积极吸收知识。在这阶段，孩子努力获得的那种知识，可被归类为“普遍原则”。[39] 孩子开始学习“这是狗狗”“这是猫咪”；她试着辨识三角形与圆形的差异，当她将三角形的积木放在圆形的洞口上，发现自己放不进去时，她就知道三角形不是圆形了（设计这种玩具的人，诚然深谙幼儿的心智发展）。西方文化的集体意识在古典希腊哲学时期，就好像这幼儿一样，寻找着普遍的原则、观念、形式。“然而，这心灵教化的初始，很快就会被丰富的实动生命所取代……”[40]

整体而言，精神的教化历史乃是集体人类意识从**表象**理解进入**概念**理解的过程。不论在个人层面或集体意识的层面，教化的过程皆包括一个自我分化的阶段，思辨的主体在其中把自己当成了一个客观的它者，并寻求理解而肯认（recognize/*anerkennen*，中译亦有作“承认”）这位它者。经历了这痛苦而充满矛盾的自我疏离之后，思辨的主体就进入自我复和的过程：它终于渐渐自我意识并自我实现为同时“在其自身又为其自身”的绝对主体。换言之，人类意识在此复和过程中，终于发现它一直试着要想掌握的客观现实，其实就是它之为普遍精神在殊

38. Hegel, *Phenomenology*（Baillie, 1931）, 70.
39. Ibid.
40. Ibid.

相当中的具体显现。当普遍精神完全具体化（完全与殊相的世界融为一体）时，它就成了绝对精神，亦即上帝。

黑格尔笔下的教化过程，在一般时期当中皆是渐进的。但是在历史的洪流当中，柏拉图、亚里士多德、拿破仑（以及黑格尔自己）这些伟人会应天命而适时出世，在关键时代将历史带入新的阶段，构成一种阶梯式的历史进程。中国传统文化亦有“一代伟人”（例如：《三国志·魏志·钟繇传》）之说，此等“命世伟人”乃“应运而出”（〔明〕孔贞运：《明兵部尚书节寰袁公墓志铭》）。不同之处在于，黑格尔阶梯进程的史观是典型现代的，其历史主义断定历史有终极的目的，而华夏文明则以“周行而不殆”之说为主流史观（事实上，“历”与“史”二字之连用，对于中国古代文献颇为陌生，“历史”一词是日本引进西学时，用以翻译现代西方概念而发明的词汇）。

言归正传，黑格尔所描述的阶梯式进程，必须以有机主义的进路来理解：

> 它［精神］诚然从不休止，而是一直被进程的洪流向前推进。但这情况就像一个孩子出生一样；在默然接收养分、身量持续渐长的漫长量变时期之后，这过程出现了断层，亦即一次质变，然后孩子就出生了。相似地，时代的精神缓慢静默地增长成熟，朝向它将要披戴的型态，一次又一次地脱去它前世之结构的片段。[41]

41. Ibid., 75.

这阶梯式的教化发育过程背后的推动力，乃是精神对概念性理解的渴求。黑格尔用植物生长的有机隐喻来解释这点："当我们想要看见一棵橡树带着它树干全部的生命力、树枝的伸展、树叶的茂盛时，呈现给我们的若反倒是一粒橡果，我们是不会满足的。"[42] 这种不满足的痛苦感，乃是教化过程的特征，它推动着精神在自身历史的辩证发展中不断进化。这些痛苦也真实地反映于世上的苦难与斗争，但我们若想看见那朵玫瑰绽放，就必须拥抱当下的十字架。唯有如此，精神方能透过思辨自身的本质来自我实现为绝对者，并在人类社会当中实践这本质当中的自由——在其自身而为其自身之绝对者的自由。

八、逻辑的三一动相："弃存扬升"的辩证

本章行文至此，一直以《精神现象学》较为浅显的序言为主要文本，为读者介绍黑格尔在后期思想中一以贯之的基本原则，但其实这部著作还有许多不成熟之处。他思辨哲学的辩证逻辑，在 1830 年版的《小逻辑》中呈现了最成熟的表述。他在这部著作当中，以三段辩证的形式，提出了"逻辑的精确概念理解及分题"（§§79–82）。[43] 黑格尔在这段著述中的文笔十分艰涩难懂，因此我会尽量避免直接引用文本，试着用日常的语言表述引文的含意，除非引文能够帮助我们更有效地掌握作者的意思。

42. Ibid., 76.
43. Hegel, *Encyclopedia of Logic*, 125.

黑格尔在 §79 一开始便提出，“就其形式而言，**属乎逻辑的**（*das Logische*）有三个面向（*Seiten*）”。[44] 这三个面向分别是：（一）**抽象**或**理解性**的面向（*die abstrakte* oder *verständige* Seite）；（二）**辩证**或**负面理性**的面向（*die dialektische* oder *negative-vernünftige* Seite）；（三）**思辨**或**正面理性**的面向（*die speculative* oder *positive-vernünftige* Seite）。[45] 这些专有名词或许听起来有点艰深，但其实并不难懂。

在继续解释逻辑的三个面向之前，黑格尔首先定义“逻辑”为“**一切在逻辑上真实的**，亦即一切概念，或一切普遍的真理”。[46] 唯有认知**普遍**的真理，才能透过普遍真理反思这个殊的世界。然而他提出，普遍的绝对真理并非古典哲学所认知的那般静态而一成不变。他澄清，“这三个面向并非将逻辑分解成三个部分”，而是逻辑的三个“动相”（moments/*Momente*）。[47]

这单词在国内有译为“状态”“阶段”等，这些翻译都没有掌握德文 *Moment* 的意思。在德文及英文的日常用语当中，moment/*Moment* 是指“很短的时间”“瞬间”，但它还有较深层的含意，与其字源有关。*Moment* 源于拉丁文 *momentum*，有“运动”（指物体的运动，而非体育运动）、“动力”、“移动”、“转变”之意。物理学的“转动惯量”，英文便是 moment of inertia。这个字还可以指涉“要素”“因素”。黑格尔使用

44. Ibid. 另见 G. W. F. Hegel，*Enzyklopädie der philosophischen Wissenschaften im Grundrisse*（1830）（Hamburg：Felix Meiner，1991），102。
45. Ibid.
46. Ibid.
47. Ibid.

Moment 一词，结合了上述所有的意指与蓄意指，目的是要体现逻辑的三段式进程当中每个时间阶段的动态性，故翻译为“动相”最为妥当。简言之，“动相”可定义为“动态的时间阶段与状态”。

在这里黑格尔采用了基督教三一论的思想模式：圣父、圣子和圣灵并非上帝的三个**部分**。反之，每个位格都拥有上帝完整的本质，都是上帝完整的存在（the fullness of God’s being）。同样地，逻辑在它的三个动相当中，都是完整的逻辑，而不是逻辑的三个部分。不同于基督教正统三一论的是，黑格尔的逻辑三一是历史时间中的三个阶段，而基督教的三一是在时间以外永恒不变的上帝本质。

在此我们再次看见，黑格尔的辩证逻辑同时是他思辨哲学的**方法**以及**内容**。它是反思现实之为精神的一种思维模式，也是精神在辩证的历史进程中自我实现的模式。这套三一动相的逻辑辩证不只是精神之历史进程的宏观样貌，也是历史许多微观向度的发展模式（特定地方文化的历史、特定时期当中的历史发展等）。

“抽象或理解性的面向”是逻辑的第一个动相，人的心灵在其中以普遍形式来理解外在的世界。这种理解方式是人类的本能，如我们稍早所见，孩子牙牙学语的同时也开始理解“狗狗”“猫咪”的抽象观念，亦即狗之为狗、猫之为猫的形式。孩子以**抽象理解**的方式，从不同猫狗的个别**殊相**找到这形式的**共相**。在这逻辑动相中，普遍形式被理解为各类事物的静态本质。**实体**尚未被正视为有生命的**主体**。

值得一提的是，黑格尔虽然沿用“实体”（substance/*Substanz*）、“本质”（essence/*Wesen*）、“本性”（natur/*Natur*）等传统实体形而上学的术语来论述逻辑的第一个动相，但他使用了一个德意志观念论的专有名词来表达这些词汇的**概念性**定义。或者说，他基本上在绝对观念论的框架下重新定义了这套传统专有名词。他所使用的新词汇是“规定”（determination/*Bestimmung*）。其实我们在本章中已经一直在使用这概念，但由于这词汇颇为艰涩，所以我用了“决定”这较不严谨、较为日常的语言来表达。

在德语当中，“规定”一词的原文指涉相当广泛，有“决定”“确定”“定义”“规范”“目的”“使命”等。不同的德意志观念论者使用这词汇时，虽然含意都相通，却有不同侧重点，所以会有不同的通用中文翻译。在国内，黑格尔的用法一般译为“规定”，而费希特的用法则被译为“使命”，但其实二者有重要的相通之处。[48]这德文单词源于“声音”（*Stimme*），背后有浓厚的宗教文化背景。在基督教与希伯来圣经中，上帝创造万物时，以**言说**的方式，说要有什么，就有了什么。上帝的**声音**定义了万物的本质，使之各从其类、各安天命。上帝与亚伯拉罕立约时，也是上帝的**声音**临到他，**呼召**他出来成为圣约国度之先祖。马丁·路德在理解各行各业的工作时，说到这些都是上帝神圣的**呼召**，因此人在地上各司其职，就像天上的日月星宿一样，是上帝的**声音**所命定的。如此理解从天而来的“声音”，就形成了德文的 *bestimmen* 一词。

---

48. 见费希特：《人的使命》，梁志学、沈真译，北京：商务印书馆，1982 年。

黑格尔笔下，这单词以各文法型态出现。本书会将照国内目前通用的翻译，将动词 *bestimmen* 及名词 *Bestimmung* 译为“规定”；分词形容词 *bestimmt* 译为“定规的”，而这分词形容词变化来的名词 *Bestimmtheit* 则译为“定规性”。若要探讨黑格尔赋予这词汇的内容，我们可以写一整本书，但那显然不切实际。我们在此可将这艰涩的词汇简单地理解为黑格尔用以修正实体主义所述之“本性”与“本质”的独特修辞。黑格尔认为这种对实存世界的描述是无机而静态的，无法体现宇宙及历史的有机性。

黑格尔认为，这世界的实体与本质乃是由一种动态的神圣声音所确立，亦即绝对者的声音。而在逻辑进入绝对的动相之前，一切事物的位份都是在辩证关系中被确立（被规定）的。霍尔盖特从关系主义（relationalism）的角度将“规定”解释为“某事物在其与某他者的关系中所彰显或树立的特质或特征”。[49] 这就像我们今天说孔子是中国人，但孔子自己在那时代还没有意识到自己是中国人，因为“中国”的观念当时还没有被确立下来。在中国历史上很长的时间，我们的观念只有“天朝”相对于“番邦”及“蛮夷”的区分，没有“中国”相对于“英国”及“美国”这样的观念。当我们在晚清面对列强时，在这强大的他者或“异在”面前我们才强烈意识到自己是“中国人”。“中国”这曾经仅具有潜在性的概念，在历史上演变成定规的概念时，“孔子是中国人”的事实也变成规定了。日本侵略山东时，我的外曾祖父宋枢宸先生深深意识到，孔子后代所代表的道统

49. Stephen Houlgate, *The Opening of Hegel's Logic*: *From Being to Infinity* (West Lafayette: Purdue University Press, 2006), 348.

不能落入日本人手中。他曾留学东京帝国大学，认识一些日本政要，因此他虽一度被日本宪兵队逮捕，却没有受到伤害。他利用这层掩护，护送孔德成先生离开山东：在他心中，“我是中国人”与“孔子是中国人”的意识，已经在历史过程中成为定规意识了。这种概念的定规性不只是抽象的，也实质体现于中国进入现代化过程时的社会形态，以及五四爱国运动等社会运动。我们可以说，十九世纪国族主义（nationalism）的兴起，与德意志观念论及其姊妹运动浪漫主义有深厚的渊源，“德意志精神”“大和魂”的说法，都出自观念论所提出的“国族意识”。

斯帕尔比（Terje Sparby）对“规定”的解释，则更侧重历史主义的向度：“规定”乃“某事物之本质本性（essential nature）”在历史辩证过程中的“揭示”（uncovering）。[50] 在黑格尔的用语中，**本质**（essence/*Wesen*）意指某事物的概念性基础：它是该事物之为其真实所是的（亦即它终将成为的）型态，乃它在**现显**（appearance/*Schein*）之帷幕背后对其自身的规定。拉丁传统形而上学当中，“存在”与“本质”是同一个字 *essentia*，译成英文及德文，成为两个字（being 及 essence/*Sein* 及 *Wesen*），但这两个字传统而言基本上是同义词。然而，黑格尔区分了“存在”与“本质”。“存在”（being/*Sein*）是显现中的本质，透过偶然、无常、非理性等自我隐藏的帷幕，以现象的型态自我揭示。[51] 换言之，现显乃现象的帷幕，本质透过它而

50. Terje Sparby, *Hegel's Conception of the Determinate Negation*（Leiden：Brill, 2015）, 200.

51. 见 Michael Inwood, *A Hegel Dictionary*（Oxford：Blackwell, 1992）, 39。

显现（*scheint*），而 *scheinen* 这动词则是专属 *Sein* 这主词的述词（*Sein* 与 *Schein* 拼音虽相似，但在字源学上并无关连）：存在乃是由显现的行动所规定的。

英伍德（Michael Inwood）对“规定”一词的定义纳入了以上的内容，简洁而丰富地解释了它的含意。这词汇意指“借由对其外加一些特征而使得一个概念（concept）或一件事物更为定规（determinate）”的过程。[52] “自我规定”（self-determination/*Selbstbestimmung*）则是“某事物的自主发展或运行……，有别于外在力量对它的规定”。[53] 换言之，“自我规定”是指一件事物的存在由它自己的本质（一件事物终将成为的型态，而非静态实体的形式因）所自我规定的过程。

逻辑的第一个动相是由最终的动相所规定的，这是一种自我规定。然而，逻辑的主体在第一个动相当中仍处于一种未定规的状态，一切都还是抽象的，还没有在与他者或异在的关系中被确立。

在逻辑的第二个动相当中，前一个动相那种看似静态而抽象的规定，进化成一种充满对立与矛盾的规定。黑格尔称此第二动相为逻辑“**辩证**或**负面理性**的面向”。这过程可以用黑格尔笔下另一个关键词来理解，是我们稍早提到过但尚未解释的，即**弃存扬升**（sublation/*Aufhebung*）。对英语读者而言，这德文字几乎无法准确地翻译（另有作 sublimation、supersession、transcendence 等）；国内一般译为“扬弃”，但我认为汉语“弃存扬升”能够十

52. Ibid., 77.
53. Ibid.

分贴切地体现原文的字义，并避免“扬弃”一词在一般用语中的定义所带来的误解。由于汉语“弃存扬升”似乎较难作动词使用，为了行文通顺，我会视上下文而定，有时将其动词译为“扬弃”。

德文名词“弃存扬升”是其相应动词 *aufheben* 变化来的。这动词由两个部分组成，分别是“抬”“举”（*heben*），以及一个特殊的字首 *auf-*。由于这字首可有不同含意，*aufheben* 这动词就成了复义词，可指“取消”“抛弃”“废去”，也可指向上“提升”“抬高”。在日常用语中，这单词的含意视上下文而定，通常只有其中一种指涉，但黑格尔却结合了这两种不同的含意。

黑格尔笔下的“弃存扬升”是指逻辑的第二个动相废弃或否定前一个动相，目的不是要灭掉逻辑的主体，而是将其提升至下一个动相，一个正面理性的动相。如此，“弃存扬升”狭义而言乃是指那第二个负面的、矛盾的逻辑动相，亦即对第一个动相的否定。在更广泛的含意上，三段动相逻辑辩证的整体，可以被称为一个弃存扬升的过程。

我们稍早简略提到过，“弃存扬升”的逻辑可被形容为“负负得正”的“双重否定”。如果此处讨论的内容听起来过于艰涩玄奥，我们不妨再次使用比喻来说明其含意。我最喜欢的比喻，乃是蝴蝶的蜕变，因为它最容易理解，尽管黑格尔自己在 1830 年版的《全书》中警告，这比喻有不恰当之处，因为它形容的辩证过程是属乎个体而非群体的。[54]

54. G. W. F. Hegel, *Hegel's Philosophy of Nature: Part Two of the Encyclopaedia of the Philosophical Sciences* (1830), trans. A. V. Miller (New York: Oxford University Press, 2004), 22.

在蜕变的第一个“动相”中，昆虫的“主体”以毛毛虫的状态出现。它的样貌令许多人生厌，我们或许可以用拟人法的思维，想象它对自己当前的状态感到不满、焦虑。因此，它就用蛹来否定或扬弃这第一个动相。蛹的状态，就是蜕变的第二个动相，它是否定的、矛盾的；昆虫的主体在其中动弹不得，充满焦虑。它把自己当成了一个讨厌的他者，然后跟自己做对，形成一种矛盾的辩证性。黑格尔笔下“辩证”可指逻辑三个动相的整个过程，也可特指第二动相的矛盾。这动相并不是蜕变这“弃存扬升”过程的最终目的，这只是个暂时的阶段。它的目的在于将同一个蜕变的主体提升至第三个动相——美丽的蝴蝶。

逻辑的第三个动相，乃是“**思辨**或**正面理性**的面向”。它使先前动相的矛盾冲突得到**复和**，是相互对立者之间的**中介**，使两个看似敌对的异在在概念上终于明白其一体性，也真的在本体的理性上成为一体。先前动相中的负面性，现在被扬升至正面理性的动相。在这圆满的动相中，意识终于正视主体发展的整个过程，掌握真理的整体为动态的真理。

黑格尔将这三一动相的逻辑辩证用于他思辨哲学的每个层面，其中较为出名的包括“存在”的三一性，亦即存在—虚无—生成（being-nothingness-becoming/*das Sein*，*das Nichts*，*das Werden*）。在第一个动相中，“存在”被理解为抽象的共相或形式。意识在第二个动相中发现，抽象共相在殊相以外是不存在的，故言“虚无”。当意识在最终的动相中发现整全的真理乃是一个过程时，就掌握了“生成”之规定的概念性理解，明白

"生成"的概念乃是"存在"与"虚无"的合理性之所在。黑格尔认为，基督教的三一论乃是上述哲学概念的表象，呈现精神之存在—虚无—生成的逻辑辩证。接下来，我们就开始讨论黑格尔对基督教教义的诠释。[55]

九、黑格尔的宗教哲学：从《精神现象学》到1827年《宗教哲学讲演录》

本章已用了相当的篇幅介绍黑格尔思辨哲学，侧重的主要是方法论的维度，尽管他的方法与内容是一体的。至于他如何将上述的方法应用为更具体的内容，有太多主体值得我们讨论，但有鉴于本书的主题与写作目的，我们会聚焦于他的宗教哲学。

《精神现象学》全书倒数第二章，便是以"宗教"为章题，只有最后一章所论述的"绝对知识"能超越它。许多学者认为，这样的编排反映出宗教在黑格尔哲学体系当中举足轻重的地位。很可能对黑格尔而言，宗教乃是众多社会的场域及人类意识的动相当中最接近哲学的。他称基督教为"真宗教""绝对宗教""圆满宗教"，因为他认为基督教教义与他的思辨哲学在内容上乃是一致的，只不过基督教乃是以表象的方式呈现哲学的概念。

我们探讨这些内容之前，首先需要澄清，黑格尔在不同的

55. 以下论述乃是从载于《牛津十九世纪基督教思想手册》中的拙文展开：Shao Kai Tseng, "Church," in *The Oxford Handbook of Nineteenth-Century Christian Thought*, 610–627。

生涯阶段当中曾数度修改他对宗教的论述，因此当我们谈及“黑格尔的宗教哲学”时，我们必须清楚指出，我们所讨论的是哪个时期的版本。我们以下所呈现的，乃是黑格尔最晚期的思想。这不见得是最为后世所知，或最深刻影响后世的版本，但却是他最成熟的表述。虽然他在根本上拒绝了正统基督教的核心教义，但他在这生涯阶段所赋予基督教的重要性和在社会上不可或缺的地位，显示他对现代西欧急遽世俗化的现象所感到的不安与焦虑。正是这份不安与焦虑，使得巴文克、巴特、范泰尔等现代基督教思想家在黑格尔的著作中找到共鸣，尽管他们并未接受黑格尔的思辨出发点与结论。

黑格尔早期与晚期宗教哲学的关键差异之一，在于哲学是否会取代宗教。他早期认为，哲学乃是宗教的目的与合理性，而一旦目的达到了，宗教就会被哲学扬弃。左派黑格尔主义者及后来的马克思主义者，皆采取了黑格尔早期的这种观点，许多人也认为这就是黑格尔自己的立场。这当然是黑格尔自己的立场，但他的观点并非一成不变的。我们接下来就会看到，他到晚期改变了看法，赋予宗教一种恒常而不可取代的社会地位。

在此我们不妨先复习一下稍早提及的“表象”（representation/*Vorstellung*）与“概念”（concept/*Begriff*）之分。表象性的理解属乎感性，而概念性的理解乃是掌握某事物的理性本质。在黑格尔的思辨体系当中，精神属乎理性思想而非感官知觉，而由于宗教乃是以外在的、可感知的表象元素来呈现精神的绝对概念，因此将人类意识提升至概念理解的职责就属于哲学，而非宗教。

我们可以粗略概述黑格尔的宗教哲学如下。他称基督教为“圆满宗教”(consummate religion/*vollendete Religion*)，因为正如稍早所言，这宗教用表象的方式表达了他哲学体系的概念。除了我们已经多方讨论的三一论及复和论以外，他认为“道成肉身”的教义在基督教文明当中带来了一种“神人一体”的意识。耶稣基督作为一个具体的历史人物，乃是个可感知的表象，这表象用可感的方式呈现神人之间的一体性，为哲学的概念性理解铺路。这概念性理解就是人类意识自我认知为精神的领悟，以及认知到基督的神人二性乃是属乎全人类的。这意识不只是以一个绝对的客体（亦即上帝）为对象。此意识作为主体，自己在本质上就是绝对的，因为它是精神对自我的意识，临在于圆满宗教的精神群体之内。

虽然黑格尔说基督教只是绝对真理的表象，但这并不意味他认为基督教会在历史辩证中被哲学扬弃。的确，他在《精神现象学》(1807年）当中提出，宗教无可避免地使人类意识与精神疏离，因为宗教的形式必然是表象的。黑格尔早期认为，这种疏离只能由表象（宗教）到概念（哲学）的转移才能克服：宗教表象被扬弃而提升至哲学概念时，人类意识才得以与精神复和。甚至在1821年的《宗教哲学讲演录》当中，黑格尔都以“[宗教]群体的逝离”为标题，结束整门课程的讲演。[56]他声称，

56. Georg Wilhelm Friedrich Hegel, *Lectures on the Philosophy of Religion*, vol. 3, *The Consummate Religion*, ed. Peter C. Hodgson (Oxford: Clarendon Press, 2007), 158. 黑格尔一共讲演过四次宗教哲学的课程，分别在1821年、1824年、1827年及1831年，每次讲演内容都有显著的修改。

在历史圆满的阶段当中，基督教作为圆满宗教的本质与概念将被保存下来，但教会的祭司性会被哲学的祭司性给取代。

然而在 1824 年的讲演录当中，黑格尔删除了“群体的逝离”一段，以新的内容取代之，标题为“信仰的实现”。到了 1827 年，他就不再将宗教归入负面理性的范畴了：他不再认为哲学会扬弃宗教。他仍旧认为宗教在形式上乃是属乎表象的，但他不再认为基督教会使人的意识与精神疏离。反之，他在 1824 年的讲演当中就已提出，宗教的“感性”（sensibility/*Sinnlichkeit*）在哲学的阶段当中乃是“被发展并扩大”，被转化而变得耳目一新，却不被哲学取代。[57]

黑格尔对基督教之为圆满宗教，以及这宗教群体的正面看法，在 1827 年的讲演录当中有充分表述。他观点的转变，与他对基督教群体的日渐关注息息相关。在 1821 年的讲演录中，他认为教会的“礼拜”（*Cultus*）乃是“从表象和客观性”来“唤醒情感”以教导真理，而教会作为一个教导的群体能够**教化**（我们稍早解释过这关键词：*Bildung*）普通百姓，在他们中间陶冶一种对绝对者的表象意识。[58] 黑格尔在《精神现象学》当中论及宗教时，聚焦点乃是基督的神人二性：当人类意识到基督这表象所呈现的神人一体性其实就在自己里面时，人们就不再需要基督教了。然而，当他在 1824–1827 年间将聚焦点从基督论转移至教会论时，他就非常清楚地强调，教会作为用表象教导哲学真理的群体永远不会被哲学扬弃。反之，哲学的祭司性

57. Ibid., 237.
58. Ibid., 151.

会为教会持续的存在提供合理性。

十、黑格尔的宗教哲学：圆满宗教

我们现在就来讨论 1827 年《宗教哲学讲演录》的第三部分，他在其中以“圆满宗教”为标题表述他对基督教的观点。他在引言之后，一如既往将这套论述分为三节，每一节都探讨圆满宗教的其中一个要素或动相。

第一节标题是“上帝观念在其自身而为其自身”。在此我们可以复习一下本章稍早解释过的三个逻辑动相：精神之“在其自身”（in itself /*an sich*）的直接性、“为其自身”（for itself /*für sich*）的辩证性，以及“在其自身而为其自身”（in and for itself /*an und für sich*）的绝对性。当我们读到“在其自身而为其自身者”时，我们就要马上联想到“绝对者”。换言之，黑格尔在这一节的标题当中所要表达的乃是上帝这理性观念的绝对性。他写道：“相应于第一个要素，我们思考在其永恒观念中的上帝，作为祂在其自身而为其自身之所是，犹如在世界的创造之前或之外。”[59]

在简略地重述他著名的逻辑三一论之后，黑格尔在奥古斯丁关于“爱”与“三一”论述基础上，提出一套极具新意的见解。奥古斯丁指出，“爱”必然有三个要素：爱的主体、爱的对象、爱的行动。圣经说“上帝就是爱”，而奥古斯丁认为这就意味上帝的三一：上帝既然有三个位格，那么祂自己就是爱的主体、爱的对象、爱的行动。祂不需要祂之外的客体作为爱的对

59. Ibid., 275.

象才能**成为**爱；祂**就是**爱。

黑格尔对奥古斯丁的论述稍作修改，纳入了他“神人一体”的哲学体系当中：“这就是爱，而如果不知道爱同时是（主体与客体的）分化以及**这分化的弃存扬升**，那么在讲爱的时候就等于是空谈。这就是那单纯、永恒的观念。”换言之，精神在“为其自身”的动相中与“在其自身”的状态分化，成为自己所爱的对象。然而，这还未构成绝对的爱，因为此时只有爱的主体、爱的对象，却还没有爱的行动。绝对的爱乃是将这分化的状态弃存扬升的行动，而在弃存扬升之后的动相中，精神才真正成为绝对的爱。既然上帝乃是绝对的爱，那这就意味，精神乃是在最后这动相中才**成为**上帝，亦即“在其自身而为其自身”的绝对者。

然而，如果我们在这里只谈这个“绝对之爱”的“永恒”观念，那么我们仍无法克服康德批判哲学的障碍，因为康德的超验观念论宣称，我们的理性思辨无法以超越时空的物件为对象。因此我们在这里要注意黑格尔的修辞：他指涉“在其自身而为其自身”之“上帝”为“永恒”的观念时，他刻意加上了“犹如”（so to speak/*sozusagen*）。

在黑格尔这里，传统形而上学与基督教神学在“永恒”与“历史”、“超越”与“临在”之间的对立只是暂时的。这并非本质上的对立，反之，二者之间的矛盾会被扬弃，而弃存扬升后的复和，才是二者真正的同一本质。假如上帝是自有永有、一成不变的永恒者（如同正统基督教教义及传统形而上学所言），那么祂诚然无法成为人类意识思辨的对象。但在复和的历史过程中，祂并非一直是上帝，而是先进入历史洪流中的人类意识，透过“表象”与“显象”将“上帝”这绝对观念呈现予人，而这阶段就是“圆满宗教”的“第二个要素”。[60]

黑格尔在阐述“第二个要素”的章节中，讨论了基督教关于“堕落”及“复和”的叙事。他认为，亚当堕落的故事乃是用表象的形式呈现精神之神人二性的分裂，而复和的叙事则呈现这分裂的弃存扬升。复和之后，人类就意识到上帝与人类的一体性，并发现这属于人类的意识就是精神的自我意识。

如此，复和的过程在基督里便只停留在一种未完成的状态。复和的普世实动化乃属乎圣灵（神圣精神：“灵”与“精神”原文是同一个字，英文作 Spirit，德文则是 *Geist*）所设立的圆满宗教群体，亦即基督教会。这就是黑格尔所讨论的圆满宗教“第三个要素：群体、圣灵（精神）”。[61] 复和后的意识，亦即绝对者的意识，不只是以绝对的上帝为**对象**。这意识作为思辨的**主体**，自身的终极本质就是绝对的，因为它乃是精神的自我意识临在于属灵群体的意识当中。

这一节的第一小节讨论此群体的起源，其宗教表象乃是新约圣经所叙述的五旬节，使徒在那日布道时，圣灵浇灌下来，于是就成立了地上的教会。黑格尔将这表象给概念化，解释这叙事中的圣灵为复和后的“精神”，在复和后的状态中“精神性地掌握这段在显象中被实动化的历史，并肯认其中的上帝观念、祂的生命、祂的运动”。[62]

---

60. Ibid., 290–309.
61. Ibid., 328–329.
62. Ibid.

基督教关于复活的教义，对于教会的起源至关重要，因为这宗教表象呈现的哲学概念正是属灵群体当中神人一体性之意识的复苏。[63]这群体包括每个在圣灵（精神）里面的经验主体，但这群体的历史与真理同时也在教会创立之初，从这些个体成员被客体化、对象化。换言之，当教会成员用表象去理解五旬节的时候，他们会以为这是发生在他们以外的客观历史事件，而没有清楚掌握到，原来这事件就是发生在他们自己身上的。复和的历史"对他们而言是个客观的东西，而他们现在必须自己跋涉过这段历史、这个过程"。[64]唯有当个别的意识主体"借着自己跋涉过这过程"，才能成为"精神，并因而成为上帝国度的公民"。[65]

在题为"该群体之续存"的第二个分节当中，黑格尔提出"教会在本质上乃是教导人的教会"。[66]他讨论了基督教的主要宗教活动，而在这诸般宗教表象当中，他认为教义乃是首要者。"一开始，教义与个人的关系是外在的。"[67]然而，透过教会的教导或**教化**，个别的成员就内化教会教义之表象所呈现的真理。当教会的成员理解（不论以表象或概念）神人一体性的真理时，他们就在圣餐礼当中真实地有份于"上帝的临在"，使得这属灵（属精神）的群体得以续存。[68]

在个别成员之外，教会作为整体必须经历"群体的型态转变"，而这就是黑格尔在1827年版讲演录的最终分节所探讨的课题，这

63. Ibid., 330.
64. Ibid., 329.
65. Ibid.
66. Ibid., 334.
67. Ibid., 335.
68. Ibid., 338.

分节标题是“群体之精神性的实现”。[69] 圆满宗教群体的精神性必须实现于世俗的领域，才能达到完全、普世的实现。在此终极历史阶段当中，“世俗者的原则、真理**就是**属灵（属精神）者”。[70]

黑格尔综述了基督教群体的灵性（精神性）在世上“现实”及“理想”（观念）之维度的历史发展，然后下结论道，唯有在“自由的原则已然因世俗的领域……效法概念、理性、永恒真理，而渗透世俗领域”之时，真正的复和才得以圆满实现。[71]

复和过程的终极阶段属乎“哲学”，但黑格尔在 1827 年的讲演录结尾清楚表明，基督教在其中并不被扬弃。[72] 反之，哲学——唯有哲学——“能够以成熟、深思的方式为精神做见证，并因而表达精神所做的见证。因此它就是宗教的正当性之所在，特别是基督教，亦即那真宗教”。[73] 黑格尔在晚期认知到，哲学家始终会是世上的少数人，世上的社会不可能像康德所期待的那样，人人都被教化为哲学家。因此黑格尔在晚期宣称，基督教在其圆满的阶段与状态中成为一个公民宗教（*Volksreligion*）后，将一直拥有持续存在的必要性，以表象的形态教化一般老百姓，将复和的真理传递给社会大众。

十一、总 结

我们从本章的内容可以观察到，黑格尔思辨哲学体系的复

69. Ibid., 339.
70. Ibid.
71. Ibid., 342.
72. Ibid., 345.
73. Ibid.

杂程度及创意，在他之前的哲学史上甚少有人能出其右。这意味着，他的方法与内容有许多丰富的含意，可以朝许多不同的方向发展。明显的实例，在他之后那一辈（生于 1800 及 1810 年代）的思想家当中就已经出现了。费尔巴哈等所谓黑格尔左派或青年黑格尔派思想家，将黑格尔的宗教观带上一种唯物论及无神论的方向，视宗教为一个必然在历史洪流中被淘汰的阶段。另一方面，许多所谓的“右派”基督教思想家在黑格尔的论述中找到有力的支持。丹麦国家教会（基督新教路德宗）的主教马腾森（Hans Lassen Martensen，1808–1884）即是一例，他生前在学术界及教会界地位崇高，尽管今日提及此人，多数读者只记得他是克尔凯郭尔的宿敌。熟悉荷兰基督新教思想史的读者可能听说过舒尔顿，巴文克在莱顿求学时，这位师长对他的影响相当重要。舒尔顿亦试图将黑格尔思辨哲学的观念论融入基督新教的思想体系。巴文克对黑格尔的理解，有许多是源于舒尔顿，但他对舒尔顿自己的思想提出了严肃的批判。

有鉴于黑格尔繁复的思想在他深厚的多元发展，我们在总结本章时不妨提出，对于他的哲学体系，任何有价值、有帮助的评价，不论什么立场出发，都必须避免简单的对立观点。对于坚持基督新教正统的思想家而言，他以逻辑三一取代永恒三一，以及他将基督诠释为终极神人同一性（divine-human identity）的表象，的确是无法接受的。然而，本书接下来讨论巴文克、巴特、范泰尔的思想时，我们就会发现他们并未简单地将黑格尔的体系约化为这些与他们立场相违的命题。他们受惠于黑格尔许多重要的洞见，采取了他笔下许多专有名词及概念工具，并赋予他的思辨法一个新的、与他自己彻底相反的出发点，在现代语境中重新表述、持续建构他们所属的古老传统。

第三章

巴文克与黑格尔思辨法：论科学的合理性

荷兰新加尔文主义（neo-Calvinist）宗师巴文克是后康德时期十九世纪欧陆基督教思想史上，难得能够在现代哲学框架下同时提出上帝之可知性（knowability），却仍坚持上帝超越性及不可参透性的思想家。巴特批评十九世纪神学现代主义时赞誉巴文克道，在所有试图为上帝之可知性辩护的现代“教理学著作中”，他“只知道一位，就是荷兰改革宗神学家巴文克，似乎认知到了［上帝的不可参透性］”。[1] 本章将探讨黑格尔思辨哲学对巴文克的启发与挑战，以三一、创造、护理（providence）的概念展开讨论，厘清黑格尔术语在巴文克笔下的功用。我们会发现，黑格尔的思辨法是笛卡尔式的，而巴文克则采取了安瑟尔谟式的思辨。前者将人类意识自身的终极绝对性当成信仰

1. Karl Barth, *Die Kirchliche Dogmatik* II/1（Zurich：TVZ，1980），208.

的对象，进而追求对世界及历史之为上帝生成之过程的理解；后者则以不可扬弃的三一上帝为信仰对象，追求对祂自我启示的理解。

一、当前研究状况

巴文克研究是荷兰基督教思想学界近一个多世纪的中流砥柱，英语学界论述巴文克的作品虽称不上汗牛充栋，谓之为显学却不为过。在广义汉语基督教学界，巴文克在一些保守的宗教圈内颇受重视，其《我们合理的信仰》(*Our Reasonable Faith*，荷兰原文以拉丁文 *Magnalia Dei* 为书名）于 1988 年出版中译本后，已数度以繁体、简体再版。[2] 巴文克四卷巨著《改革宗教理学》(*Reformed Dogmatics*/*Gereformeerde Dogmatiek*）由约翰·博特 (John Bolt）编辑的精缩版，亦于 2017 年以中文问世。[3]

然而，在较严谨的汉语学术神学界，巴文克的翻译与研究仍十分稀缺。以巴文克思想为主题的论文，至今尚未发表于汉语神学二大顶尖期刊 (《道风》及《汉语基督教学术论评》)。相较之下，单是 2018 年，即有至少两位华裔学者在三部顶级英语期刊发表巴文克研究的相关成果。[4]

---

2. 简：赫尔曼·巴文克:《我们合理的信仰》，赵中辉译，海口：南方出版社，2011 年；繁:《基督教神学》，台北：改革宗翻译社，1993 年。

3. 赫尔曼·巴文克:《改革宗教义学》(四卷精缩版)，约翰·博特编，张保罗等译，美国奥兰多：圣约福音神学院出版社，2017 年。

4. Ximian Xu (徐西面), “Herman Bavinck’s ‘Yes’ and Karl Barth’s ‘No’: Constructing a Dialectic-in-Organic Approach to the Theology of General Revelation,” *Modern Theology* 35 (2018): 323–351; Nathaniel Gray Sutanto (廖绍良), “Herman Bavinck and Thomas Reid on Perception and Knowing God,” *Harvard Theological Review* 111 (2018): 115–134; Nathaniel Gray Sutanto, “Neo-Calvinism on General Revelation: A Dogmatic Sketch,” *International Journal of Systematic Theology* 20 (2018): 495–516.

本章采取“正统却现代”的范式，为汉语学界引介巴文克思想，并处理荷兰及英语巴文克研究当前辩论的主要课题。英语巴特研究泰斗麦科马克（Bruce McCormack）曾以“正统而现代”（orthodox and modern）描述巴特的思想。[5]近年备受关注的年轻巴文克学者布洛克（Cory Brock）发表于2018年的爱丁堡大学博士论文，则以“正统却现代”（orthodox yet modern）为标题，探讨巴文克与施莱尔马赫的关系，强调“正统”与“现代”的张力与兼容。[6]麦氏论及巴特思想的“正统性”时，界定较为模糊，不但与信经正统有一定差异，甚至与拉丁基督教一脉相传的古典上帝论（classical theism）相斥。（下一章讨论巴特时，笔者会反驳麦氏的诠释。[7]）巴文克的“正统性”则相当容易界定：这同时指大公教会的信经正统（creedal orthodoxy），以及十七世纪改革宗正统（Reformed orthodoxy）所确立的认信正统（confessional orthodoxy）。在此正统规范下，巴文克肯定三一上帝为完美存在（perfect being），并坚持祂作为从无创有（*creatio ex nihilo*）之造物主的超越性、自存性（aseity）、不变性（immutability）、永恒性（eternality）。然而，表述正统神学思想时，他却使用了大量的德意志观念论术语。黑格尔绝对观念论的词汇，在巴文克的著述中尤为明显。

---

5. Bruce McCormack, *Orthodox and Modern: Studies in the Theology of Karl Barth* (Grand Rapids: Baker Academic, 2008).
6. Cory Brock, *Orthodox yet Modern: Herman Bavinck's Appropriation of Schleiermacher* (Ph.D. thesis, University of Edinburgh, 2018).
7. 见拙文 Shao Kai Tseng, "Karl Barths aktualistiche Ontologie: Ihre Substanzgrammatik des Seins und Prozessgrammatik des Werdens," *Neue Zeitschrift für Systematische Theologie und Religionsphilosophie* 61 (2019)。

1970年代起，荷兰学界对此现象形成了主流观点，认为巴文克思想中的正统性与现代性之间，有无可化解的矛盾。[8]这与那个年代荷兰基督教保守主义的路线有关，这派保守人士虽然经常强调“世界观”“文化使命”，但实际上却经常会带着“耶路撒冷与雅典有何相干”的角度看待信仰与文化。当他们带着这种绝对圣俗二分的敌我意识看待新教正统与德意志观念论时，他们便无法有效掌握巴文克在文本中的用意。

巴文克自己从来就不是这样的分离主义者，因此读者若带着圣俗分离主义的意识去诠释他，结果必定无法自圆其说。1892年荷兰新加尔文主义宗师凯波尔所创办的阿姆斯特丹自由大学（Free University of Amsterdam）与巴文克所属的坎彭（Kampen）神学院接洽，讨论合并的可能性。主导坎彭的保守主义者认为，大学的学术应该完全由教会及神学所主导，但凯波尔在“范域主权”（sphere sovereignty）的框架下认为，各从其类而受造的各范域只有一个共同的主，就是基督，而在基督绝对主权之下，任何范域皆不得侵犯其他范域相对于彼此的主权。换言之，神学及教会的范域必须尊重学术范域的自主性，不得干涉。这使得坎彭的保守神学院与阿姆斯特丹自由大学神学系合并的计划告终。[9]

巴文克无法苟同坎彭神学院的保守分离主义，因此当凯波尔邀请巴文克转赴阿姆斯特丹任教时，他相当心动。然而，巴

8. 确立此范式的关键著作是 Jan Veenhof, *Revelatie en Inspiratie*（Amsterdam: Buijten & Schipperheijin, 1968）。

9. 这段历史叙述由徐西面提供。

文克数次婉拒了凯波尔的邀约，直至1902年才接任凯波尔在阿姆斯特丹自由大学的神学教席。事实上，巴文克曾于1880年代初在私信中表示，坎彭的神学院无法产生具有科学性的神学（我们稍后会讨论神学的“科学性”）。真正具有科学性的世界观神学，必须在大学那种面向世界的处境中才可能产生。他多次婉拒阿姆斯特丹自由大学的邀请，当然有许多历史因素，但徐西面从巴文克与霍志恒（Geerhardus Vos）的私信往来中找到了重要的线索。

其时，霍志恒任教于美国普林斯顿神学院（Princeton Theological Seminary）。他以母语荷兰文写信给巴文克：“若您在坎彭的位置由某一位持极端分裂主义思想的人接替，难道这不是一个不幸吗？我上周读到了您的同事林德博姆（Lindeboom）的言论，对此我感到十分难过，并对自己说：如果坎彭神学院的教育完全以此种精神开展，荷兰地区改革宗教会的学术（scientific）前景堪忧。在我看来，您的工作是唯一抗衡这一趋势的力量。”[10]

这信件内容一方面说明巴文克留在坎彭的动机，一方面也让人不禁想到，普林斯顿神学院董事会改组后，霍志恒为何未随梅钦（John Gresham Machen）、威尔逊（Robert Dick Wilson）等教授出走，共同创办威斯敏斯特神学院（Westminster Theological Seminary）。霍志恒、巴文克、凯波尔的精神，是一种“入世而不属世”的坚强信念，宁可留守世界边缘，也不

10. 引自巴文克与霍志恒的私信，徐西面译，未发表。

愿离世另建地上天国。他们的神学思想是面向世界的，不是德尔图良（Tertullian）那种分离主义。这便解释，为何荷兰保守学界近几十年来始终无法理解巴文克使用德意志观念论术语的苦心。

艾格林顿（James Eglinton）等近期英语学者则开始重视巴文克思想的世界性（cosmopolitan）特征。他认为"巴文克主要视黑格尔为一个影响渗入神学界的哲学家……巴文克的批判，是古典改革宗对黑格尔的标准批评"。[11] 此诠释路线强调巴文克的正统性，认为他使用德意志观念论的术语时，主要是为了驳斥其思想。[12] 相较于过去那种德尔图良式的解读，艾格林顿的诠释正视巴文克思想当中基督教正统与现代文化的交锋：二者并非互不相关的。

然而这种解读，仍无法与巴文克笔下"普遍恩典"（common grace）与"历史启示"（historical revelation）的观点调和。巴文克会强调，不论信与不信者，皆参与在上帝的普遍恩典以及祂所引导的历史当中，因此就连不信者发表与基督教相敌的言论时，他们的言说亦始终无法全然脱离上帝的真理。既然如此，那么德意志观念论与基督教正统之间虽在世界观基础上针锋相对，但德意志观念论仍不可能在每句陈述上皆前后一致地抵触

---

11. James Eglinton, "To Be or to Become—That Is the Question: Locating the Actualistic in Bavinck's Ontology," in John Bowlin, ed., *The Kuyper Center Review*, vol. 2, *Revelation and Common Grace* (Grand Rapids: Eerdmans, 2011), 119.

12. 例如：James Eglinton, *Trinity and Organism: Toward a New Reading of Herman Bavinck's Organic Motif* (London: Bloomsbury, 2012); Brian Mattson, *Restored to Our Destiny: Eschatology and the Image of God in Herman Bavinck's Reformed Dogmatics* (Leiden: Brill, 2012)。

基督教。巴文克认为，抵触基督教的世界观不可能前后一致，而这就意味着没有任何非基督教世界观能够前后一致地抵触基督教。正因如此，艾格林顿过去的诠释路线仍有相当的缺失：他只片面地呈现了巴文克对德意志观念论的驳斥，却未能正视德意志观念论为巴文克带来的启发。

艾格林顿自己的观点，现已在廖绍良（Nathaniel Gray Sutanto）、布洛克这二位他近年指导的博士生影响下有所修正，其成果尚待发表。布洛克以“正统却现代”的框架解读巴文克如何同时借用并批判施莱尔马赫的思想元素，这框架提供了理解巴文克与德意志观念论之间复杂关系的新路线。廖绍良亦以“改革宗多元兼容主义”（Reformed eclecticism）形容巴文克的思想，并在此基础上与笔者共同撰文，指出“尽管巴文克确实在根本上与黑格尔分道扬镳，但他与黑格尔的互动，显示某种程度的接受及新意，不能被归类为对这位日耳曼哲学家的简单拒斥”。[13]

本章将探讨黑格尔的思辨哲学（speculative philosophy）对巴文克神学方法及内容的影响。巴文克诚然拒斥黑格尔的思辨逻辑基础，甚至将“思辨”（原文亦有“臆测”的意思）当作贬义词使用，但他同时又吸收了黑格尔思辨哲学的许多要素，纳入改革宗认信正统的体系而修正之，并用以批判古典改革宗神学传承自拉丁传统的实体主义形而上学（substantialist metaphysics），形成一套“正统却现代”的基督教思想。

13. Nathaniel Gray Sutanto and Shao Kai Tseng, “Revisiting Bavinck on Hegel: Providence, reason, and the unsublatable,” *Scottish Journal of Theology* 75 (2022): 221–234.

二、巴文克与黑格尔思辨方法：上帝、理性、科学知识

巴文克的时代崇尚科学。荷兰文的“科学”（*wetenschap*）与德文*Wissenschaft*字源相同，指涉以合理方法研究某实存对象而建立知识的学科。不论人文历史或自然科学，当时的欧陆学术界普遍认为，科学方法应当中立、客观地观察经验对象（*Erfahrungsgegenstand*），佐以思维必然性（*Denknotwendigkeit*），诉诸综合判断，建构关乎该对象证成的真信念（“证成的真信念”是义务论的古典知识论定义“知识”的基本标准）。当一套以相同物件为对象的知识构成**体系**（*System*）时，就形成了一门科学。这种科学观深受康德批判哲学影响，而欧陆大学的学术神学在此氛围下，渐渐不再以上帝为研究对象，转而以历史批判法研究历代教会的教义、圣经文本的形成等。

巴文克在此处境下，提出重要的问题：“神学是科学吗？”[14]对此问题，巴文克选了一位柏林大学立敕尔学派（Ritchlian）神学家卡夫坦（Julius Kaftan，1848–1926）作为他对话的对象。卡夫坦在今日较鲜为人知，但在十九世纪末、二十世纪初的欧陆神学界却有重要地位，他在瑞士巴塞尔任教时，卡尔·巴特的父亲弗利兹·巴特（Johann Friedrich “Fritz” Barth）就曾是他

14. Herman Bavinck, *Reformed Dogmatics*（以下缩写为*RD*，省略作者姓氏），vol. 1, *God and Creation*, John Bolt, ed., John Vriend, trans.（Grand Rapids: Baker Academic, 2004），38.

的学生。[15]

巴文克同意卡夫坦所言，上帝不能像自然现象那样被动地让我们用科学方法来研究，因为对祂的认识必须建基于祂主动的自我启示。[16] 卡夫坦因而认为，神学知识是“信仰知识”而非“科学知识”。[17] 然而，巴文克强调：“上帝既是可以被我们认识的，祂就必定已然启示了祂自己，不只借由行动，还要借由文字。这启示当中就蕴含了对上帝在客观意义上的认识，而这认识就是神学研究的对象，更确切地说，是教理学研究的对象。”[18] 如此，教理学诚然是一门科学；神学知识诚然是科学知识。

巴文克强调神学的科学性，旨在逆转长十九世纪的神学主体转向（theological turn to the subject）。哲学进入早期现代时期之初，笛卡尔提出“我思故我在”，将知识的确据建立于人类理性之上，到后来整个欧陆观念论的传统，强调人类思辨的主体性时，所淡化甚至否定的正是上帝在启示行动中的主体性。巴文克写道：“称教理学为对上帝认识的知识体系，就是为了剪除所有自主的思辨；这就等于是说上帝在启示之外不可能被认识，而在教理学中我们所追求的那对祂的认识，只能是祂在祂话语中对我们启示的关于祂的知识的副本。”[19]

在这一点上，巴文克会同意巴特所言，“所有对上帝如何能够启示祂自己的反思，其实都只能是对上帝已然启示了祂自己

15. Christiane Tietz, *Karl Barth: Ein Leben im Widerspruch*（Munich: C. H. Beck, 2019）, 26.
16. *RD* I, 42.
17. Ibid.
18. Ibid.
19. Ibid.

的这事实的‘反-思’（*Nach-Denken*：亦可作‘后思’，见本书第二章）”。[20] 熟悉巴特的读者会看出他如何在这段话中呼应安瑟尔谟的神学方法。巴文克并不认可安瑟尔谟，他认为安瑟尔谟的“经院式思辨”建基于一种误以为“信仰能够被提升至知识之层次的天真自信”。[21] 相较之，巴特对安瑟尔谟的《证道篇》（*Proslogion*）提出了更细腻的诠释，并在此基础上阐述了一套神学方法论，是巴文克会十分认同的，尽管这二位思想家在具体神学内容上有许多重要差异：

> 安瑟尔谟想要“证明”与“喜乐”，因为他想要 *intelligere*（理解），而他想要 *intelligere*，是因为他信。安瑟尔谟所述信仰的知识，排除了这顺序的任何其他排列。换言之，对安瑟尔谟而言，“相信”并不单纯意味人类意志力图趋向上帝的努力，而是人类意志力图进入上帝、因而有份于上帝的存在模态（尽管是以一种受限于受造性的方式）、因而相似地有份于上帝之自存性的努力，在祂自己无与伦比的荣耀中，也因此在上帝全然不受必然性之限制的［自存性］当中。[22]

---

20. Karl Barth, *Unterricht in der Chrisliche Religion*, vol. 1（Zurich：TVZ，1985），185.

21. *RD* I, 146.

22. Karl Barth, *Fides quaerens intellectum*：*Anselms Beweis für die Existenz Gottes*, 1931（Zurich：TVZ，1981），15. 关于这部著作在巴特思想传记中的地位，见拙作 Shao Kai Tseng, *Trinity and Election*：*The Christocentric Reorientation of Karl Barth's Speculative Theology*, *1936–1942*（London：Bloomsbury，2023）。

巴文克借自科学革命先驱开普勒（Johannes Kepler）的名言“跟随上帝的思维去思想”（thinking God’s thoughts after him），正是要表达上述内容。这内容凸显巴文克与巴特神学方法的“思辨”向度。当然，这二位神学家皆严厉拒斥了“思辨式”的哲学方法，但丹麦巴特学者巴科 2018 年的重要专著却指出，巴特神学方法的核心特征乃德意志观念论思辨哲学的反思法（reflection/*Reflexion*）。[23]“思辨”（speculation/*Spekulation*）一词对于巴特与巴文克学者（以及巴特与巴文克自己）而言，或许十分可疑，但巴科指出，“思辨”在本质上其实根植于安瑟尔谟“信仰追求理解”的传统。巴科对“思辨”的基本定义可能对巴特与巴文克学界（以及这二位神学家自己）有点陌生，但这几乎是传统形而上学派及批判形而上学派（见本书第二章）黑格尔研究的共识。如本书第二章所述，坎兹（Howard Kainz）评论道黑格尔“呼应安瑟尔谟‘我信以致理解’的信仰”，视其为“思辨性哲学探索的基础”。[24]

当然，巴文克（以及巴特）如此强烈抵触黑格尔所集为大成的理性思辨传统，是有原因的。[25]巴文克关于神学之科学性及普遍学科之科学方法的论述充斥着黑格尔的术语，在许多方面皆是为了与黑格尔泛逻辑主义（panlogism）的特定思辨模式进

23. Sigurd Baark, *The Affirmations of Reason: On Karl Barth's Speculative Theology* (Cham: Palgrave Macmillan, 2018), 22.

24. Howard Kainz, “Hegel, Providence, and the Philosophy of History,” *Hegel-Jahrbuch* (1995): 184.

25. 巴特与黑格尔的关系，仍是当前英语及德语学界辩论的课题。见拙文 Shao Kai Tseng, “Karl Barths aktualistische Ontologie: Ihre Substanzgrammatik des Seins und Prozessgrammatik des Werdens,” *Neue Zeitschrift für Systematische Theologie und Religionsphilosophie* 61 (2019)。

行辩论。然而黑格尔的思辨哲学当中，却有许多巴文克认为值得借镜的要素。

黑格尔那一代观念论者年轻时，科学研究受到康德批判哲学及其他文化思潮的影响，自然主义以排山倒海之势席卷欧陆学术界。巴文克评论道，在那时代，从神学以至其他学术领域，“上帝之不可知性的教义根深蒂固地渗透了现代性意识”。[26] 从黑格尔到巴文克（及至当代），现代科学不断贯彻自然主义的教条，试图将上帝创造与护理的概念排除于知识范域之外。法理学诉诸康德的道德形而上学，试图在传统基督教“上帝形像”（*imago Dei*）的教义外阐述人性不可侵犯的“尊严”（dignity/*Würde*）。1788 年震撼物理学界的拉格朗日力学（Lagrangian mechanics）排除了牛顿力学当中“力”（$f = ma$）的概念，视其为某种对“上帝之手”或“填补空缺之上帝”（God of the gaps）的迷信，在实验上既非可观察的现象，在数学模型上亦为多余的概念。作为十九世纪下半叶欧陆现代研究型大学（modern research universities）的基督教教育及学术重要拓荒者之一，巴文克需要考虑的还不只是如何确立神学的科学性。他必须思考，基督教神学如何为其他学科提供科学性的世界观基础。

巴文克指出，在现代欧洲自然主义意识渐长的历史进程中，黑格尔代表着一股逆流。[27] 黑格尔诉诸上帝的护理，视其为一个哲学概念的宗教表象，尝试对科学（*Wissenschaft*）提出有神论的理解。黑格尔认为哲学——特别是逻辑——乃是科学之为

26. *RD* II, 43.
27. Ibid.

科学的概念（*Begriff*），亦即科学的纯粹形式。哲学（逻辑学）作为集所有科学之大成的"纯粹科学"（the pure science），乃是"对上帝存在的描述"，亦即"观念本身"（the Idea itself）。[28] 巴文克正确地评论道，对黑格尔而言，科学研究乃是一个进程，在其中"理性……通过多重阶段，一步步将自身提升至绝对知识的层次，然后面对面地直视真理，并认知它的本质为理性、思维、观念自身（Reason，Thought，the Idea itself）"。[29] 我们在上一章看到，黑格尔主张科学之纯粹本质性（essentiality/*Wesentlichkeit*）即是逻辑，在其中

> 意识乃是精神之为具体、自我知觉的知识——固然是一种离不开外在性的知识，但这题材的进程，就如所有自然与精神之生命的发展，全然取决于构成逻辑之内容的纯粹本质性之属性。意识作为在自我彰显的过程中从它的直接性与外在具体性释放自己的精神，达到以它们在其自身与为其自身之所是看待这些相同的纯粹本质性的纯粹知识。它们是纯粹思维，是思想着自身之本质的精神。[30]

莫亚尔（Dean Moyar）评论道："黑格尔的推论断言（deduction claim）是，概念（the Concept）乃是'纯粹科学'的基础，因为它是所有意识之形状的真理（the truth of all the shapes of

28. Ibid.
29. Ibid.
30. G. W. F. Hegel, *The Science of Logic*, George di Giovanni, ed. and trans. (Cambridge: Cambridge University Press, 2010), 10.

consciousness)，这证成的断言（claim for justification）在此可用更偏知识论的方式表达为一种为知识提供基础的反怀疑论策略。”[31]

我们此处不妨复习一下黑格尔笔下“概念”（concept/*Begriff*）及“表象”（representation/*Vorstellung*）之区别。表象性的思维，是属乎感性（sensibility/*Sensibilität*）的，而概念性思维则掌握（*greifen*，德文 *Begriff* 一词的字源）某事物的理性本质。[32] 英语学者常用大写 C（“the Concept”）指涉涵盖一切概念的概念：此乃终极理性者、理性自身作为绝对者，亦即黑格尔笔下的“上帝”。

精神在其自身（*an sich*）还不是上帝：它尚非绝对。上帝需要世界作为异在（*Anderssein*）方能自我实现（*verwirklichen*）为上帝。黑格尔使用“教化”（*Bildung*）的有机主义（organicism）隐喻，描述精神自我疏离与自我复和（*Versöhnung*）的历史为人类意识从表象理解进入概念理解的过程。教化的历史包含自我疏离的痛苦阶段，精神在其中力图理解并承认（*anerkennen*）自身为一个客观的异在。在随后的阶段中，精神经历自我复和的过程，终致意识到自己乃在其自身而又为其自身（*an und für-sich*），因而进入逻辑的终极阶段，即思辨（*spekulativ*）与正面理性（*positiv-vernünftig*）的动相（*Moment*），成为绝对者。此

31. Dean Moyar, “Absolute Knowledge and the Ethical Conclusion of the Phenomenology,” in Dean Moyar, ed., *The Oxford Handbook of Hegel*（Oxford: Oxford University Press, 2017), 167.
32. 巴文克亦采用了这套术语，见 Sutanto, “Neo-Calvinism on General Revelation”。

过程的推动力乃是精神对真理整体之概念性理解的渴求。[33]

黑格尔的逻辑科学乃是对上述精神所受教化培养之辩证历史中各动相的研究。由于这历史是由上帝行动的“理”（rationality/*Vernünftigkeit*，或作“合理性”）所引导，故黑格尔宣称，“宇宙历史”乃“护理”这基督教教义之表象所呈现之概念的“彰显”。[34] 坎兹解释道：“黑格尔的历史哲学是对基督教‘上帝护理’之概念的理性/概念性申论。”[35] 黑格尔认为，所有的科学研究，在本质上皆乃建基于上帝积极主动参与世界历史的护理之工。

虽然当代英语黑格尔研究在后康德学派的影响下，经常倾向于使用历史批判诠释法，将黑格尔解释为一位自然主义的社会思想家，但坎兹聚焦于黑格尔文本当中相当清楚的字义，强调这位日耳曼哲学家的形而上及有神论意向。坎兹写道：“不同于马克思、赫胥黎（Huxley）、尼采、斯宾格勒（Spengler）、斯宾塞（Spencer）等，以许多不同的方式试图将生物演化过程的理论导入社会及文化范畴，黑格尔明确拒斥物质演化的可能性，着重关注人类的精神演化。”[36]

黑格尔思辨科学方法的有神论基础，正是巴文克深深赞赏同时却又严厉批判的向度。巴文克肯定道，当“超自然主义在卢梭（Rousseau）、康德、莱辛（Lessing）及施莱尔马赫的抨击

---

33. G. W. F. Hegel, *Phenomenology*（Baillie, 1931）, 76.
34. G. W. F. Hegel, *Philosophy of History*, John Sibree, trans.（New York: Dover, 1956）, 15.
35. Kainz, 184.
36. Ibid., 185.

下投降”时，是黑格尔带来了“强而有力的反扑”。[37] 当费希特的“绝对观念论造成了多重骇人的结果”，瓦解了科学客观性时，是黑格尔“保留了”费希特用以对抗那时代的自然主义的“相同出发点”，同时又启动了“从［人类意识之］主体内部达到客观性”的伟大计划。[38] 黑格尔的做法是将“费希特的主观伦理观念论（subjective ethical idealism）［提升］至一种客观逻辑观念论（objective logical idealism）的层次”，进而以“生成（becoming）的观念”取代“存在的观念（the idea of being）。宇宙成了一个过程（process），亦即那逻辑观念（the logical idea）的发展”。[39] “宗教”（特指基督教）以表象型态所呈现的上帝护理概念，只有在此有神论而非唯物论的“演化”中，方“拥有一席之地”。[40]

然而，黑格尔的思辨科学方法，会导致违背他有神论意向的结果。首先，巴文克指出，思辨理性论必须回答一个“关键问题”：“我们是因一件事物实存，所以思想它，或者一件事物实存，是因我们必然地并在逻辑上（necessarily and logically）必须思想它？思辨哲学肯定了后者。”[41] 巴文克对黑格尔思辨法最核心的批判即在于此：

> 但不论思想与存在之间有多少相似之处，它们之间

37. *RD* I, 517.
38. Ibid.
39. Ibid.
40. Ibid.
41. Ibid., 521.

> 的差异亦同等真实。我们不可能从思想总结到实存（from thought one cannot conclude to existence），因为一切受造物的实存皆非思想的流溢（emanation），而是产生于一个能力的行动（an act of power）。诸般事物的本质乃出于上帝的思想；只有它们的实存是出于祂的意志。如此，人类的思想即预设实存。它唯有在受造世界的基础上才能产生。[42]

巴文克此处或有意或无意地呼应了克尔凯郭尔对笛卡尔思辨传统的批判："我思"已然预设"我在"，因此"我思故我在"其实是个分析恒真句，不是有效的论证。[43] 巴文克强调，"我们只能反思（反-思：re-flect）那预先被构思（pre-conceived）而透过世界进入我们意识"的对象。[44] 这种在预先构思（pre-conception）的基础上进行反思（re-flection）的安瑟尔谟思辨法，是巴文克与黑格尔的共通点之一。

黑格尔所集为大成的那种特定科学思辨模式的难题在于，"倘若……我们拒绝所有从外界而来的事物并采取纯粹理性为我们的出发点……那么我们将失去一切，或至多保留一个如此宽泛、如此不具内容而模糊的原则，以致什么都无法从它被推论出来——更遑论整个宇宙或基督教启示与宗教的一切"。[45] 因此巴文克评论道："黑格尔的哲学……并非如它一开始看起来那

---

42. Ibid.
43. 见 Søren Kierkegaard, *Philosophical Fragments*, Edna Hong and Howard Hong, eds. and trans.（Princeton: Princeton University Press, 1985），38–42。
44. *RD* I, 521.
45. Ibid.

般无害。它是费希特‘自我设定非自我’(the ego posits the non-ego)，亦即‘主体创造客体’之立论的展开与应用。”[46]

在此我们必须重新强调本书第二章的内容：在黑格尔的思辨形而上学当中，“主体创造客体”的过程乃是一个主体自我疏离而成为自己的客体的过程。黑格尔的逻辑科学视主体与客体为终极同一者，亦即此二者在圆满（*Vollendung*）的阶段中复和而合一，而这就意味上帝与人类的终极同一性（*Identität*）。黑格尔定义“本质”(*Wesen* ）为一件事物终将成为的型态。换言之，生成规定存在（becoming determines being)。如此，人与上帝当下虽不是同一者，但既然终将成为同一者，那么此同一性即是人性与神性的本质。

当然，巴文克以“泛神论”描述黑格尔的思辨逻辑学，难免有失公允。克劳泽（Karl Krause，1781-1832）发明了“万有在神论”(panentheism ）一词，以强调黑格尔的哲学体系仍保留了某种意义上的上帝超越性。罗森（Michael Rosen）指出，“黑格尔对‘超越’与‘临在性’之间的传统对立的抨击，并不构成……将上帝融入祂的创造”的结果。[47] 尽管如此，黑格尔仍视上帝与世界为终极同一者，尽管不是直接同一（像早期谢林所描述的那般）。此终极而本质的同一性，使得人类能够思想上帝，却无可避免地将上帝约化为一个理性概念，而巴文克坚定地拒斥了这种模式的理性科学思辨法。

---

46. Ibid.
47. Michael Rosen, *Hegel's Dialectic and Its Criticism* (Cambridge: Cambridge University Press, 1982), 78.

三、黑格尔观念论的唯物论本质：费尔巴哈与施特劳斯

巴文克指出，黑格尔在神人之间所预设的终极同一性，理论上必然违背他自己的有神论意向。这在费尔巴哈及施特劳斯的年代便已“清楚显明”。[48] 这两位只比黑格尔年轻一辈的思想家，皆称自己为黑格尔的跟随者。他们二人皆与黑格尔一样，以基督教神学为学术生涯的起点；他们都曾受教于柏林大学。费尔巴哈起初是海德堡大学的学生，为了投入黑格尔师门而转学至柏林。施特劳斯为了师从黑格尔，甚至放弃了神学院的教授职务，于 1831 年抵达柏林。他在柏林与施莱尔马赫见面时，这位位居德语学术界顶峰的大佬问他是否听闻黑格尔已于前一日过世。施特劳斯在这位黑格尔的宿敌面前脱口而出：“但我就是为他来到柏林的啊！”[49]

费尔巴哈与施特劳斯从黑格尔的出发点所得到的结论，对于基督教所产生的冲击，体现于巴特简洁精辟的一句评论：“正确神学的起点，正是施特劳斯及费尔巴哈所揭示的难题被看见且被嘲笑的那一点。”[50] 这事实上也是巴文克的看法。

简言之，巴文克认为费尔巴哈与施特劳斯二人皆贯彻了黑格尔“神人同一”的观点，而二者“皆到达了唯物论的终点：

48. *RD* I, 166.

49. Horton Harris, *David Friedrich Strauss and His Theology* (Cambridge: Cambridge University Press, 1974), 29.

50. Karl Barth, *Protestant Theology in the Nineteenth Century*, trans. Brian Cozens and John Bowden (Grand Rapids: Eerdmans, 2002), 554.

感官天性乃唯一的现实；人之所是不外乎他们之所食”。[51] 换言之，黑格尔观念论的万有在神论核心，无可避免地导致一种唯物论及自然主义的世界观，排除上帝护理的概念。

在《基督教的本质》(*The Essence of Christianity*) 中，费尔巴哈诉诸黑格尔笔下的神人同一性，声称神学的本质无非是人类学 (anthropology)。费尔巴哈的意思是，“上帝”这理性概念无非是人类对自身天性之无限性的意识。尽管黑格尔不遗余力为上帝的可知性与客观性辩护，但他逻辑学当中的终极主客体同一性为费尔巴哈提供了最基本的素材，将黑格尔的理论头下脚上彻底翻转，声称基督教的本质乃是人类意识自我投射出来的伪客体：“在无限者的意识当中，有意识的［人类］主体以他自己天性的无限性为客体。”[52]

对黑格尔而言，基督教作为圆满宗教所呈现的纯粹概念，就是精神的自我彰显。他的**观念论**意味：人是精神。费尔巴哈所作的，不过是将同一块铜板翻过另一面，倒转主体与客体、主词与述词的位置：**精神是人**。黑格尔其实无异于费尔巴哈，二者皆认为，精神在人类意识的主体之外并无客观的实存。费尔巴哈有力地指出，在这出发点上，宗教的本质无非是人类的自我投射；上帝是人类的镜像；宗教意识并非对客观实存之上帝的意识，而是人类的自我意识；宗教的本质是造偶像；神学的本质是人学。换言之，基督教所论述的上帝不过是神学家按

51. *RD* I, 256.

52. Ludwig Feuerbach, *The Essence of Christianity*, trans. George Eliot (New York: Prometheus, 1989), 2–3.

自己形像造出的偶像。

黑格尔的逻辑形而上学至终无法避免费尔巴哈的结论：

> 宗教，至少基督教，乃是人类与自己的关系，或更确切地说，是与他自身天性的关系（亦即他的主体天性）……上帝的存在无非是人的存在，或者说，是纯粹化的人性，从个体之人的局限被释放出来，并被客体化——换言之，被当成一个异在而被默想并敬畏……神性的所有属性……皆是人性的属性。[53]

施特劳斯的思想在某方面比费尔巴哈更具独创性，前者不只是从黑格尔的体系出发而得到黑格尔未提出的结论。事实上，施特劳斯后来遭到鲍尔所领导的左派黑格尔主义者挞伐，他们指控施特劳斯的思想源于施莱尔马赫，而非黑格尔。施特劳斯自己在1838年也公开声明，他的论述并未受黑格尔的启发，自此与黑格尔主义左派决裂。

然而，当我们仔细阅读他的巨著《耶稣生平批判研究》（*The Life of Jesus Critically Examined*）*时，我们会在其中看见黑格尔已对他产生了浓厚的影响，特别是黑格尔“神人同一”的思想。这部当时极具争议的著作挑战新约圣经福音书的历史性，声称圣经应该被当作**神话**（*mythus*）来诠释、赏析，其价值不在于文本叙事的历史性，而在于这些不可思议

53. Ibid., 14.
* 大陆译为《耶稣传》，似有不当。——编者注

的故事所呈现的**概念**。圣经的真实**概念**，必须借由**去神话化**（demythologization）的方法才能被发掘。

这方法建基于黑格尔在表象及概念之间所提出的区别。施特劳斯借用黑格尔的术语，定义“神话”为“一个事件或一个观念以历史形式所呈现的表象”。[54] 在《耶稣生平批判研究》的开端，施特劳斯的论述很容易让人误以为他是自然神论者（deist），相信一位超越却不可知的创造主：“上帝只有在创世时赋予固定规律的意义上对世界动工。由此观之，自然与历史显然是一套有限因果的复杂组织（tissue），而圣经的叙事不可能被视为历史，因为这组织无数次在上帝干涉下被破坏。”[55] 但读者很快就会发现，施特劳斯所说的“上帝”，甚至不是自然神论（Deism）当中那种独立于世界而客观实存的上帝。

巴文克正确地指出，施特劳斯的上帝概念，基本上是黑格尔主义的，是“永恒的过程从世界自身当中产生世界，并单单在人类当中产生自我意识、位格性，以及自身的存在”。[56] 施特劳斯认为，这种黑格尔主义的神人同一性乃是“基督论的绝对意义”，亦即福音书的神话表象背后的概念真理。[57] 对他而言，“基督论整体的关键”在于人性与神性之间的一体性，这一体性并不属于一位个殊的人（亦即耶稣基督），而是人类的物种（在这点上，施特劳斯与黑格尔又是一致的）。[58]“在一位个体、

54. David Strauss, *The Life of Jesus Critically Examined*, trans. George Eliot, 3 vols. (London: Continuum, 2005), 3: 28.
55. Ibid., 1: 59–60.
56. *RD* I, 256.
57. Strauss, *The Life of Jesus*, 3: 348.
58. Ibid.

一个神–人（a God-man）当中，教会赋予基督的属性与功能自相矛盾；在物种的概念当中，它们却完美和谐。人类乃是此二性的联合：上帝成为人，无限者在有限者里面自我彰显，而有限的精神追忆着自己的无限性。”[59] 巴文克总结施特劳斯的观点：“施特劳斯……主张，无限者将自身浇灌出来，进入有限者，但不是在个体的位格当中，而是在整体的人类当中。人类就是真正的上帝之子、观念理想的基督（the ideal Christ）。”[60]

巴文克指出，施特劳斯断言“上帝与人乃是一体”而“人类就是真正的上帝之子”时，就意味“一切神迹皆排除”。[61] 一如费尔巴哈，施特劳斯的神学使他成为一位唯物论者。费尔巴哈与施特劳斯揭示，黑格尔的上帝事实上并非超自然的存在。黑格尔在上帝与自然之间所设定的同一性意味，他的观念论其实与唯物论无异。他试图用哲学去挽救的神学，无非是人类学伪装的。黑格尔的上帝在人类集体意识之外，并无独立的意识或实存，而这就意味，上帝的思维过程是彻底自然的。

黑格尔深知，上帝的智慧乃是宇宙之目的与意义的源头。绝对者的意识保证历史的目的性。若无上帝智慧的创造与护理，世界历史就只能是集体人类意识随机、不理性的发展，自然历史也会是毫无意义或目的的演化。但正如费尔巴哈及施特劳斯所揭示的，黑格尔无法避免自然主义及唯物论的结论。后

59. Ibid., 3: 435–436.
60. *RD* I, 166–167.
61. Ibid., 256.

来的辩证唯物论虽试图保留黑格尔的历史主义，视历史为有目的之活动，但巴文克如先知般宣告，唯物主义及自然主义的世界观终必将目的论（teleology）排除于科学研究之外：当代科学早已见证了这点，不论是自然、人文，抑或社会科学。自由主义经济学所谓“无形之手”，遭到许多自然主义者嗤之以鼻，在他们眼中，人类的集体经济活动都是无目的、非理性的。

巴文克指出，无神论唯物主义视宇宙为“原子之结合与分离所构成的机械程序”。[62] 他接受黑格尔的主张，认为宇宙必须被视为有机体。为此，巴文克与黑格尔不但拒斥唯物论，亦坚持修正传统形而上学所论述的静态永恒“实体”（substance）观，将其重新诠释为有机实体（living substance），而非无机宇宙的机械零件。[63] 然而我们在以下讨论中将看到，巴文克与黑格尔的有机主义，有着根本的差异。如艾格林顿所言：“黑格尔的有机主义导致一元论，并在此框架下理解有机主义的目的性。他的有机主义亦与他整套万有在神论的关注息息相关。”[64] 巴文克的有机主义则透过“一体性与多样性”（unity-and-diversity）的辩证母题（motif），视宇宙为一有机整体，以“原版–复本”（archetype-ectype）的模式反映上帝的三一性，同时又预设造物主与受造物间的无限本质差异。

---

62. *RD* II，435.

63. 这对巴文克的启示论具有重要意义，见 Bruce Pass，“Upholding *Sola Scriptura* Today：Some Unturned Stones in Herman Bavinck’s Doctrine of Inspiration，” *International Journal of Systematic Theology* 20（2018）：517–536。

64. Eglinton，*Trinity and Organism*，66.

四、巴文克与黑格尔思辨哲学内容：三一、创造、护理

上文提及“实体”的概念，作为黑格尔思辨哲学所修正的对象。后期过程哲学、现象学（phenomenology）、苏维埃辩证唯物论（Soviet dialectical materialism）等学派，使用了“实体主义”（substantialism）一词，指涉黑格尔所谓西方哲学史“趋向实体的倾向”。[65] 如我们在本书第二章所见，“实体主义”的概念可用黑格尔自己的术语表述：构成现实的实体乃是静态的“抽象共相性”，即“未分化、不动的实体性”。[66] 实存世界如机械般，按照一套静态的因果规律运作。

一反实体主义，黑格尔以思辨法提出有机主义世界观，坚持“终极的真理”并非静态“实体”，而是“有生命的实体”，亦即“主体”（subject/*Subjekt*）。[67] 如我们在上一章所见，这意味“真正的现实……是它自身之生成的过程，即预设其终点为其目的之圆周，而它的终点就是它的起点；它唯有借由被实现，以及借由它所涉及的终点，才变为具体而实动”。[68]

巴文克同意黑格尔的批判，反对传统形而上学以机械式

65. 见 Johanna Seibt, “Particulars,” in Johanna Seibt and Roberto Poli, eds., *Theory and Applications of Ontology: Philosophical Perspectives*（New York: Springer, 2010）, p. 28；参拙文曾劭恺：“巴特的实动本体论：实体与进程的文法辩证”，载《道风：基督教文化评论》第 52 期（2020 年）。
66. Hegel, *Phenomenology*（Baillie, 1931）, 80.
67. Ibid. 另见 G. W. F. Hegel, *Encyclopedia of the Philosophical Sciences in Basic Outline, Part I: Science of Logic*, eds. and trans. Klaus Brinkmann and Daniel Dahlstrom（Cambridge: Cambridge University Press, 2010）, 13。
68. Hegel, *Phenomenology*（Baillie, 1931）, 81.

的自然因果律理解“存在”与“生成”的关系。巴文克认为，这种机械式世界观终必导致唯物主义及自然主义。[69]但正如黑格尔并非否定实体的概念，而是赋予它有机的内容，巴文克亦坚持，因果规律必须在有机主义的体系中被重新理解。

巴文克与黑格尔思辨哲学的关键差异之一在于创造论：黑格尔视基督教的创造论为精神自我客体化过程之概念的表象，但巴文克持守拉丁基督教“从无创有”的教义，肯定造物主的自存性、不变性、超越性。“对上帝为创造天地之主的认信，直接带来那独一绝对而从不自相矛盾的真理、上帝旨意的和谐与美好，及至宇宙计划的一致性与自然整体的规律。”[70]巴文克引用德意志哲学家暨社会学家朗格（Friedrich Albert Lange，1823–1875）论述唯物主义的著作，指出唯有以“自然的整体”为基础，“将一套前后一致的工作模式归功于独一上帝”，“诸般事物之间就因与果而论的相连性”才可能不但是“可理解的，甚至是该预设的必然结论”。[71]在“圣经为我们提供的模型”中，“自然秩序”乃是一套由上帝智慧所计划、上帝旨意所立定、上帝行动所实现，因而在“诸般受造物”中反映上帝属性的“丰富多样的规律及法则”。[72]

巴文克与黑格尔思辨哲学的关键差异之二，在于对护理的理解。一反黑格尔的万有在神论，巴文克将护理定义为“在世

---

69. *RD* II, 612.
70. Ibid.
71. Ibid.
72. Ibid.

界受造而开始存在之后，所有主导世界之旨意的整全落实”。[73] 他采取改革宗传统对“上帝同在”(*concursus Dei*)的阐述：受造界一切的现象，皆有上帝行动为第一因，以及按受造规律进行的活动为第二因，两者并非“部分–部分”(*partim-partim*)，而是“全然–全然”(*totus-totus*)的关系。施行于受造界的第一因，并非内在于三一本体的行动(*opera ad intra*)，而是外在于上帝存在的行动(*opera ad extra*)。此外在行动，又分上帝意志(*voluntas*)的行动(称为旨意)，以及实现上帝旨意(*decretum*)的行动(称为工作)。上帝以上述 *concursus* 的模式，在创造世界后继续进行治理(*gubernatio*)与保护(*conservatio*)之工。“所有在创造之后的上帝外在(*ad extra*)之工，都是祂护理的工作。”[74] 在此意义上，救赎论、救恩论等教义所探讨的内容，都可视为特定的护理之工。此处必须强调，上帝护理的对象，乃是从无受造、在祂存在以外(*ad extra*)所实存的一切，而不是上帝存在之在其自身(*An-sich-Sein*)的流溢或演化。

这就涉及巴文克与黑格尔思辨哲学的关键差异之三。对巴文克而言，三一上帝之为三一上帝，永恒自存而从未改变也不会改变的实存模态，已然且始终是在其自身又为其自身的(*An-und-für-sich-Sein*)，其完美的存在(perfect being)无可扬弃(unsublatable/*unaufhebbar*)。在此，巴文克与安瑟尔谟其实相当一致，二者皆反对黑格尔所论述的逻辑三一之弃存

73. Ibid., 604.
74. Ibid.

扬升。[75]

护理之工作为三一上帝智慧计划的外在实现，彰显祂本质存在中的诸般完美。[76] 廖绍良引用巴文克《基督教世界观》中的一段话，说明护理之工如何启示上帝本性："话语必须连于行为（deeds），生成（generation）必须连于创造，智慧必须连于上帝的旨意，才能够将永恒地存于上帝意识（*bewustzijn*）中的观念（*idee*）赋予真实的存在。"[77] 此处的观念论术语再次揭示巴文克对思辨科学的反驳与修正：他在此一反黑格尔，强调上帝意识中的诸观念（复数！）不可能演化为实存者。实存的受造物乃是从无（*ex nihilo*）被上帝的外在行动所造。

如此，巴文克拒斥实体主义的机械宇宙观时，同时又拒绝了黑格尔的思辨逻辑学。他注意到，黑格尔的思辨哲学"试图动态地解释世界；唯物论试图机械地解释世界。但两者皆力图将整体看为受一个单一原则治理的对象"。[78] 换言之，泛逻辑主义的思辨法将上帝约化为一个理性原则，结果其实与唯物主义一样，无法避免自然主义的结论。如此，黑格尔在科学研究中为目的论保留一席之地的努力，必以失败告终。巴文克解释道，在黑格尔的万有在神论体系中，

> 世界或许是活着的有机体……，而上帝是它的灵魂；

---

75. 参 Baark，256。
76. *RD* II，609.
77. Herman Bavinck，*Christelijke wereldbeschouwing*（Kampen：Kok，1913），56. 英译：廖绍良。摘自 Nathaniel Gray Sutanto and Shao Kai Tseng，"Revisiting Bavinck on Hegel：Providence，reason，and the unsublatable，" *Scottish Journal of Theology* 75（2022）：221–234。
78. *RD* II，435.

在唯物主义中，世界是一部机械……但在这两个体系中，某种盲目的宿命皆被高举到宇宙的王座上。两者皆无法正视世界的丰富与多样性……两者皆（无可避免地）否认某种有意识的目的之存在，并无法指向世界与其历史之存在的原因或天命。[79]

在一个“致命的划一性浴池中”（deadly bath of uniformity），这两种世界观皆“磨灭”了受造界各类事物之间的“界线”——“天与地、物质与精神、灵魂与身体、人类与动物”等——以及“造物主与受造物”之间无限本质的差异。[80] 巴文克坚持，黑格尔及德意志观念论有机主义的宝贵洞见，必须从其体系中被救赎出来，置入一套“截然不同的圣经世界观”。[81]

根据圣经世界观，上帝造物各从其类，又以护理之工保存各类事物之间的界线与互动。“太阳、月亮、星宿各司其职；植物、动物、人类皆有不同的天性。[受造界]有最丰富的多样性，但同时在这多样性中，又有一种至高的一体性。”[82]

此一体性与多样性的辩证，乃是以三一上帝为原版。上帝既是三，又是一，而受造宇宙作为三一上帝的复刻，以“一与多”（one and many）的方式反映上帝的诸般完美。但宇宙并非上帝存在的流溢，亦非上帝主体以三一模态在历史中的逻辑演化。巴文克严格坚持上帝与受造物间的差异：“多样性与一体性

79. Ibid.
80. Ibid.
81. Ibid.
82. Ibid., 435–436.

的基础，皆在上帝里。是祂创造了万有……并持续在它们各自独特的天性里托住它们。”[83] 换言之，受造界的一与多，是三一上帝创造与护理之工作的结果。

三一上帝的创造与护理形成“一种不会摧毁、反而会维护多样性的一体性，以及一种不会减损一体性、反而展开其丰盛内涵的多样性”。[84] 不论是“唯物论机械原则”及黑格尔的“动态原则”，都“不足解释”宇宙的多样性与一体性。[85] 在黑格尔的思辨哲学当中，“上帝没有祂自己独立于世界的实存与生命……在黑格尔的思想中……绝对者、纯粹存在、思想、观念，在创世以先皆非实存，而仅在逻辑上及潜动性上（potentially）先于世界”。[86] 黑格尔虽极尽所能地聚焦于历史的具体演化，但他“所有关于绝对者”的断言皆“空泛而缺乏内容——无非是抽象的逻辑范畴”。换言之，所有个殊主体的具体实存、所有事物的共相，终极而言都被约化为逻辑的三一，这逻辑三一在个殊受造物之外没有自己的实存（见本书第五章关于“具体普遍者”的讨论）。

巴文克主张，只有在上帝三一性及祂创造与护理之工的亮光下，我们才能理解这宇宙明明可知的有机一体性与多样性，以及宇宙历史的目的性。在上述三一论、创造论、护理论的基础上，他发展出一套基督教特有的有机主义：三一上帝以自己为原版所创造的世界被赋予多样性中的一体性，而“有鉴于

83. Ibid., 436.
84. Ibid.
85. Ibid.
86. Ibid., 177.

这一体性……世界可在隐喻意义上被称为一个生物，其中所有的器官皆彼此连结，并相互影响”。[87] 巴文克以迦克墩模式描述这些有机连结不可分离的联合与不可磨灭的区别：“天与地、人与动物、灵魂与身体、真理与生命、艺术与科学、宗教与道德、国政与教会、家庭与社会等等，虽然都是独特（distinct）的，却又不相分离（separated）。”[88] 在这世上的各殊相之间，“有极为多样的相互联系；一个有机的……连结将它们全部维系在一起”。[89] 多样世界的有机一体性，正是上帝创世的目的，而这目的由护理之工持续施行。巴文克相信，当我们在研究这世界时，若跟随上帝所启示的思想去思辨，那么我们用科学研究所认识到的世界，就不会是盲目而无生命的，因为受造宇宙彰显着上帝的诸般完美与智慧、祂的永能和神性。

五、总　结

本章从三一论、创造论、护理论切入，探讨巴文克与黑格尔如何处理“一体性与多样性”的问题，试图建立有机世界观，在科学领域为目的论保留核心地位。我们发现，巴文克一方面对黑格尔的思辨哲学方法与内容提出基本预设层面的反驳，但同时又深受其启发。在此我们可以提出三个要点，作为总结。

首先，巴文克对“思辨”一词的拒斥，并不如表面看上去那么简单。黑格尔思辨法的核心乃是“后思”（*Nachdenken*）

87. Ibid., 436.
88. Ibid.
89. Ibid.

与“映现”(*Reflektieren*)的“反思”(*Reflexion*)，而这衍生自安瑟尔谟“信仰追求理解”的思辨法。德意志观念论的“世界观”(*Weltanschauung*，荷兰语是 *wereldbeschouwing*)一词在巴文克著述中的核心地位，显示了他与黑格尔之间的重要共通点：二者皆认为，意图理解世界的系统性(systematic)尝试，必须建基于某种预设信念之上，进而对感性现象作出智性诠释(*explicatio*)。

然而，黑格尔的思辨模式传承自笛卡尔，正如黑格尔自己所言，他的思辨逻辑旨在令康德超验观念论“连根拔起”的笛卡尔思辨传统死灰复燃(见本书第二章)。[90] 康德在纯粹理性二律背反(Antinomies of Pure Reason)中对笛卡尔的本体论证明提出了著名的反驳，而黑格尔的思辨法则在康德之后，强有力地提出一种对人类意识之“我思”及“我在”的前设信仰。人类理性为上帝存在的必然性提供了基础(简言之：我在而我思，故上帝在)：这暗示，黑格尔的思辨体系终必将上帝约化为一个人类理性的概念。巴文克因此强烈反对黑格尔所集为大成的那种思辨法。

巴文克坚持，是上帝不可扬弃的本体三一实存方式，以及祂创造与护理之工作为外在于祂存在(*ad extra*)的自我启示，为受造者的理性提供了保障。上帝的实存并不取决于人类理性。反之，上帝的存在与工作，为人类思辨的合理性及受造世界的理性结构提供了基础与可能性。(简言之，三一上帝自有永

90. Hegel, *Science of Logic*, 7–8.

有，上帝创造而护理我与世界，故我在，故我得以思想上帝及世界。）

第二，黑格尔认为上帝护理的概念，是确保科学思辨之合理性的必要条件，而巴文克会认同这点。黑格尔深知，除却上帝护理的概念，科学研究终将无法探究自然宇宙及人类社会、历史、思想的目的因（*telos*）。然而，黑格尔思辨法的出发点乃是人类意识，而这意味他必须设定某种终极的神人同一性，才能视宇宙历史为上帝计划的展开。对黑格尔而言，创造与护理并非上帝旨意外在于祂本体的工作，而是上帝生成中之存在（being-in-becoming/*Sein-im-Werden*）的演化。这无非是磨灭第一因（上帝行动）与第二因（受造规律与活动）之间的本质差异，并因而否定了任何实质意义上的"上帝同在"（*concursus Dei*）。

本文呈现巴文克的护理论时，提到"同在"（*concursus*）是"保护"（*conservatio*）及"治理"（*gubernatio*）的基本原则与运作模式。伯克富（Louis Berkhof）精确地指出，自早期现代以来，"荷兰教理学家"便给予"同在（concurrence）的元素更重要的地位，以防止自然神论及泛神论的危害"。[91] 巴文克以 *concursus* 反驳黑格尔及观念论的万有在神论或泛神论，坚持造物主与受造物的恒在差异，以及上帝存在与工作之间不可分离的一体性及不可磨灭的区别。上帝以一个外在于本体的意志行动，决定创造宇宙；这行动完美地呼应于祂的本质，但这行动

91. Louis Berkhof, *Systematic Theology*（Edinburgh：Banner of Truth，1958），133.

并非上帝存在的必然向度。上帝不需要一个他者或异在来自我实现为上帝。护理作为上帝不可改变之本质的启示，乃是外在于祂本体的工作。它并非上帝的本质，也不会在历史进程中改变或扬弃上帝的本质。

第三，巴文克及黑格尔皆以三一神论的有机主义作为思辨的内容。黑格尔的思辨逻辑以人类意识为出发点，这意味他笔下按人类形像受造（如费尔巴哈所揭示）的逻辑三一，在生成（*das Werden*）而圆满（*Vollendung*）的动相（*Moment*）中经历了弃存扬升（*Aufhebung*）的过程。黑格尔的有机隐喻，皆是要表述逻辑之为主体如何在有机演化中自我扬弃而自我规定。巴文克指出，黑格尔的逻辑三一有机主义终必将上帝的旨意约化为人类的抽象命运，并因着造物者与受造物之差异的终极（虽非直接）弃存扬升，而磨灭诸般受造物间的类别界线：太阳下山后，黑格尔体系中的牛，跟谢林体系中的牛其实都一样黑。

巴文克反思法的出发点不是人类意识或理性，而是借由创造及护理之工成就普遍与特殊自我启示的三一上帝，祂在启示行动中的绝对主体性，是无可扬弃的。创造与护理启示上帝的本质，但并不实现（actualize/*verwirklichen*）、构成（constitute/*beschaffen*），或规定（determine/*bestimmen*）这本质。但因为祂是又真又活的上帝，在祂与受造物的关系与差异中，受造界作为不可扬弃之三一原版的可变复刻，以“一体与多样”的模式被赋予了各从其类的有机天性。

再者，受造界作为一个有机体，并不会自动成长。借用巴特著名的用语，创造及护理的历史乃上帝智慧观念（intelligent

ideas）的“外在基础”，而后者则是前者的“内在基础”。这些观念（复数!）不会演化为实存实体。是上帝从无创有的工作，按照这些观念，在上帝存在之外造成了受造者的存在。外在于上帝三一本质的观念、行动、工作持续托住并治理各种受造的实存模式，以致受造界及其历史必然具有内在的启示性，但绝不具有任何必然或偶然的神性（因为受造物绝非上帝本质或观念的流溢与演化）。

巴文克所坚持的受造界与历史之内在必然启示性意味着，人对世界的科学性反思可以合乎理性，只要我们“跟着上帝的思想去思想”。人类思维并非终极理性的：我们的理性并非出于黑格尔所言之绝对本质性（absolute essentiality/*absolute Wesentlichkeit*）。人类思维的合理性取决于上帝在祂本体之外的自我启示，以及借由重生之恩所赐下的信仰。对创造与护理所成就之普遍与特殊启示（这启示乃以基督为中心：巴文克的“基督中心论”课题已超出本书范围，在此无法详述）的信仰，是对宇宙及其历史之科学性与系统性理解的出发点，此“信仰追求理解”的反思法令人类意识的主体得以肯定其知识的内容及对象的合理性。

第四章
巴特实动本体论与黑格尔过程本体论：上帝无可扬弃的本质

卡尔·巴特无疑是基督教思想史上最具影响力的人物之一。近数十年，巴特研究在德语、英语世界方兴未艾，已然成为一门显学。亚洲方面，日本、韩国皆在此领域形成学派，国内巴特研究也已发展出可观成果。单就学术研究出版数量而言，每年相关专著、专文可谓汗牛充栋，仅有奥古斯丁、阿奎那、路德、加尔文研究等领域足以与之分庭抗礼。

如何在思想史上各流派之间找到巴特的定位，至今仍是学界辩论的课题。譬如，当代汉语学界仍有许多人将他的思想定位为“新正统”（neo-orthodoxy），这其实是技术性的错误。“新正统”一词具有确切的技术性定义，专指一个二十世纪基督教思想流派，又名“辩证神学”（dialectical theology）、“危机神学”（crisis theology），可以理解为一种基督教存在主义。巴特早年跟这圈子走得很近，但 1920 年代就渐行渐远，1930 年代正式开始反对这流派的思想。他在《教会教理学》(*Die Kirchliche Dogmatik/Church Dogmatics*)I/1(以下省略书名)序言中明确与“辩证神学”划清界线，并在III/3序言中强调自己不是“新正统”。巴特的神学自早期至晚期都使用辩证法，但这不代表他属于“辩证神学”；他视圣经为历史对启示的“见证”，而这也不代表他是“新正统”。这是很简单的道理，正如我家附近的鸡排店并不会因为贩售汉堡、薯条，就变成麦当劳。

“新正统”的特色之一在于用古代正统基督教的语言来包装现代存在主义的思想。本章将指出，这并非巴特成熟时期所采取的进路。首先，虽然他熟悉海德格尔等存在主义者的著作，但他并不是存在主义运动的一员，而他同时期的存在主义在他自己的思想当中尚未沉淀，也并未在他的著述中形成一套有规范的文法(grammar)，成为他思维的框架。[1]巴特乃是以迦克墩的模式，结合了拉丁本体论正统的文法，以及德意志观念论的文法。不论在术语或内容的层面上，他皆未曾扬弃正统的拉丁基督教本体论。

除了思想流派以外，就连他国族意识的定位，都有值得讨论之处。我有一位专攻巴特研究的好友，曾经撰文纠正一篇关于巴特的文章。他当时提出，巴特不是德国思想家，而是瑞士思想家。就国籍及文化习惯、语言口音而言，他无疑是瑞士人，且是典型的巴塞尔(Basel)庶民，不但不同于苏黎世(Zurich)

1. 本文以“文法”指涉某思想体系之术语的概念逻辑关连。这词汇由维特根斯坦(Ludwig Wittgenstein)所创，由林德贝克(George Lindbeck)等叙事派学者引进基督教思想。参 George Lindbeck, *The Nature of Doctrine*: *Religion and Theology in the Postliberal Age*(Louisville: Westminster John Knox, 1984)。

人，甚至在口音及举止上都有别于他好友巴尔塔萨（Hans Urs von Balthsar）那样的瑞士贵族后裔。然而，称巴特为德国思想家，是否有错呢？

如果称伟大的二十世纪钢琴家阿劳（Claudio Arrau，1903–1991）为“德奥钢琴家”，我想多数乐迷不会有异议。他虽出生于智利，却师从德国名家克劳泽（Martin Krause，1853–1918）。阿劳经常自豪地说：“贝多芬（Ludwig van Beethoven，1770–1827）传艺于车尔尼（Carl Czerny，1791–1857）；车尔尼传艺于李斯特（Franz Liszt，1811–1886）；李斯特传艺于克劳泽；克劳泽传艺于我。”虽说他的传承由于李斯特而加添了非德奥的血统，但阿劳无疑是贝多芬的嫡系传人。阿劳在音乐上的德奥属性虽然不像同年出生、同年过世的钢琴巨擘瑟金（Rudolf Serkin，1903–1991）那样鲜明，在技法及风格上却又比维也纳钢琴家顾尔达（Friedrich Gulda，1930–2000）更严谨地遵循德奥传统。相似地，巴特在思想上的传承属乎德意志，远多于瑞士。

巴特的父亲是位传统的瑞士改革宗神学家及牧师，希望儿子能追随其脚步，但卡尔年轻时却向往德国的自由派传统。他离开瑞士的伯恩大学（Bern University），转赴德国，先后在柏林、图宾根、马尔堡大学师从哈纳克、赫尔曼等自由派大师。虽然巴特 1914 年因他诸位恩师签署支持德国在第一次世界大战初期的军事行动而公然与自由派决裂，但他却未曾放弃思想上的德国血统。他 1935 年拒绝效忠希特勒，遭第三帝国驱逐，其后在瑞士家乡巴塞尔度过余生，但他在晚年的一封书信中仍以现在式写道："我清楚意识到我里面的瑞士因子，但同时我也希望全然而毫无保留地留在德国神学及德国教会的核心。"[2]

我们必须在德意志思想史的传承上找到巴特的定位，才能准确地诠释他的著述。若从社会文化史的角度切入，那么巴特与瑞士的渊源固然值得探讨。对于人们在二次世界大战所见证的恶，巴特采取的莫扎特态度（Mozartean attitude），较之朋霍费尔（Dietrich Bonhoeffer，1906–1945）、莫尔特曼、潘能伯格（Wolfhart Pannenberg，1928–2014）等德国神学家，难免稍显轻浮，而这与瑞士人民在阿尔卑斯山的屏障庇护下永不结盟、与世隔绝的民族性似乎不无关系。然而就思想史而言，巴特无疑属乎德意志传统。主流巴特学者基本上都同意这点。问题是，难道他与他自由派的老师们一样，都在后康德的框架下发展他们的论述吗？又或者，德意志基督教思想传承至巴特，已进入了笔者所谓的"后观念论"（post-idealist）时期呢？换言之，巴特要克服的主要难题，是康德超验观念论对思辨形而上学的批判，抑或黑格尔等十九世纪观念论者所提出的现代思辨形而上学对古典神论的挑战？

这并不是个容易回答的问题。阅读巴特庞博的著作，相当具有挑战性。就像马勒九首交响曲，必须是对音乐已培养相当程度理解及品味的人，才能静下心逐一细细聆听。巴特的著作就如陀思妥耶夫斯基那些冗长、艰深且时而枯燥的小说，津津

2. K. Barth to E. Wolf，15 November 1965，in Eberhard Bush，*Karl Barth：His Life from Letters and Autobiographical Texts*，trans. John Bowden（Eugene：Wipf & Stock，1976），217.

乐道的人不计其数，硬着头皮读完的人却不多。笔者的导师杭星格尔教授曾将巴特巨著《教会教理学》比作法国的沙特尔主教座堂（Chartres Cathedral）。初入这座大教堂的人，双眼需要一段时间方能适应昏暗的环境。然而一旦目光适应了环境，繁复的建筑、装置、艺术作品、彩绘玻璃，会令人目不暇接、叹为观止；每个细节都值得细细品味，而整体的结构又如此宏伟。汉语读者或许会联想到苏东坡笔下的庐山西林壁，或是北宋院画大家郭熙眼中的山水："山有三远：自山下而仰山巅，谓之高远；自山前而窥山后，谓之深远；自近山而望远山，谓之平远。"不论是苏轼眼中的西林壁、郭熙眼中的山水，或是沙特尔的主教座堂，视觉对环境的适应，乃是欣赏并赞叹这些奇景的前提。

相似地，开始欣赏、批判巴特移步易景的著作，需要长时间的学术积累。这积累甚至不是个别学者的学养所能达到的，而是一代又一代的前沿研究，加上一次又一次的范式转移。巴特结合古典基督教神学术语及现代德意志哲学用语，其著述中一层层的辩证含意，若非抽丝剥茧般细细体会，则难窥其精妙之处。他的瑞士背景使得他的德文带着一种较为古雅的修辞方式，而环环相扣的子句在在显示他思想的复杂程度。笔者在本章当中将厘清巴特笔下一些关键词的定义，以及两套文法交织而成的本体论，一方面在学术上提出诠释巴特的新框架，另一方面也盼望能够为初入巴特这座思想丛林的读者提供导览。倘若以下内容有任何学术上的突破，那都是以前人的研究成果为基础，包括本章所反驳的特定学派。

本章探讨的课题是实体（substance）与过程（process）的双重文法在巴特实动本体论（actualistic ontology）当中的辩证。“实动本体论”乃英语巴特研究近十余年来的重要词汇，通常指涉以下特定观点：“在……［巴特的］实动本体论当中……，上帝决定成为在耶稣基督里为人类而存在的拣选行动，并非一个已然实存之行动者（agent）的行动（act）。反之，它是上帝在此过程中规定（determines）上帝自身之存在（being）的行动。”[3] 这种诠释建基于麦科马克的立论：“对巴特而言，没有任何状态（state）、没有任何存在或实存的模态（mode of being or existence）处于此自我规定之行动（act of self-determination）之上或之前，如同实体主义（substantialistic）思维会导致我们去相信的那般。”[4]

此派诠释的学术贡献不容质疑，但笔者认为，跟随麦科马克的学者们忽略了一些关键的技术性课题。本章将分析“规定”（determination/*Bestimmung*）、“本性”（nature/*Natur*）、“本质”（essence/*Wesen*）、“存在”（being/*Sein*）等关键词，回归巴特的文本，在后观念论（特别是后黑格尔）的框架下重新诠释他的实动本体论。笔者的立论是：巴特以辩证方式同时采纳实体、过程的文法，又拒斥此二者的形而上学。

在进入正文之前，笔者须澄清本章使用“本体论”一词的含意。杭星格尔提醒道，在严格定义上，本体论乃形而上学的

---

3. Paul Nimmo, *Being in Action: The Theological Shape of Barth's Ethical Vision* (London: T&T Clark, 2007), 8.

4. Ibid. 此处尼莫（Paul Nimmo）引用 Bruce McCormack, "The Ontological Presuppositions of Barth's Doctrine of the Atonement," in Charles Hill and Frank James III, eds., *The Glory of the Atonement* (Downers Grove: IVP, 2004), 359。

分支，而巴特的思想乃彻底反形而上学的。所谓“形而上学”，在此特指一种哲学体系（systems）或世界观（worldviews），以思辨（speculation，不论是古典模式或现代观念论模式）为诠释方法（hermeneutics）来解释可观察的现象，进而试图认知本体世界。此含意上的形而上学有个核心预设：人类心灵内在的结构与外在的实存世界有种本体上的**类比**（analogy）甚或连结，使得人类能够以自己的理性或经验为出发点，论证外在世界、甚至上帝之实存或非实存、本质、起源等。杭星格尔指出，麦科马克等所谓“修正学派”（revisionist）[5]学者虽强调巴特思想“反形而上学”的特征，却经常“利用……‘本体论’……一词的歧义”而“潜入”形而上学的禁地。[6]笔者在文中使用“本体论”一词时，将谨记杭星格尔的提醒，仅泛指任何阐述“存在”这概念的“行动、研究，或兴趣之广泛领域”，而非严格意义上的形而上学本体论。[7]

一、当前研究状况：“实体主义”与巴特的实动本体论

本书第二章用了不少篇幅介绍“实体主义”，这词汇源于

5. 麦科马克拒绝被称为“修正学派”，他认为自己对巴特的诠释合乎以云格尔（Eberhard Jüngel）为首的德语巴特研究主流传统。但我们稍后会看见，云格尔对巴特本体论的解读与杭星格尔的“传统学派”相符，论及上帝的本质与行动时，与麦科马克的解读背道而驰。见 Bruce McCormack，“Election and the Trinity：Theses in Response to George Hunsinger，” *Scottish Journal of Theology* 63（2010）：204。

6. George Hunsinger，*Reading Barth with Charity*：*A Hermeneutical Proposal*（Grand Rapids：Baker Academic，2015），2.

7. Ibid.

黑格尔关于“实体”与“主体”的论述。近十年余年，“实体主义”一词在讨论巴特实动本体论的文献中备受关注。尼莫（Paul Nimmo）跟随麦科马克，主张巴特的“实动本体论”与传统“实体本体论”（substantive ontology）南辕北辙。他如此定义后者的核心教条：“一个人之所‘是’，在其自身已是完整的，优先且独立于构成其真实活出之存在的抉择、行动、关系。”[8]

他们声称，实动本体论与实体本体论恰恰相反，前者主张存在（being）乃由行动（acts）与历史（histories）所规定（determined）。此广泛定义诚然正确，只要“规定”（determination）与“构成”（constitution）二词不被混淆。简言之，巴特实动本体论的核心概念乃“行动中的存在”（being-in-act/*Sein-in-der-Tat*）。

然而我们在此必须注意，巴特的实动本体论与古典实体主义固然有显著差异，二者却非南辕北辙。不同于黑格尔的过程本体论，巴特笔下“行动中的存在”视“本质”与“行动”为同等基本而相互规定的范畴。若不正视巴特神学与实体主义传统的连贯性，很容易将他的实动主义误解为某种变相的黑格尔逻辑三一论，甚或以存在主义为内容的“新正统”。[9]

尽管“实体主义”的基本定义在巴特研究文献中颇为清楚，但保罗·琼斯（Paul Jones）所谓“实体术语”在古典基督教思想中的“蓄意指之丰富性”（connotative richness）却几乎未曾被

8. Nimmo，*Being in Action*，10n.

9. 见 Paul Molnar，*Divine Freedom and the Doctrine of the Immanent Trinity*：*In Dialogue with Karl Barth and Contemporary Theology*（London：T&T Clark，2017），112n74。

厘清。[10] 甚至“实体主义”一词本身在修正学派的文献中都极少有详细解释，而其哲学史背景亦常被忽略。

“实体主义”一词在当代巴特研究中的使用方式源于现代过程哲学的传统。本书第二章解释过，黑格尔通常被视为此传统直接或间接的鼻祖。“实体主义”意指黑格尔所谓西方哲学史“趋向实体的倾向”。[11] 借用黑格尔的术语，“实体主义”的观点可理解如下：构成现实的实体乃是静态的“抽象普遍性”，即“未分化、不动的实体性”。[12] 黑格尔反对实体主义，并坚持“终极的真理”不只是“实体”，更是“主体”。[13] 如我们在第二章及上一章所见，黑格尔的意思是，“真正的现实……是它自身之生成的过程，即预设其终点为其目的之圆周，而它的终点就是它的起点；它唯有借由被实现，以及借由它所涉及的终点，才变为具体而实动”。[14]

若采取本书对黑格尔的诠释，那么我们可如此理解“实体”与“过程”两大形而上学进路之差异。实体形而上学视实存世界的本性为静态的。“本性”作为一件事物的潜动性（potentiality），决定它在实动性（actuality）中将成为什么：存在规定生成（being determines becoming）。相较之，黑格尔主张

---

10. Paul Jones, *The Humanity of Christ*: *Christology in Karl Barth's Church Dogmatics*（London：T&T Clark, 2008）, 32–33.
11. 见 Johanna Seibt, “Particulars,” in Johanna Seibt and Roberto Poli, eds., *Theory and Applications of Ontology*: *Philosophical Perspectives*（New York：Springer, 2010）, 28。
12. G. W. F. Hegel, *Phenomenology*（Baillie, 2003）, 80.
13. Ibid. 另见 G. W. F. Hegel, *Encyclopedia of the Philosophical Sciences in Basic Outline*, *Part I*: *Science of Logic*, eds. and trans. Klaus Brinkmann and Daniel Dahlstrom（Cambridge：Cambridge University Press, 2010）, 13。
14. Hegel, *Phenomenology*（Baillie, 2003）, 81.

一件事物之所是，乃由它终将成为的型态所决定：生成规定存在（becoming determines being）。这套“生成先于存在”的形而上学，带来了“对上帝这概念的重新理解，视上帝为世界内、与世界同在、在世界之下的动态精神，而非完美不变且全然超越世界的存在”，这种“彻底现代”的本体论与“古典神论”背道而驰。[15]

这套黑格尔主义形而上学与修正学派加诸于巴特的解读相当吻合。毋庸置疑，这派学者指出了巴特研究当中一些重要的课题，其贡献与价值不容否定。然而笔者将提出，巴特的实动本体论其实较他们所描述的更为复杂：他以辩证的方式同时采取实体与过程两套文法，却始终拒斥二者的形而上思辨。巴特的思辨法与上一章所述的巴文克思辨法颇有异曲同工之妙，二者皆以上帝的三一本质为无可扬弃的反思起点。

二、当前研究状况：思辨法与实动本体论的基督中心转向

上文提及巴特“成熟时期”的思想。巴特的著述一直到1920年左右，都将康德的批判哲学当成神学的主要障碍，他甚至在论证中采取康德超验观念论的基本预设与思维模式。[16]巴特早期思想，诚然保留了他传承自十九世纪德国自由派大师的

15. Joel Rasmussen, “The Transformation of Metaphysics,” in eds. J. Rasmussen, J. Wolfe, and J. Zachhuber, *The Oxford Handbook of Nineteenth-Century Christian Thought*（Oxford: Oxford University Press, 2017）, 16.
16. 见拙文曾劭恺：“‘不可能的可能性’之辩证：重构巴特《罗马书注释 1922》神学架构之关键”，载《汉语基督教学术论评》第 24 期（2019 年）。

后康德框架。然而，以麦科马克为首的修正学派在解读巴特成熟时期思想时，仍旧采取后康德的视角，笔者认为这会导致许多文本及思想史诠释上的困难。

在厘清巴特与十九世纪基督教思想史的关系前，我们首先需要界定巴特思想的“成熟时期”。自麦科马克《巴特的批判现实主义辩证神学》（*Karl Barth's Critically Realistic Dialectical Theology*）于 1995 年问世后，英语学界大抵达到了某种共识，视巴特于 1936 年在《上帝之恩典拣选》（*Gottes Gnadenwahl*，以下简称《恩典拣选》）一书中所提出的基督中心拣选论为他神学思想成熟时期的开端。《恩典拣选》呈现了“与巴特之名讳成了同义词的‘基督中心论’之型态”。[17] 在麦科马克的范式中，与这论述相辅相成的立论是，巴特 1931 年关于安瑟尔谟的著作其实并非如巴尔塔萨所言，提出“从辩证到类比”的方法论转向（turn from dialectic to analogy），划下巴特思想成熟时期的起始点。[18] 巴尔塔萨认为，《安瑟尔谟》（*Anselm：Fides Quaerens Intellectum*）当中所提出的类比法为巴特的《教会教理学》提供了方法论的模型。

这著名的“巴尔塔萨立论”（Balthasar thesis）自发表之初，就成为主宰英语及德语巴特研究的范式。然而自 1980 年代起，云格尔、斯毕克曼（Ingrid Spieckermann）、拜恩特克（Michael

---

17. Bruce McCormack, *Karl Barth's Critically Realistic Dialectical Theology*（Oxford：Clarendon, 1995）, 455.
18. McCormack, 14–19. 见 Hans Urs von Balthasar, *Karl Barth：Darstellung und Deutung Seiner Theologie*（Cologne：Jakob Hegner, 1951）; Karl Barth, *Anselm：Fides Quaerens Intellectum*, trans. Ian Robertson（London：SCM, 1960）。

Beintker）等学者的成果，相继撼动了巴尔塔萨范式的根基。[19] 最终取代巴尔塔萨范式主宰地位的，是麦科马克 1995 年那部巨著所提出的立论。麦科马克强而有力地说服了英语及德语巴特研究的主流学者，推翻巴尔塔萨关于巴特“从辩证到类比”的论述。麦科马克认为《安瑟尔谟》从未提出任何新的神学内容或方法。他正确地指出，“辩证”乃是**方法论**，而“类比”却属乎**本体论**；巴特终其一生皆未曾放弃辩证法，但他笔下上帝启示与人类知识的类比，却在不同的时期有不同的表述。

麦科马克范式在思想传记（intellectual biography）的层面上几乎完全主宰近二十余年的英语巴特研究，而笔者亦采取此范式关于巴特在 1936 年的思想发展的基本论点。换言之，当本书论及巴特“成熟时期”的思想时，笔者所指的是始于 1936 年的基督中心实动本体论。笔者不会直接处理麦科马克对《安瑟尔谟》的看法，但笔者的论证将借重上一章提及的学者巴科对麦科马克所提出的严肃挑战。[20]

事实上，《巴特的批判现实主义辩证神学》出版不久后，麦氏对《安瑟尔谟》的评价即受到了一些质疑，但几乎都停留在思想传记的层面。[21] 这些挑战基本上都围绕着麦氏立论所承认

---

19. 见 Eberhard Jüngel,“Von der Dialektik zur Analogie：Die Schule Kierkegaards und der Einspruch Petersons,” in *Barth-Studien*（Gütersloh：Mohn，1982）；Ingrid Spieckermann，*Gotteserkenntinis*：*Ein Beitrag zur Grundfrage der neuen Theologie Karl Barhts*（Munich：Kaiser，1985）；Michael Beintker，*Die Dialektik in der “Dialektischen Theologie” Karl Barths*（Munich：Kaiser，1987）。

20. Sigurd Baark，*The Affirmations of Reason*：*On Karl Barth's Speculative Theology*（Cham：Palgrave Macmillan，2018）.

21. 例如：Stephen Wigley，“The von Balthasar thesis：a re-examination of von Balthasar's study of Barth in the light of Bruce McCormack，” *Scottish Journal of Theology* 56（2003）：345–359。

却未曾提出令人满意的解释的一项事实：巴特自己非常明确地提出，“1931年论安瑟尔谟……的书”，乃是“真正记录”他自己彻底抛弃“哲学或人类学的基督教教理基础”的那次“转变”或“皈依”的“著作”。[22] 巴特的思想的确如麦科马克所言，是由1936年的基督中心论转向进入成熟阶段，但麦科马克忽略了巴科近期指出的事实：巴特在《安瑟尔谟》当中所提出的本体论与相应的反思法，乃是使他走向基督中心论的关键。

巴科出版于2018年的专著，对此提出详细的论证。他对巴尔塔萨范式毫无兴趣，也不纠缠于当前英语学界的相关论战，而是提出了一套崭新的范式，以他所谓的“思辨神学”（speculative theology）为框架，诠释巴特整体的思想与发展，指出巴特神学方法的核心特征乃德意志观念论的反思法（*Nachdenken*）。[23] “思辨”（英语及德语亦有“臆测”之意）一词对于巴特学者（以及巴特自己）而言或许闻之逆耳，但巴科指出，“思辨”在本质上其实根植于安瑟尔谟“信仰追求理解”的传统。关于这点，本书第二章已作充分说明，第三章讨论巴文克时亦再次解释，在此不赘。

巴科注意到，巴特受安瑟尔谟启发，视上帝为“伟大无可复加、较其更大者无法被想象的那一位”，并以德意志观念论重新表述之：“上帝无可弃存扬升的主体性（unsublatable subjectivity），与上帝之为在自由中行出爱的那一位的本质

22. Karl Barth, “Parergon,” in *Evangelische Theologie* 8（1948）：272. 引自 Balthasar, 101。
23. Baark, *The Affirmations of Reason*, 22.

（God's essence as the one who loves in freedom），乃是同一的（identical）"。[24] 以上帝的"爱与自由"解释祂的自存，是巴特在 II/1 所提出的论述，而事实上这套概念性框架已可见于 1936 年《恩典拣选》所提出的基督中心本体论。

值得注意的是，尽管巴科挑战他博士导师对于《安瑟尔谟》的看法，但他在书中也提到，他仍是"麦科马克的学生并跟随他的带领"，认为巴特以基督中心论所建构的"拣选论是巴特作为神学家的发展过程的巅峰"。[25] 麦氏在思想传记层面赋予巴特 1936 年基督中心论转向的重要性，在学界所得到的广泛认同由此可见一斑。

事实上，是麦氏自己在 2008 年提出，他在 1995 那部巨著所"勾勒的图画"当中"巴特拣选论突如其来的转向……需要稍作修正。那转变并非突然，而是渐进的"。[26] 此渐进转变的观点，起初由麦氏另一位学生哥克尔（Matthias Gockel）在其 2002 年通过的博士论文中提出。[27] 此观点的核心乃是麦科马克及哥克尔共同的立论："'耶稣基督'与拣选者上帝之间的同一性……直至《教会教理学》II/2 之前都尚未出现"。[28] 根据此说，巴特的基督中心论转向是到 1942 年出版的 II/2 才完成的。

---

24. Ibid., 256.
25. Ibid., 4.
26. Bruce McCormack, "The Actuality of God: Karl Barth in Conversation with Open Theism," in Bruce McCormack, ed., *Engaging the Doctrine of God: Contemporary Protestant Perspectives* (Grand Rapids: Baker Academic, 2008), 213.
27. Matthias Gockel, *Barth and Schleiermacher on the Doctrine of Election* (Oxford: Oxford University Press, 2006), 167.
28. Bruce McCormack, "Seek God where He May Be Found: A Response to Edwin van Driel," *Scottish Journal of Theology* 60 (2007): 62–70, at 64.

这思想传记层面的论点，其实与稍早介绍“修正学派”近年关于上帝行动与本质所提出那套极具争议的学说相辅相成。这学说认为，巴特在成熟时期发展出了一套所谓“基督中心”（Christocentric）、“实动”（actualistic）、“历史化”（historicized）的“本体论”方法，与他自己对拣选及三一的论述相悖，令采纳此本体论方法之人不得不视拣选为构成三一本质的行动。本章稍后即会处理此争议。在此我们只需指出，若巴科的论点正确（笔者认为如此），那么巴特本体论当中上帝无可弃存扬升的主体性，就明确排除了麦氏学派那套形而上本体论，不论是在《恩典拣选》还是II/2之后的教理学著作。[29]

三、巴特成熟时期的认识论：后康德抑或后观念论？

毫无疑问，就连在巴特思想的成熟时期，他的著作都一直保留某种后康德的维度。这是因为黑格尔那一代的德意志观念论者都是后康德时期的思想家：如此，“后观念论”就必然带有“后康德”的成分。[30] 麦科马克强调巴特的思想在每个阶段当中皆带有康德式的“批判”与“反形而上学”的特征，这诚然是正确的。[31] 巴特同意康德对传统形而上学的批判，这点也毫无疑问。然而，采取麦氏后康德范式的学者经常忽略巴特试图克服康德的挑战时，如何避免重蹈黑格尔那一代德意志观念论者的

29. 见 Baark, *The Affirmations of Reason*, 255–260。
30. 这并不意味笔者认同黑格尔研究的“后康德学派”，但笔者所采取的“修正形而上学”或“批判形而上学”范式，仍是带有后康德的批判维度的诠释进路（见本书第二章）。
31. McCormack, *Barth's Critically Realistic Dialectical Theology*, 246.

覆辙。关于这点，本章稍后解释巴特实动本体论时会详细解释。

麦科马克认为，巴特思想生涯的发展，自始至终的推动力皆是“借由康德克服康德的努力；不是从他面前撤退或试图绕过他”。[32] 这固然正确地呈现了巴特思想的其中一个维度，但巴特回应康德的挑战，并不像黑格尔、谢林、施莱尔马赫那一代德意志观念论者那般受康德批判认识论的局限。巴特最重要的目标之一，乃是将自己从整个十九世纪的后康德观念论传统区隔开来。

许多后康德学派的巴特研究者会用康德超验论证（transcendental arguments）的思维模式（*Denkform*）来解读巴特成熟时期的本体论。[33] 我们稍后会看见，这是对巴特的误解。如我们在第一章所见，康德的超验论证将“上帝”等形而上观念当作理论理性的**规约原则**（regulative principle/*regulatives Prinzip*）：在理性的理论用途中，上帝的实存是无可证实或证伪的，我们只能将这观念当成理论的设准（postulate/*Postulate*），用以整理、解释实际的经验。康德区分“意见”“信仰”“知识”：信仰不同于意见，意见可以完全主观而不需根据，而信仰则带有相当程度的确据；但信仰的确据并不足以将其证成为理论理性的知识——这种知识必须由先验综合判断证成。如此，在康德的超验论证当中，上帝是理论理性的**设准**，是**信仰**的对象，而非思辨知识的**后思**或**反思**对象。

---

32. Ibid., 465.

33. 例如：George Hendry, “The Transcendental Method in the Theology of Karl Barth,” *Scottish Journal of Theology* 37 (1984): 213–227。

巴特在1936年的《恩典拣选》当中，用康德的术语拒斥了超验论证的思维模式。他以《罗马书》9：11–13的解经展开全书的论述。传统改革宗神学通常将这段经文视为双重预定（double predestination）的经证（prooftext）。巴特开宗明义地采取了不同的见解，主张这段经文必须置于罗马书9–11章的上下文当中来诠释，宣称在“这概念［预定］明确或隐晦地出现”的所有经文中，预定论“始终扮演的角色，是对其他确切宣告的至高诠释，是强而有力、诚然具有决定性，且不容忽视的。它的出现及重要性，并非为其自身，而是为了这些其他的宣告，就像食物当中的食盐，而非食物本身”。[34] 这隐喻是要表示预定论“必须立于所有基督教思考的开端与背后，但它不是描述人如何与神联合相通的第一个环节”。[35] 用康德的术语表述之：“预定论不是构成（*konstitutives*）而是规约原则（*regulatives Prinzip*）。”[36]

巴特笔下“规约原则”一词的用法，可能出自他在马尔堡师从赫尔曼时所学到的新康德主义。新康德主义最大的兴趣不在于康德的道德形而上学，而是超验观念论局限之下的超验论证。如上所述，“规约原则”指涉一种理论理性的原则，此原则设准某事物的实存，进而整理并诠释实际的经验。[37] 相较之，“构成原则”（constitutive principle）则是对某可感知或可直观的事物的实存断言。巴特使用这套术语所要表达的是，上帝永

34. Karl Barth, *Gottes Gnadenwahl*（Munich：Chr. Kaiser, 1936）, 4.
35. Ibid., 35.
36. Ibid.
37. 欲了解马尔堡新康德主义可能对巴特造成的影响，见 Johann Lohmann, *Karl Barth und der Neukantianismus*（Berlin：de Gruyter, 1995）。

恒的预定行动不似信心、悔改、顺服等可观察的经世之恩；预定之为永恒行动，对于堕落历史时间中的世人而言，是无可直接感知或直观的。基督的死与复活所间接启示的双重预定，是我们解释人在信心与顺服中之实动自由的普遍原则。如此，预定论乃是对上帝在基督里（*in Christo*）一次成就而永远有效（once-for-all），又借由圣灵一次次（again and again）在我们里面（*in nobis*）重演之具体恩典的实动事实（*Tatsache*）的后思（*Nachdenken*）。

此"后思"并不是某种（新）康德主义的超验论证。预定论诚然以上帝在拣选的永恒行动中不可改变的存在与本质为探究对象，而这不是某种（新）康德主义的理论设准。巴特坚持，预定论乃是属乎上帝论的教义，且"在救恩的经世之工当中没有任何专属的位置"。[38] 而由于人的理性必须承认上帝为无与伦比之至大者、不可弃存扬升的主体，所以"上帝的不变性是全然不容质疑的"。[39]

这与康德的超验观念论有根本的差异。如稍早所述，康德认为上帝之为理论理性的设准，乃是信仰的客体（*Objekt*），而非知识的对象（*Gegenstand*）。巴特在十九世纪主流思想史观点的影响下，认为康德在信仰与知识之间划下了一道鸿沟，而巴特拒斥了这道鸿沟（正如巴特不接受必然理性真理与偶然历史事实之间的二分：上帝的真理是又真又活的，不是抽象的形而上真理）。巴特站在安瑟尔谟的肩膀上，坚持**知识**乃是由**信仰**

38. Barth, *Gottes Gnadenwahl*, 35.
39. Ibid., 47.

（*fides*）与**理解**（*intellectum*）所构成：对永不改变之自存上帝的**信仰**，乃是**理解**祂真理的必要出发点，这信仰的对象如先前所见，是“全然不容质疑的”。

当然，巴特也强调，堕落的人在变幻的时空当中，只能透过人的变迁性来间接反思上帝的不变性，因此我们不能回避神在基督之“成”肉身的**生成**（becoming）中所启示的永恒**存在**（being）。[40] 如此理解巴特的预定论，其实就是巴科所述的“思辨”神学：从信仰出发，在基督的亮光中反思上帝的不变性，以达到“绝对确定”的知识。[41]

巴特以思辨式的后思、反思为框架，强调预定论不可被当作某种关于上帝不变性、全能，或自由的抽象（abstract）理念。掌握预定论的概念，意味视其为具体（concrete）的恩典，贯穿圣经所见证的一切上帝之工，而不是将它当作恩典的实动性之外的某种抽象第一原则：“唯当它由这宣告构成时，预定论才是圣经的教义。一旦它成为独立的命题，它就会立刻失去其圣经基础以及在教会当中的居住权：不论这命题是关乎上帝的主权与不变性，或者神圣宇宙性计划的意义与内容，或者各人分别不同的本质与宿命。”[42]

因此巴特主张，预定论乃是对圣经所见证的实动恩典的后思阐释（*explicatio*）——“这是预定论全面且基本的含意”。[43] 恩典乃是“父神自由的慈惠，在其中上帝在时间当中且向着永

40. Ibid., 48.
41. Baark, *The Affirmations of Reason*, 257.
42. Barth, *Gottes Gnadenwahl*, 5.
43. Ibid., 6.

恒，收养我们成为祂的儿女，并以此身份恩待我们”。[44] 换言之，恩典是上帝自由而慈爱的**永恒**决定以及那决定在**历史时空**当中的实动性之间的相互呼应（correspondence/*Entsprechung*）。如此，恩典使我们得以认识上帝在预定的永恒**行动**中的完美**存在**。

在具体恩典的亮光中，我们发现上帝“永恒的旨意”显明于三重相互区别又不可切割的时态：完成式、现在式、未来式。[45] 恩典在受造时间中的实动性，间接向我们揭示上帝永恒之所是。“我们无可一步登天达到隐藏的上帝（*Deus absconditus*）那里”，换言之，“我们无从触及永恒自身”。[46] 然而，“我们必须也可以把握住启示的上帝（*Deus revelatus*）”，而由于我们凭信知道隐藏与启示的上帝是同一上帝（我们无法理性地想象别种可能的上帝实存模态，因为就概念必然性而言，上帝是无与伦比之至大者，祂无可弃存扬升的主体性意味祂无可经历任何黑格尔主义所论述的自我疏离），我们诚然得以借由知道上帝在时空中为我们所成就及所进行的工，因而认知上帝永恒的旨意与本质。[47] “上帝的永恒谕旨及我们的时间之间的关系，乃是一个同一（*Identität*）的关系”，这“同一性”唯独在神-人的基督里“对我们成为可认知的”。[48]

这一切皆意味，“上帝的恩典拣选……不是理性必然性（*Denknotwendigkeit*）”。[49] 此处“理性必然性”一词并非否认上

---

44. Ibid.
45. Ibid., 45.
46. Ibid.
47. Ibid., 参 Baark, *The Affirmations of Reason*, 189–228。
48. Barth, *Gottes Gnadenwahl*, 45.
49. Ibid., 11.

帝之为无与伦比之至大者的概念必然性。这（新）康德主义的用语是指康德所谓的分析判断，即主语在概念上已涵盖谓语的命题（例如：男人都是男的）。这种判断固然必然为真，但这种恒真句或同意反复不会提供任何新知识。

上帝不可弃存扬升之主体性的概念必然性，在概念上并不必然涉及上帝的拣选。拣选是上帝意志的决定，并非上帝存在的必然因素或构成性因素。正因上帝不可弃存扬升之主体性是概念上的必然性（上帝必然实存，且必然以上帝之为三一上帝的本质作为祂实存的方式），所以外在于（*ad extra*）上帝本质的拣选行动不是概念上的必然性，也不可能是。因此恩典拣选的教义不可能是任何概念必然性所推论出来的结论。

当我们如此理解巴特，我们就排除了修正学派的诠释：如稍早所述，这派学者采取一种类似黑格尔的后康德观念论进路，认为上帝的**本质**在巴特的“实动本体论”及“基督中心本体论”当中乃是被上帝**行动**所规定、构成的。麦科马克学者采取了后康德的诠释框架，在超验观念论的局限下，不允许巴特对上帝永恒自存而不可改变的**本质**进行任何知识断言。当巴特这么做时，他们就认为巴特违背了自己的认识论，而他们认为自己必须对他“提出批判性的纠正”。[50] 修正学派的后康德诠释断定，除非上帝的本质是由祂**为我们之存在**（being-for-us）的生成行动所构成的，否则我们就无从认知祂的本质。这无非是

50. Bruce McCormack, “Grace and Being: The Role of God’s Gracious Election in Karl Barth’s Theological Ontology,” in *The Cambridge Companion to Karl Barth*, ed. John Webster (Cambridge: Cambridge University Press, 2000), 193.

将巴特解读为另一位类似黑格尔的后康德时期观念论者。然而，正如稍早所见，巴特实动本体论的出发点是安瑟尔谟式的信仰，这信仰是初始状态的知识，其对象是三一上帝不可扬弃的本质。我们接下来便会发现，尽管巴特诚然反对传统拉丁形而上学的实体主义，但他笔下上帝之为“行动中的存在”（being-in-act）的概念，不可被曲解为“作为行动的存在”（being-as-act），好似上帝在基督里成为**为我们的存在**（being-for-us）的行动规定、构成了上帝在其自身与**为其自身的存在**（being-in-and-for-Godself）一般。

四、巴特笔下的实体文法：*Natur* 与 *Wesen*

对于巴特笔下广泛使用的实体主义用语，修正学派有一普遍误解，反映于琼斯的论述。他认为在巴特成熟时期的著作中，“*Natur* 及 *Wesen* 不扮演任何有意义的角色”。[51] 琼斯跟随麦科马克，忽略了巴特如何在本体文法上使用 *Natur*、*Wesen*（本性、本质）以区分人类存在的本体构成与历史规定。

当然，诚如麦科马克（以及琼斯与尼莫）所指出的，巴特的“实动本体论”有别于“实体本体论”。[52] 巴特强调，人类存在的实动实存模态（actual mode of existence）并非无可避免地由其与生俱来的本性所预先决定。然而麦氏进而声称，巴特“将‘本性’理解为抉择与行动之变数所构成的函数”。[53] 这种诠

51. Jones, *The Humanity of Christ*, 33.
52. Bruce McCormack, *For Us and Our Salvation*: *Incarnation and Atonement in the Reformed Tradition*(Princeton: Princeton Theological Seminary, 1993), 21.
53. Ibid.

释暗示，巴特以一种形而上学取代了另一种形而上学，这无非误解了他的用意。

的确，巴特认为 *Natur*、*Wesen* 等实体主义词汇需要重新定义，但他并非简单地将其“历史化”（黑格尔式的历史主义也是一种形而上学：它假设人类的意识及宇宙的逻辑本质之间有一种本体连结，以致人类能够对形而上真理进行思辨）。他意欲避免的是以形而上学为进路，在某种广泛人论的框架下定义人性，或以某种对“神”的广泛概念为出发点来定义神性。然而，他保留了古典本体论对“本性”的定义，亦即使万物各从其类的形式因。甚至到了 IV/2（麦科马克认为这属巴特的本体论彻底“历史化”的时期），巴特仍保留了此实体主义文法：“‘人类本性’很简单地指涉那使人之为人的，有别于上帝、天使或动物的……，即他的 *humanitas*（人性）”。[54]

英语及德语二次文献甚少注意到，巴特使用实体词汇的方式基本上与拉丁传统的标准定义一致。他指出，在西方神学当中，“上帝的本质（*Wesen*）就是指上帝的存在（*Sein*）之为神性的存在”。[55] 拉丁神学“本质”（*essentia*）一词，主要指涉“存在”。*Essentia* 亦可在间接意义上被称为 *natura*（本性），因为一件事物必须透过固定的 *essentia*——亦即某抽象形式在其中“拥有实存（*esse*）”的具体主体——方能成为“可智知”

54. Barth，*CD* IV/2，25. 由于本文处理英语巴特研究的争议，因此注脚主要使用《教会教理学》英译版，在翻译有误或不清晰处，会对照原文。英译：Karl Barth，*Church Dogmatics*（以下缩写为 *CD*），4 volumes in 13 parts，ed. T. F. Torrance and G. W. Bromiley（Edinburgh：1956–1975）；原文：Karl Barth，*Die Kirchliche Dogmatik*（以下缩写为 *KD*），12 part-volumes（Zurich：TVZ，1980）。

55. Barth，*CD* I/1，349；*KD* I/1，369.

(intelligible)者。[56] 在较严格的意义上，*essentia* 是已然实动的实存主体，而 *natura* 则是该主体的潜动性。*Natura* 唯有透过 *essentia* 作为其主体方得实存。

巴特基本上采用了这套拉丁词汇，分别用德文 *Wesen* 及 *Natur* 直译 *essentia* 及 *natura*。德文 *Wesen* 与英文 essence 意涵稍有不同：*Wesen* 同拉丁文 *essentia*，主要指涉“存在”，其次亦可在“本性”(nature)的意义上指涉“本质”，但德文 *Natur* 才是拉丁文 *natura* 的直译。[57]

由此可见，琼斯声称希腊实体主义“*physis* 的概念”在巴特著作中“被译为 *Natur* 及 *Wesen*”，其实误解了巴特的专有名词。[58] 琼斯认为“*Natur* 及 *Wesen*”在巴特笔下“基本是同义词”。[59] 然而如稍早所见，巴特的实体主义词汇源于拉丁传统，而非直接译自希腊文。正如 *natura* 及 *essentia*，*Natur* 与 *Wesen* **有时**可作同义词使用，但并非**基本**如此。

五、“存在”的双层概念：*Wesen* 与 *Sein*

指涉“存在”这概念时，巴特有时交替使用 *Wesen* 及 *Sein* 二词。[60] 然而，二者在文法上的蓄意指(connotations)又各不相

---

56. Thomas Aquinas, *On Being and Essence* (*De ente et essentia*), trans. Robert Miller (1997), at [http://sourcebooks.fordham.edu/halsall/basis/aquinas-esse.asp], accessed 23 April 2017.
57. 总体而言，《教会教理学》英译本体现了巴特笔下 *Wesen* 一词的不同向度，例如将“*Gottes innerem, weigem Wesen*”(*KD* II/2, 102)译为“inward and eternal being of God”(*CD* II/2, 95)。同一个字在他处亦译为“nature”(*CD* I/2, 53)。
58. Jones, *The Humanity of Christ*, 31.
59. Ibid., 18n.
60. 例如：Barth, *KD* II/1, 300。

同。*Wesen* 源于实体主义，是 *essentia* 的直译，而 *Sein*、*Dasein* 在文法上则无那般沉重的古典包袱。

巴特在 *Wesen* 与 *Sein* 之间的区分，显然不同于传统形而上学，后者将 *Sein* 当成 *Wesen* 最主要的涉指。巴特的区分乍看之下与黑格尔颇为相似。如我们在第二章所见，在黑格尔的词汇中，*Wesen*（本质）意指某事物的概念性基础：它是该事物之为其真实所是的（亦即它终将成为的）型态，乃它在现显（*Schein*）之帷幕背后对其自身的规定（*Bestimmung*）。*Sein*（存在）则是显现中的本质，透过偶然、无常、非理性等自我隐藏的帷幕，以现象的型态自我揭示。[61] 换言之，*Schein* 乃现象的帷幕，本质透过它而显现（*scheint*），而 *scheinen* 这动词则专属 *Sein* 这主词（*Sein* 与 *Schein* 在字源学上并无关连）："存在"乃是由"显现"的行动所**规定**的。

巴特使用 *Sein* 一词来建构"行动中的存在"（*Sein-in-der-Tat*）这概念，在文法上似乎与黑格尔颇为相似，但二者有一截然不同之处。论及上帝时，巴特彻底切割了 *Sein* 与 *Schein* 之间的本体文法关连。他清楚划分上帝内在于本体（*ad intra*）的本质与外在于本体（*ad extra*）的行动。就连道成肉身之事件作为上帝外在的行动，都不可被视为上帝本质在现象界中的 *Schein*：基督完全是上帝、完全是人、真是上帝、真是人，祂用世俗（*welthaftig*）的帷幕全然自我隐藏，以致在圣子的位格中向世俗中人启示上帝完整的存在与本质。在基督神人二性之间，有一

61. 见 Michael Inwood, *A Hegel Dictionary*（Oxford: Blackwell, 1992）, 39。

不可磨灭的区别，乃创造主与受造者的区别，以致上帝“不可改变”的本质不可能在任何黑格尔主义的意义上“显现”。[62] 巴特清楚地否认上帝的“存在（*Sein*）、言说、行动仅仅是”上帝永恒不变之本质的“现显”（*Schein*）。[63] 在“神性与神性之现显（*dem Schein-Göttlichen*）间”有着天壤之别：后者必须被视为“妖魔者”。[64]

但论及受造物，巴特则采用了黑格尔的文法，主张**存在**于其历史之**现显**中，既可彰显亦可违背其**本质**。[65] 正因如此，巴特前后一致地使用 *Sein* 而非 *Wesen* 来描述人在“败坏景况”中彻底而全然罪恶的“存在”。[66]

稍早解释过，在巴特的神学文法当中，*Wesen* 一词源于实体主义传统，意指具有本性（形式因）的实体。他坚持，罪全然违背受造的本性；罪在本性中没有任何实存空间。他使用 *Wesen* 一词的方式也因此不同于黑格尔。黑格尔将事物的本质定义为该事物在其进程的最终动相终将成为的型态，而在巴特人论当中，*Wesen* 则同时涵盖实体与过程的双重层面。经世三一（economic Trinity）完美地对应于本体三一（immanent Trinity），却又始终有不可磨灭的区别：祂为我们（*pro nobis*）所作的工有三重时态，这并非上帝之工的三部分，而是同一个现实的三重独特却又不可分割的向度。在其**完成式**当中，我们

62. Barth, *CD* II/1, 496.
63. Ibid., 参 Barth, *KD* II/1, 558。
64. Barth, *CD* II/1, 409. 参 *KD* II/1, 461。
65. 例如：Barth, *CD* IV/1, 90–91; *KD* IV/1, 96。
66. Barth, *KD* IV/1, 492.

的本质是上帝的恩约在耶稣基督里用以规定人类存在的本性，这是已完成而不可改变的。在**现在式**与**未来式**当中，上帝以圣灵的位格在我们里面（*in nobis*）一次次以崭新型态重新上演基督已然完成因而在某种意义上不可重复的工作，而在此过程中，我们的本质乃是我们于世界终末终将成为的型态对我们历史性存在的规定。实体与进程文法所表达的三个时态对人类当下存在的规定，并非不同的本质，而是同一本质的辩证型态。

但由于我们在基督里被规定的本质是不可改变的上帝之工，因此罪没有任何能力来改变或介入我们的本质。罪属乎行动的范畴，而非本质或本性。罪之行动的主体是历史性的存在（*Sein*），仅能以黑格尔的过程文法描述之，而非实体文法所表达的本体意义之本质（*Wesen*）[67] 巴特以“本体上的不可能性”（*ontologische Unmöglichkeit*）这著名术语描述罪，正是出于这原因。

六、巴特笔下的过程文法：“规定”

巴特笔下另一个与“存在”这概念息息相关的关键词即上述“规定”（*Bestimmung*），借自黑格尔而有别于黑格尔。本书第二章已解释这专有名词在黑格尔笔下的用法，在此不妨简略复习。在某种意义上，我们可将这艰涩的词汇理解为黑格尔用以修正实体主义所述之“本性”与“本质”以及康德笔下机械式的“构成”（*Beschaffenheit*）的独特修辞。黑格尔认为这种对

67. 参 Wolf Krötke，*Sin and Nothingness in the Theology of Karl Barth*，eds. and trans. P. Ziegler and C. Bammel（Princeton：Princeton Theological Seminary，2005），73。

实存世界的描述是无机而静态的，无法体现宇宙及历史的有机性。在关系主义的向度上，“规定”是指“某事物在其与某个他者的关系中所彰显或树立的特质或特征”。[68] 在历史主义的向度上，“规定”乃“某事物之本质本性（essential nature）”在历史辩证过程中的“揭示”（uncovering）。[69] 黑格尔认为上帝需要世界方能自我实现为上帝，而巴特虽拒斥这种形而上学，却有所保留地采用“规定”一词的文法来建构自己的实动本体论。

论及“人性”时，巴特将“本性”这源于实体主义的词汇实动化，定义其为从上方（*von oben*）由上帝与人在基督里的恩约历史对人之存在的规定。其之为“规定”，乃在于它是由恩约历史所启动的本质，在其外又在基础（受造界）上于终末之瞬间方得圆满地实动化。

“本性 / 自然”（*Natur*）在文法上由创造之工所定义，这与拉丁基督教本体论的实体主义一致。巴特在这文法之上，进一步将恩约历史定位为创造的内在基础、创造为恩约的外在基础，进而克服他在奥古斯丁传统之实体主义当中所看见的自然-恩典二元割裂。一反奥古斯丁，巴特坚持本性 / 自然作为上帝造物时所赋予万物的形式因，在本体上与基督复和之恩约历史是互为基础、相辅相成的；受造历史上从未有过某种不需基督救恩的黄金时代。换言之，在巴特的论述中，本性 / 自然从来就不是在本体上先于基督因而独立于祂的救赎所受造的。恩约历史

---

68. Stephen Houlgate, *The Opening of Hegel's Logic: From Being to Infinity* (West Lafayette: Purdue University Press, 2006), 348.

69. Terje Sparby, *Hegel's Conception of the Determinate Negation* (Leiden: Brill, 2015), 200.

规定了其外在基础的自然本性。[70]

如此重新定义 *Natur*，就意味 *Wesen* 也随之被实动化了。巴特保留了古典拉丁实体主义当中 *natura* 及 *essentia* 的文法关系：本质（*essentia*）是上帝所创造并赋予良善本性（*natura*）的实存行动者（agent）。但既然 *Natur* 在巴特笔下是指上帝以恩约历史对受造本质所赋予的规定，那么 *Wesen* 就不再只是柏拉图式静态观念的实存主体了。人的 *Wesen* 被耶稣基督又真又活的具体历史所规定，在本体上与那充满恩典的历史相互对应。

由此可见，当巴特坚持人的本性在堕落后仍旧全然良善，并一贯不使用 *Wesen* 来指涉人在罪中的存在时，他所表达的内容包括了实体主义传统所论述的受造善性，却又不只如此。在广泛奥古斯丁传统的本体论框架下，若称本性自身为罪恶的，就意味上帝创造了罪，或者罪是某种自存的神祇（因为终极而言，实存的**存在**于本性上若非受造，即为自存）。巴特采纳了这套实体主义文法，主张人之受造本性在堕落景况中，于其自身仍是良善的。

然而，当巴特贯彻奥古斯丁的见解时，对奥氏所述“本性腐蚀”（*corruptio*）一说提出了反驳。巴特认为，这种在实体主义框架下发展的非本体论学说“颇站不住脚”，因为“圣经指控人为彻头彻尾的罪人，但从不否认其完整而未被改变的人性，即上帝所造为良善的天性”。[71] 奥古斯丁传统下的思想家仅声称人类本性在败坏景况中残存的部分仍为良善，但巴特则强调人

70. 参 Krötke, *Sin and Nothingness in the Theology of Karl Barth*, 73。
71. Barth, *CD* IV/1, 492.

类“从未失去上帝所造的良善天性——连一部分也没有”。[72]

巴特坚持，唯有造物主能改变受造者的本性。[73] 如此，若称人性已然被罪腐蚀，那么就算其残存部分仍是良善的，它还是被改变了。这要不就意味上帝是人性败坏的始作俑者，要不就意味罪具有某种能与上帝匹敌的神性，能扭曲上帝所赋予人的本性。这正是当年摩尼教在其预设上所无可避免的两种可能结论，而巴特随奥古拒斥了这两种结论。正因如此，巴特反对奥古斯丁的非本体论，坚持良善人性在堕落景况中仍全然完好无缺。

但巴特绝非人性乐观主义者。他强调，人的“存在”在“腐朽的景况”中是全然而彻底败坏的。[74] 一方面，人的存在“从上方”被耶稣基督里“上帝与人强而有力并至高的实在性”所规定——这“从上方”的规定正是人之“本性”所指涉的。[75] 另一方面，“从下方，它［人的存在］不断地”被实动的罪行“以一种邪恶但非常可感知的（very palpable）方式”所“规定”。[76]

上述“从下方”与“从上方”的规定背道而驰、水火不容，但二者却同时全然而非局部地规定人完整的存在（*Sein*）。在这套辩证实动主义的本体人论框架下，巴特宣称人的存在同时彻底由罪所规定而全然败坏，其本质于败坏的景况及罪恶的历史中却又全然良善而完好。当然，巴特有时会在较不严谨的意义

72. Ibid.
73. Barth, *CD* IV/2, 421.
74. Barth, *CD* IV/1, 492.
75. Barth, *CD* IV/3, 477.
76. Ibid.

上谈及人性的败坏或扭曲，但在这类论述中他经常会澄清，在严格意义上罪乃“非本性”(*Unnatur*)，全然外乎于人之“本性”而与其相敌。[77]

七、*Analogia Relationis*：实动的类比

本文至此仅讨论了上帝在基督里所作的工如何规定人类的本质。但巴特的本体人论绝非仅此而已：他与多数十九世纪现代基督教思想家不同，大胆地跟随奥古斯丁–安瑟尔谟传统，追溯人性本质的本体根源直至上帝的三一性。然而我们必须强调，巴特以三一论为基础而反思人性中的上帝形像（*imago Dei*），与奥古斯丁著名的“三一圣痕”(*vestigium Trinitatis*，人性中的上帝形像作为三一的本体痕迹）有重要差异。尼莫正确地提醒道，虽然“在耶稣基督里所揭示的上帝及真人间的关系乃类比于圣父及圣子先存的三一间（intra-trinitarian）关系”，这类比并不属于“任何存在的相应性或类似性，即 *analogia entis*（本体类比），而在于巴特所谓的 *analogia relationis*（关系类比）”。[78]

巴特在 III/2 提出了“关系类比”的关键论述，作为他从实动主义的角度对实体主义中上帝与人之本体类比的批判。虽然“本体类比”一词几乎被视为托马斯·阿奎那的专利，但斯宾塞（Archie Spencer）正确指出，是奥古斯丁在西方神学史上正式启用了本体论的类比用语。[79] 奥古斯丁援用的柏拉图主义“形

---

77. Barth, *CD* IV/2, 26; *KD* IV/2, 26.
78. Nimmo, *Being in Action*, 89.
79. Archie Spencer, *The Analogy of Faith: The Quest for God's Speakability* (Downers Grove: IVP Academic, 2015), 22.

像”一词暗示，在人的存在与三一上帝的存在之间有一本体上的相似性，容许他以类比法言说上帝。

当然，奥古斯丁也说明，唯有基督在“同质”（consubstantial）的意义上**是**上帝的形像，而其他人皆只在“似质”（substantial likeness）的意义上被赋予上帝形像。[80] 但巴特仍认为，奥古斯丁的类比法妥协了他以“从无创有”之说所强调的造物主与受造者之本体差异。从 III/2 开始，巴特一贯坚持上帝在人身上的形像非耶稣基督莫属。

在此需要注意的是，巴特成熟时期使用“上帝形像”一词，与他早期及至 1930 年代初期的用法有显著差异。在 I/1 当中，他仍采用奥古斯丁传统对“上帝形像”的定义，视其为“上帝与人类之间的接触点”以及人类认识上帝的“能力”，而他一反主流拉丁基督教传统，声称人类里面的上帝形像已全然被罪毁灭了。[81] 这正是他拒斥自然神学的因由：上帝与人类之间没有任何本体的类比。[82] 然而他在此时期也已经开始强调，人类里面的上帝形像遭到毁灭后，仍保有良善的**本性**。他在同一段论述中解释：“就连在罪人里面仍依旧残存的……，乃是人的

80. 参 Gerald Boersma, *Augustine's Early Theology of Image: A Study in the Development of Pro-Nicene Theology*（Oxford: Oxford University Press, 2016）, 206–207。

81. Barth, *CD* I/1, 238.

82. 巴特对自然神学的批判是否公允，乃是一个“开放的问题”，参 Wolf Krötke, “The Humanity of the Human Person in Karl Barth's Anthropology,” trans. Philip Ziegler, in John Webster, ed., *The Cambridge Companion to Karl Barth*（Cambridge: Cambridge University Press, 2000）, 167; Eberhard Jüngel, “Die Möglichkeit theologischer Anthropologie auf dem Grunde der Analogie,” in *Barth-Studien*（Gütersloh: Mohn, 1982）, 210。

recta natura（良善本性）。”[83] 尽管没有任何实动的“*rectitudo*”（善）能够从这本性发出——连“潜动的型态”（*potentialiter*）都不可能——我们仍然必须承认，人类并未失去良善的本性。[84] 在此我们注意到，巴特在 I/1 论述“上帝形像”时，已经采取了一种反实体主义的理解：他坚持，人类良善的**本性**无法规定人类实动存在的**善行**。

问题是，倘若上帝与人类之间没有任何具体的类比，那么人就不可能思辨、言说上帝。巴特否定了奥古斯丁–阿奎那传统的本体类比，同时又肯定了奥古斯丁–安瑟尔谟传统的“信仰类比”（*analogia fidei*）：巴特将此解释为上帝**存在**本身以及人类意识当中上帝之为至大者的**概念必然性**之间的类比。然而，在 1930 年代初期，他仍无法以一套具体的本体论框架来描述这类比。甚至在 1936 年的《恩典拣选》中，他也只能泛泛地将人类的自由描述为人类决定对应于上帝预定的类比，但这已经隐含了他在 II/1-2 所提出的自由观，以及 III/2 在此自由观上所建构的“关系类比”。

巴特在《恩典拣选》中提出，真正的人类自由，乃在于人借着信心与顺服，在实动的决定、行动、关系中呼应上帝的拣选。上帝恩典的主权并不否定人的自由，反而将人的自由实动化。因此实际蒙拣选的人，是从宿命与任性意志（caprice/*Willkür*）中得自由的人。“人在其自由的决定中，是上帝预先决定的对象：他岂可透过上帝的预定从这决定被释出，而他又如

83. Barth, *CD* I/1, 238.
84. Ibid.

何能不被上帝的预定无可抗拒地挑战并促使作出一个全然定规（*bestimmte*）的决定？”[85]

巴特此处借用了黑格尔的用语：如本书多次解释的，一件事物只有在复和的辩证过程与异在所建立的关系中才成为“定规”（determinate/*bestimmt*），而这过程涵盖了弃存扬升的否定性。当巴特以“定规的决定”形容人类自由时，他是指人类意志在行动上重演上帝在耶稣基督里对罪所宣告的“不”与对恩约伙伴所宣告的“是”。他将这在我们里面重演的当下实动拣选形容为上帝永恒拣选的“类比”（*Gleichnis*）与“重复”（*Wiederholung*）：“他［自由之人］会选择信仰，而他这样的决定会成为上帝之预定的类比，以及耶稣基督里的谕旨的重复，他借着祂从上帝的左手过渡至右手，从死亡以至生命，从恐惧以至盼望。”[86]

上帝是自由的。祂在三一内在之爱的关系中是自由的，而祂在祂与恩约伙伴的外在关系中，也是自由的。上帝内在关系与外在关系之间的类比，正是人类得以认识、言说上帝的关键。在这基础上，巴特在 III/2 重新定义“上帝形像”。他解释道，他笔下“‘形像’一词”是指“两段关系之间的相应性与相似性”，亦即“上帝之存在以内的关系”以及“上帝之存在与人之存在之间”的关系。[87] 这“不是……一个 *analogia entis*（本体类比）”，而是 *analogia relationis*，在其中上帝之为“三一上帝”

85. Barth, *Gottes Gnadenwahl*, 31.

86. Ibid., 31–32.

87. Barth, *CD* III/2, 220.

的“自由”与“祂作为人的创造主……而借之建立创造主与受造者之关系的自由”，是完全“同一的自由”。[88]

创造主与受造者的关系作为“神圣原版”（三一间关系）的“复刻版”，非耶稣基督莫属：祂完全是上帝，完全是人；真是上帝，也真是人，而在祂里面所独有的神人二性关系，意味祂就是独一无二的上帝形像。[89]“上帝在这外在关系中重复了一段在祂的内在神圣本质中单属于祂的关系。祂进入这段［外在］关系，并制造了祂自己的复刻版。”[90]唯有在这意义上，人之本质因着被耶稣基督里的神人恩约所规定，所以可谓按照上帝形像受造并在其本性中拥有上帝形像。正如父、子、圣灵永恒地**为**彼此而存在，“这［由上帝所造之］人的本质就是为着上帝而存在”。[91]

上述“关系类比”为巴特提供了**思辨神学**的可行性。基督的神人二性向我们揭示了三一上帝的本质，亦即三一关系中的爱与自由。但巴特如何理解基督神人二性之间的具体关系？道成肉身的历史行动，又如何向我们启示上帝不可扬弃的永恒本质？这是我们接下来要讨论的问题。

八、上帝永恒的行动：拣选与道成肉身

巴特成熟时期的基督中心论转向，始于他在“道成肉身”的历史事件与上帝“拣选”的永恒行动之间所设定的同一性。我们若要准确地诠释他的基督中心本体论，首先必须明白他如

88. Ibid.
89. Ibid., 221.
90. Ibid., 218.
91. Ibid., 71.

何使用“同一性”与“直接性”等后康德时期观念论术语，发展“双重预定”(亦即“拣选”与“弃绝”)的教义。(见本书第二章关于“同一性”与“直接性”的解释。)

巴特在《恩典拣选》中借重好友茂理(Pierre Maury)发表于1936年的著名演讲，以“道成肉身”来诠释双重预定：“‘在耶稣基督里蒙拣选’——我们首先必须回到基督教信息的核心奥秘，即道成肉身，方得理解之。”[92] 这首先意味，拣选事件的核心是在我们以外(*extra nos*)的：“上帝以祂自己为开始，因此……是从我们以外开始的：是因着由永恒圣子与圣道的决定与行动……，使得这个人……在祂开始为人时，开始作上帝的圣子与圣道。这就是拣选！”[93]

巴特如此以道成肉身的事件理解拣选论，意味上帝永恒行动与历史行动之间的直接同一性：“这[道成肉身]就是拣选！而这就是我们的拣选之所是，全然直接且无中介(*ganz direkt und unmittelbar*)。”[94] 圣灵在我们里面(*in nobis*)所实动化之拣选的现在式，乃是基督已然在我们之外(*extra nos*)完美成就之工的重演(re-enactment/*Nachstellung*)。基督历史性的降生，直接而无中介地呼应于上帝永恒拣选之工的时间性行动。

如此，巴特拣选的本体论与认识论核心，便以一种哥白尼式的坐标转移，从我们的时间(our time/*unsere Zeit*)转移到上帝为我们的时间(God’s time for us/*Gottes Zeit-für-uns*)。在

92. Barth, *Gottes Gnadenwahl*, 15.
93. Ibid.
94. Ibid.

1936 年的基督中心论转向之前，巴特一直认为“道成肉身并不是一个永恒的关系”。[95] 然而他在《恩典拣选》中却宣称，基督的降生乃是“永恒”之为“上帝的时间……亦即真正而真实的时间”与历史之为堕落受造者的时间之间，直接且无中介地相遇交界之所在。[96]

巴特笔下的“直接性”或“无中介性”，乃是借自后康德时期德意志观念论及浪漫主义的术语。我们在第二章提到，康德的超验观念论经常被称为“对直接性的批判”，而费希特、早期施莱尔马赫、早期谢林等后康德时期的观念论者，采用了一些不同却又相似的“直接性”及“同一性”概念来论述神性与人性、无限者与有限者、具自我意识之“我”（*Ich*）的本质与行动等对偶，进而试图设定某种“上帝”概念的可知性。黑格尔的思想发展至 1807 年时，开始严厉地对“直接性”提出批判。[97] 如我们在第二章所见，为了克服直接性所导致的难题，黑格尔坚持，“中介”（mediation/*Vermittlung*）的过程对于人类自我认识为精神的绝对知识乃是必要的（施莱尔马赫后期也独立发展了一套关于“中介”的论述）。尽管如此，黑格尔仍认为上帝与世界之间有终极同一性，尽管并非直接同一。此终极而本质的同一性，将上帝约化为一个理性概念（concept/*Begriff*），使得受造物得以透过一种巴特坚定否决的形而上思辨（臆测）来映

95. Karl Barth, *The Göttingen Dogmatics*, ed. Hannelotte Reiffen, trans. Geoffrey W. Bromiley (Grand Rapids: Eerdmans, 1990), 155.

96. Barth, *Gottes Gnadenwahl*, 45.

97. G. W. F. Hegel, *Phenomenology of Spirit*, ed. Terry Pinkard and Michael Baur, trans. Michael Baur (Cambridge: Cambridge University Press, 2018), 12.

现上帝。

当巴特宣称基督里的拣选之永恒与历史向度的直接同一性时，他其实简明扼要地表述了一套非常复杂的神学本体论。他一方面借重黑格尔的洞见，以对抗十九世纪自由派神学当中那些诉诸“直接性”的思想，另一方面他也反对黑格尔哲学当中的那种形而上学的思辨型态。巴特诚然主张造物主与受造者之间某种同一性，且是直接的同一性，使得受造者能如巴科所描述的，“带着绝对的确定性，知道上帝就是祂所启示祂之所是”。[98] 然而，这同一性除了全然个殊的耶稣基督外，别无他者。在耶稣基督里，三一上帝不可弃存扬升的主体性被揭示为上帝之爱的自由。上帝之为不可弃存扬升的主体，乃是伟大无可复加的至大者，因此我们意识当中对上帝的概念，不可能是上帝之自身，而是人类意识透过**信仰类比**呼应于上帝不可改变的存在。上述的同一性在历史实动的启示中，因此便必然具有纯理性（noetic）的“双重间接性”（引用 I/1 的用语）。[99] 如此，巴特神学当中“思辨”方法的特有型态，就避免了德意志观念论将上帝约化为理性概念或将人类意识提升至神格地位的倾向。

九、上帝的自我规定：拣选与三一

以上讨论内容暗示，修正学派主张拣选的行动构成上帝的三一本质时，误解了巴特笔下“规定”一词背后的文法。他们几乎一贯地视“规定”为存在之本质的“构成”。杭星格尔在

98. Baark, *The Affirmations of Reason*, 257.
99. Barth, *CD* I/1, 168.

英语巴特研究的“三一拣选之争”（Trinity-election debate）初期，即已就此问题纠正了麦科马克。[100] 然而修正派学者仍一再重复同样的错误，利用巴特笔下“神圣自我规定”（divine self-determination）的用语辩称他视拣选为“上帝之存在的构成或必然向度”（constitutive or necessary aspect of God’s being）。[101]

笔者在这节讨论中，将澄清巴特成熟时期借用黑格尔“规定”（determination/*Bestimmung*）、“定规性”（determinacy/*Bestimmtheit*）术语的方式。我们可以从《恩典拣选》当中“实动性”（actuality/*Wirklichkeit*）与“圆满”（consummation/*Vollendung*）的用法谈起。

巴特受黑格尔的生成形而上学（metaphysics of becoming）启发，主张基督所**成为**因而所**是**的肉身中的道（*Logos ensarkos*），是由祂已成就并于现今持续做成的工作所规定的（换言之，“行动”规定“存在”）。这在体性（ontic）的真理意味，在纯理性（noetic）层面上，我们无法在基督的工作以外认知基督的位格。因此，单是借由道成肉身来理解上帝自我规定的永恒拣选行动，是远不足够的。奥古斯丁及加尔文早已在某种意义上诉诸“道成肉身”以建构“拣选”的概念，而巴特认为自己在这点上乃跟随他们的脚踪。[102] 然而，巴特认为他们未能在基督的亮光中诠释“弃绝”。

100. George Hunsinger, “Election and the Trinity: Twenty-Five Theses on the Theology of Karl Barth,” *Modern Theology* 24 (2008): 181.
101. Matthias Gockel, “How to Read Karl Barth with Charity: A Critical Reply to George Hunsinger,” *Modern Theology* 32 (2016): 260.
102. Barth, *Gottes Gnadenwahl*, 15.

若要理解“预定”为“双重预定”，拣选与道成肉身的同一性仅为必要，却非充分条件。巴特主张，“在基督里蒙拣选”的第二层含意在于，“这将我们指向源自耶稣基督之复活的对拣选的认知”。[103] 在此他发现自己抵达了基督教思想史尚未开拓的领域。[104] 问题是，基督的**复活**如何揭示道成肉身的概念，以至双重预定的启示真理，特别是令人费解的“弃绝”教义呢？巴特以十架神学的模式提出答案：“道成肉身之圆满（*Vollendung*）的完美而无局限的实动性（*Wirklichkeit*）……乃是耶稣基督的受苦与死亡。”[105]

此处 *Wirklichkeit* 一词借自黑格尔，如本书第二章所解释，这词汇尚无标准中文翻译，有作“现实性”“实在性”等，笔者以为“实动性”最为贴切。简言之，“实动性”乃某个主体发展至圆满时的型态（*Gestalt*）。实动者即为理性者，而偶然的、非理性的东西仅仅是不具真正实动性的现象（*Erscheinungen*）。然而，黑格尔亦描述一个概念（*Begriff*）在现象中的偶然性为“直接实动性”（*unmittelbare Wirklichkeiten*）。只有透过现象的阶段，“直接实动性”才能发展为“圆满实动性”（*vollendete Wirklichkeiten*）。黑格尔笔下的“上帝”，即为完全实动者，祂作为精神的主体，扬弃了现象的动相，成为绝对者。这全然实动的绝对动相，就是“圆满”的阶段。

巴特固然拒斥这套过程形上逻辑，但他却在自己的本体论

103. Ibid., 16.
104. Ibid.
105. Ibid.

框架中使用了黑格尔的术语。他在以上那段引文中所要表达的是，各各他是道成肉身的本质性（*Wesentlichkeit*）：道成肉身是由十字架之理或合理性（*Vernünftigkeit*）所规定的。换言之，圣道所联取的肉身之所**是**，乃是由其所**成为**者规定——即被钉死于十字架的那人。巴特在 II/2 解释：

> “道成了肉身。”（约 1：14）此圣诞信息的表述，已然包含了受难节的信息。因为“肉身尽都如草”。如此，耶稣这人所蒙的拣选就意味，［上帝的］忿怒已被点燃，判决被宣告且最终行刑了，弃绝被实动化……从亘古以来，审判就已被预见——甚至在上帝内在荣耀的流溢当中……[106]

各各他之所以规定伯利恒之所是，乃在于十字架是弃绝的外在基础，而弃绝是十字架的内在基础。历史实动性万不能是对不改变之上帝的弃存扬升，所以上帝在各各他的历史实动临在以及上帝的永恒实动存在，并非两个分离的实动性（直接的与圆满的），而是同一个实动性在两个可区分又不可分离的实存模态中的彰显。

然而，基督之为圣子的荣耀在十字架上既然全然被隐藏，那么巴特在《恩典拣选》中紧接着必须回答的问题就是，各各他如何向我们揭示上帝的拣选，而不仅止于弃绝。[107] 拣选与道成肉身的相互呼应（correspondence/*Entsprechung*），是回答这

106. Barth, *CD* II/2, 122.
107. Barth, *Gottes Gnadenwahl*, 16.

问题的关键。首先，

> ……上帝在基督里使祂自己与有罪且会死的人合而为一，并将此人的罪与死联取于祂自己。但上帝与祂自己的一体性，即父与子的一体性，不能够被拆散，祂的荣耀也不能被消灭，就连真的是上帝的圣子现在真的是人的事实，都不能如此拆散、消灭上帝的一体性与荣耀……[108]

道成肉身的必然性，并非出于上帝的内在本质，因为这本质在其无可弃存扬升的主体性中是不改变的——上帝不需要外在的他者来实现祂的本质。凡当巴特论及上帝外在（*ad extra*）行动的必然性时，他皆不是指任何构成上帝本质的本体必然性。他在I/2解释，他所说的必然性是指“祂真实显明的旨意的必然性，即祂的定旨权能（*potentia ordinata*）”。[109] 此处“定旨权能”是拉丁经院哲学的术语，有别于“绝对权能”（*potentia absoluta*）。“绝对权能”是指上帝自身的权能，在其中祂所受的唯一限制，乃是祂自己不改变的本质（祂不能违背或改变自己的本质或属性）。“定旨权能”则是指上帝一旦立定任何旨意，任何在逻辑上（而非时间上，因为上帝永恒中的意志行动没有时间先后）后于该旨意的行动与决定，都必须以该旨意为前提并受其限制，因为上帝是信实的，祂的信实不能改变，祂也因此不能出尔反尔。在《恩典拣选》中，这意味圣子“必

108. Ibid.
109. Barth, *CD* I/2, 41.

须”成为人，“因为祂如此定意”。[110] 再者，虽然基督“所施行的是上帝自身的旨意”，但祂诚然“身为上帝施行了祂自己的旨意”。[111]

巴特在 II/2 解释，上帝选择进入的神−人关系“无疑是个外在于祂本体（*nach außen/ad extra*）的关系；因为这人［基督］以及祂所代表的人类乃是受造者，而非上帝”。[112] 然而，“这是一种不可收回的关系，因此一旦上帝定意进入它，并实际进入了它，祂就不再能够没有它而继续作上帝。这是上帝借以**自我规定**的关系，以致这规定之属于祂，完全不亚于祂**在其自身与为其自身**之所是”。[113]

这段文字显示，巴特论及上帝的“自我规定”时，是指祂之为**为我们的上帝**（God-for-us）的自我规定。他此处使用黑格尔术语“在其自身与为其自身”（黑格尔将此定义为绝对者的本质，见本书第二章），显示他一反黑格尔的逻辑三一，坚持上帝在耶稣基督里弃存扬升的自我规定行动乃是**外加**于祂不可扬弃、不可改变的本质，而非对祂本质的改变、规定、构成。换言之，上帝**为我们的存在**（being-for-us）并不构成上帝**在其自身与为其自身**之本质：前者从来就不是上帝存在的必要向度。基督之所以“必须”成为人并担当人的罪与死，乃基于祂自己主权的决定，而这决定乃是以上帝之为三一者不可弃存扬升的本质为前提。

110. Barth, *Gottes Gnadenwahl*, 16.
111. Ibid.
112. Barth, *CD* II/2, 7.
113. Ibid.

正如巴特在《恩典拣选》所言，道成肉身的事件乃是透过各各他的十字架得到定规性，而这恰恰是基督的复活所显明的："这就是复活节——耶稣基督的复活：被钉十字架的圣子那被揭示而带来复和的荣耀，即祂为了我们并施予我们这些在祂的降生中得重生之人的荣耀。我们由祂承担的罪与死，被击败并撤离了。"[114] 各各他是弃绝与拣选的外在基础，而基督的复活是这已成就之现实的彰显。"在各各他为我们发生且施予我们，并在复活日被显明的——虽然它发生在时间之内——乃是我们永恒的拣选。"[115] 双重预定的历史性及永恒性以神圣同在（*concursus Dei*，见本书第三章）的模式，构成同一实动性的两个向度。这并非组成那实动性的两个**部分**。*Concursus* 的"全然-全然"文法意味，双重预定的历史性及永恒性是两种实存型态，而上帝"为我们"（*pro nobis*）的实动性在二者当中皆全然临在，正如基督全然是上帝、全然是人，而神人二性之间虽有不可磨灭的区别，却又属于同一个位格，此位格同一性乃直接、无中介的。

然而，三一上帝决定在基督里成为"为我们的上帝"，难道只是心血来潮吗？巴特的答案是否定的。事实上，他的确认为道成肉身及拣选之恩对上帝之存在具有某种意义上必然性。他在 III/2 写道："作我们的救主，几乎是［上帝］自己的本性与本质不可或缺的。"[116] 他强调，这"耶稣借之同时为了上帝又为

114. Barth, *Gottes Gnadenwahl*, 16.
115. Ibid., 17.
116. Barth, *CD* III/2, 218.

了人而实存的内在必然性”向我们揭示，“在上帝里有自由，但没有任意妄为的意志”。[117]

此处“自由”与“任意妄为”的对比，源于巴特自己在II/1-2于“爱与自由”的主题下以实动本体论探讨拣选与三一时所提出的论述，这主题于§28首次出现。一方面，上帝是爱，爱是祂必然的本质。另一方面，上帝的自由是完美的，祂的爱是完全自由而非被迫的爱。巴特在此有所保留地引述奥古斯丁的思想，以解释这两道看似矛盾的命题。

巴特借用奥古斯丁的三一论，称上帝为爱的主体、对象与行动，提出上帝三一本质当中的某种对象性，他称之为上帝的“第一对象性”（primary objectivity/*primäre Gegenständlichkeit*）：“我们已经看到，上帝的自由作为他在其自身的自由、他的第一绝对性，其真理与现实皆在于父与子借由圣灵［所拥有］的内在三一生命。”[118]这句话显示，巴特坚持三一上帝在祂永恒自存的实存中，已然是**绝对**者，祂**在其自身**已然拥有**对象性**：祂**在其自身**，已然是**为其自身**的上帝，这绝对性是自存的，而非弃存扬升的结果。换言之，上帝的爱之为自由的爱，首要的含意在于“就算没有这［上帝与他者的外在］关系，就算在祂以外没有任何异在，祂仍然会是爱”。[119]

因此云格尔评论道，对巴特而言“上帝可以作人类的上帝，而不被祂与人类的关系所定义……上帝‘为我们的存在’并不

---

117. Ibid., 218-219.
118. Barth, *CD* II/1, 317.
119. Barth, *CD* II/2, 6.

定义上帝的存在”。[120] 如巴特自己所言，上帝“在其自身，甚至在祂的工作之前、之后、之上，以及在这些工作之外，都是一样的……它们在祂以外，什么都不是。但祂在它们以外，仍是祂之所是”。[121] 上帝是自存的爱，而上帝之爱为自由的爱，首要意味着祂爱之本质的自存性，亦即祂无可弃存扬升的绝对性。

然而，上帝在祂第一对象性中的自由与绝对，在祂与我们的恩约关系之外，对我们而言是无从得知的。若要在耶稣基督具体的恩约历史以外探讨上帝的自由，就无从避免巴特所拒斥的自然神学。这恩约关系，正是上帝之爱之为自由的爱的第二层含意。此乃上帝在其第二对象性（secondary objectivity/*sekundäre Gegenstänlichkeit*）中的自由。

巴特在上帝爱之本质的自存性之外，对“上帝自由”这概念进行了第二层阐述：上帝的爱在基督里的第二对象性（成为人所爱、所认识的对象）当中，自由地自我约束于祂与人的圣约关系当中，而祂在其自身且为其自身的本质在此关系中从未改变。上帝外在的自我约束完美地对应于祂内在的本质，而在外在的关系中，上帝在其自身且为其自身的自由始终是完美的。云格尔解释道：“上帝‘为其自身之存在’……提供了上帝‘为我们之存在’的基础，使后者变为可能。”[122]

---

120. Eberhard Jüngel, *God's Being Is in Becoming*: *The Trinitarian Being of God in the Theology of Karl Barth*, trans. John Webster（Grand Rapids：Eerdmans, 2001）, 119-120. 麦科马克及尼莫声称英语修正学派的主要论点取自云格尔，但他们似乎无法解释这段引文；见 McCormack, “Election and the Trinity,” 204; Nimmo, *Being in Action*, 3-6。
121. Barth, *CD* II/1, 260.
122. Jüngel, *God's Being Is in Becoming*, 121.

巴特强调，真自由并非任意而为的无常意志，而是内在本质与外在行动（包括意志的行动）的完美对应（correspondence/*Entsprechung*）。巴特的实动本体论与黑格尔的过程形而上学之间的差异即在于此：黑格尔笔下的“存在”是“作为行动的存在”（being-as-act），但巴特的上帝是“行动中的存在”（being-in-act）。

上帝本质与行动的完美对应，解释了上帝自我规定为“为我们的存在”在何种意义上具有必然性。如稍早所见，修正派学者采取麦科马克的诠释进路，利用上帝“自我规定”的概念辩称，在巴特的实动本体论中，上帝的行动在本质意义上构成上帝的存在。这种误解忽略了巴特神学文法的黑格尔思想背景，以及他与黑格尔的根本差异。我们在第二章解释道，黑格尔笔下的“自我规定”是指一件事物的存在（*Sein*）由它自己的本质（*Wesen*，一件事物终将成为的型态，而非静态实体的形式因）所自我设定的过程。

而正如稍早所见，巴特在定义 *Wesen* 时保留了实体主义的向度来表达某种无可复加的完整性。因此当他借用黑格尔“规定”一词的文法时，所要表达的却涵盖了与黑格尔形而上学截然不同的上帝观：上帝在其自身而为其自身（*an und für sich*）的永恒本质已然完美无可复加，而在自我规定的过程中所加添的任何特征或属性，皆无法在本体层面上对上帝的本质带来任何改变。上帝所自我规定的是外在于祂本质的实存型态——即祂在耶稣基督里为我们而实存的存在（being-for-us/*Sein-für-uns*）——而非祂的三一本质。

上帝进入恩约关系的行动在祂而言是全然自由的，但祂的自由并非心血来潮、反复无常的意志。真自由乃是意志与本质的完美对应，而巴特强调三一间的爱作为上帝的本质乃是“全然自足”。[123] 正因拣选完美地对应于内在三一的本质，所以它是上帝不可能收回的旨意。在此意义上，上帝“不能没有它而仍作上帝”。[124]

我们必须再次强调，当巴特提出上帝外在行动的必然性时，他是在高举上帝的定旨权能。换言之，巴特使用“必然性”的术语，不但不是为了否认内在三一的完美与自存，反而是为了更深刻地强调上帝旨意的不可变性（immutability of God's will），这意志上的不可变性，乃是基于上帝不可改变的信实本性。

十、总　结

本章借由讨论巴特实动本体论的关键词，尝试厘清他与黑格尔的异同。他批判并修正黑格尔的本体论用语，反映他在黑格尔身上看见的一个严肃问题，而同样的问题也经常出现在修正学派版本的“实动本体论”当中。

黑格尔用 *Sein*、*Wesen*、*Schein*、*Bestimmung* 等词汇所建构的思辨哲学文法，暗示了他以过程形而上学拒斥实体主义时，如何颠覆主词与述词的关系。“绝对者”（*das Absolute*）这核心概念即为一例，这德文字是名词化的形容词，反映黑格尔对语

123. Barth, *CD* II/2, p. 10.
124. Ibid., 7.

言文法的巧妙的运用。实体主义传统很自然地宣称“上帝是绝对的”。这句陈述的主语与谓语相互颠倒时，就产生了耐人寻味的命题：“绝对者是上帝”。由于“绝对”本来是形容词，它若无相应的主词作为它所描述的主体，那么它本身就仅是不实存的抽象观念。的确，黑格尔经常使用“绝对”来形容许多主词，最重要的就是“精神”（*Geist*）。精神透过“主体—对象—绝对”，亦即“在其自身”（*an sich*）、“为其自身”（*für sich*）、“在其自身而为其自身”（*an und für sich*）的历史三一辩证逻辑，最终进化成“绝对精神”（见本书第二章）。绝对者就是完全自我实现为精神的精神。换言之，“绝对”这谓词规定“精神”这主词。

问题是，如此将本体上的优先性赋予谓词而令主词被谓词规定时，若要避免将谓词抽象化，黑格尔就必须预设谓词与所有它所描述的主词之间的终极同一性。整个现实宇宙于是就被视为终极一元的主体或有机实体。终极而言，克尔凯郭尔在黑格尔之后所强调的“无限本质差异”，在黑格尔的思辨逻辑学当中就被磨灭了，尽管这差异不是直接被磨灭的。（上帝）精神与（人类）意识之间的终极同一性，是黑格尔使形而上学这门思辨学科在十九世纪得以死灰复燃的关键。

巴特“反形而上学”的一大重点即在于此：他始终坚持上帝是上帝、世界是世界，因此任何涉及“上帝是”的命题，皆不可混淆主语及谓语的关系。例如当我们宣告“上帝是存在”（God is being，亦即“上帝就是‘是’”）时，我们必须谨记上帝在这命题中不可扬弃的主体性。“被赋予纯一性及纯粹实动性的存在并不是上帝，反之，上帝是存在。我们信仰与祷告的对象并非存在，而是那位自存自有的上帝。”[125] 我们若在本体上帝论中让谓语规定主语，亦即让“行动”成为“存在”的本体基础，那么就等于重申了黑格尔的绝对观念论，这种哲学在巴特眼中与黑格尔等后康德哲学家所抛弃的“旧形而上学”（*alte Metaphysik*）实体本体论其实是一致的：即巴特所谓的自然神学。巴特借用费尔巴哈（见本书第三章）的分析宣称：“黑格尔笔下那又真又活的上帝……，其实无非是又真又活的人。”[126]

巴特在某种程度上同意黑格尔对实体主义的批判，他们都坚持上帝的本质是活的、动态的，而非抽象、静态的实体。巴特使用 *Sein* 一词的方式，显示他在这方面与黑格尔的共通点。然而，巴特保留了传统拉丁实体主义的文法，使得实体与过程这两套思维在他的实动本体论当中辩证运作。我们不难看见，这套双重文法的辩证，基本上其实是迦克墩基督论的辩证：“生成”乃外加于“存在”，而非“存在”自身的减损或变迁。在巴特的本体上帝论当中，这意味“在其与为其自身的上帝”成为“为我们的上帝”，其之为“在其与为其自身的上帝”之所是却未曾改变。（God-in-and-for-Godself became God-for-us without ceasing to be God-in-and-for-Godself.）

125. Barth, *CD* II/1, 564.

126. Karl Barth, *Protestant Theology in the Nineteenth Century: Its Background and History*, trans. Brian Cozens and John Bowden (Grand Rapids: Eerdmans, 2002), 405.

第五章

超越性与世界观：范泰尔与黑格尔论“具体普遍者”

本章主角是二十世纪荷兰裔美国基督新教哲学家范泰尔。他的思想主要传承自本书第二章所介绍的荷兰新加尔文主义，求学过程中亦受到美国旧普林斯顿（Old Princeton）学派影响，攻读高等学位期间专修英伦观念论哲学，获普林斯顿大学哲学博士，其主要贡献为预设认识论（presuppositional epistemology）。他的哲学洞见被当代主流学术界普遍低估，尽管偶尔还是会有权威的主流二次文献指出他的思想不容忽视之处。[1]

我们稍后会较详细地解释，范泰尔的思想遭到低估，原因之一在于他的预设认识论在过去一直被放在某种后康德的框架下去理解。不论是他的追随者或反对者，经常忽略以黑格尔为

1. 例如：Harriet Harris, *Fundamentalism and Evangelicalism*（Oxford：Oxford University Press，1998），205–277。

首的十九世纪观念论在范泰尔思想当中的重要性。如我们在本书导言所见，笔者在书中采取了“十九世纪基督教思想”的研究范式，而这意味本章将如前两章，以“后观念论”（post-idealist）的诠释框架取代简单的“后康德”进路，重新阐述二十世纪基督新教思想家的论述。

我们将简略复习本书第二章关于传统基督教当中“超越性”与“临在性”在黑格尔逻辑体系当中的意义转化，进而探讨此转化对现代基督教思想的冲击，以及范泰尔对黑格尔的回应。根据本书对黑格尔的诠释观点，他的形而上学有强烈的后康德向度，旨在克服康德超验观念论在“形而下”与“形而上”之间所开裂的认识论鸿沟。康德的超验观念论意味，人类的心灵无法在智性上直观这世界；对世界的“智性直观”（intellectual intuition/*intellektuelle Anschauung*）只能属乎一位超越时空的全知无限者，亦即形而上学观念中的“上帝”。

我们在本书第二章看见，黑格尔的泛逻辑主义在康德之后，重新开启了形而上观念被人类理性思辨的可能性。这意味人类理性能够有系统地认识这宇宙，甚至在某种意义上参与在上帝对世界的智性直观当中。换言之，人类的理性能够借由逻辑思辨，有系统地在理性上建构一套对世界的直观，亦即世界观。

关于“世界观”这主题，我们在第三章介绍巴文克思想时，已经从三一、创造、护理的角度进行探讨。我们发现，黑格尔在为哲学之为“世界观”的可能性辩护时，扬弃了基督教对上帝超越性的传统理解，而巴文克则肯定了三一创造者不可弃存扬升的超越性。在本章当中，我们会探讨范泰尔如何在巴文克的基础上，更深入地与黑格尔的世界观思想进行批判性对话。“一体性与多样性”是巴文克所处理的核心主题之一，而范泰尔在此课题上发现黑格尔笔下“具体普遍者”（concrete universal）的精彩洞见，在批判性对话当中将其纳入基督教本体论的体系当中，作为世界观的终极出发点。

我们会看见范泰尔如何一方面受黑格尔启发，一方面指出黑格尔思想难以避免的困境，以正统基督新教的古典神论为基础，在黑格尔之后建构一套“正统却现代”的本体论与认识论，同时确立上帝的超越性与可知性。[2] 如本书导言所述，此处“正统”一词不具任何褒贬含意，而是思想史研究的术语，指基督教的信经正统和十七世纪改革宗正统所确立的认信正统，特别是基督教传统的古典神论。

一、当前研究状况

范泰尔在国内外学术界受到的关注，皆局限于相当小众、甚至较不被主流学术界认可的圈子，尽管在保守基督新教的特定圈子当中，他有许多忠实的追随者。他在学术界遭到忽视，当然有许多历史因素。原因之一，或许在于他以护教学（apologetics）为业，对各家哲思、各派神学进行护教性的批判，笔锋剽悍强硬，却往往忽视批判对象在文本中表述的论点。

2. “正统却又现代”一说借自 Cory Brock，*Orthodox yet Modern*：*Herman Bavinck's Appropriation of Schleiermacher*（Ph. D. thesis，University of Edinburgh，2018）；另见 Bruce McCormack，*Orthodox and Modern*：*Studies in the Theology of Karl Barth*（Grand Rapids：Baker Academic，2008）。

他犀利而抽象的批判经常缺乏具体思想史研究的历史分析及文本分析过程，以致许多严谨的学者无法苟同他对思想史及个别思想家的诠释。[3]

然而范泰尔对黑格尔的诠释与批评，却十分精辟，而他面对黑格尔的挑战时，在本体论及认识论上所发展的正面论述亦极其精彩。可惜这套论述在主流学术界因他粗糙剽悍的护教论辩而蒙尘。范泰尔的追随者虽不乏奥利芬（Scott Oliphint）教授那样敏锐的思想家、埃德加（William Edgar）教授那般博学的大师，以及溥伟恩（Vern Poythress）教授那等绝顶聪明的天才，但他们几乎都是在范泰尔的基础上发展护教论述，极少有人从思想史研究的专业角度来阐释范泰尔的文本。

范泰尔学派的学者在发挥他的思想时，大多以某种粗略的后康德诠释来理解他的护教论证，原因之一在于他著名的“超验论证”（transcendental argument）在形式上与康德过于相似。我们在上一章当中也发现，过去许多学者将巴特置于后康德诠释的框架下去理解他所使用的康德超验观念论术语，结果将他的思维模式解读为后种超验论证。

在范泰尔所属的小众学术圈内，反对他的思想史学者通常亦是在后康德诠释的框架下评论他的护教学。基督教思想史学家范司寇（J. V. Fesko）教授近期出版并引起热议的专著，便是如此诠释并批判范泰尔的进路，认为范泰尔跟随康德，偏离了

3. 譬如他对克尔凯郭尔的批判，建基于一套十分错谬的诠释。见 Cornelius Van Til, *An Introduction to Systematic Theology*, ed. William Edgard（Phillipsburg：P&R, 2007）, 290；另见 Joel Rasmussen, *Between Irony and Witness*：*Kierkegaard's Poetics of Faith*, *Hope*, *and Love*（London：T&T Clark, 2005）, 93–95。

他们所属的认信正统。[4] 此书可贵之处在于作者清晰地阐明了古典认信正统的论述；其最大缺失是，范司寇教授虽声称范泰尔护教学的思想源头是德意志观念论，但黑格尔的名讳在全书中只出现三次，且上下文都与范泰尔没有直接关系。[5] 书中完全未曾引用黑格尔的著作，或关于他的二次文献。

另一方面，支持范泰尔的学者经常指出他对康德不遗余力的批评，并且视他的认识论为克服康德"怀疑论"的努力。康德当然不是怀疑论者：论及感官知识，他是一位实在论者；论及观念知识，他在第二批判当中清楚表示，形而上的观念在理性的道德用途当中不再是规约原则（*regulatives Prinzip*），而是成了构成原则（*konstitutives Prinzip*）。[6] 但范泰尔对康德的诠释缺乏文本的历史分析过程，以致他严重误解了康德。不论如何，他对康德的批判十分严厉，因此当他使用康德的术语及思维模式时，范泰尔主义者通常认为这是某种"以子之矛、攻子之盾"的策略。

这种理解大致上没错，但当他们以后康德的框架来诠释范泰尔时，许多问题就接踵而至，这些问题会放在本章结语讨论。不过他们会如此诠释范泰尔，其实一方面也是范泰尔自己造成的。范泰尔用一种约化主义的（reductionist）方式解读现代哲学史，认为所有现代哲学家好似组成了一支大合唱团，用赞美

4. John Fesko, *Reforming Apologetics: Retrieving the Classical Reformed Approach to Defending the Faith*（Grand Rapids: Baker, 2019）.

5. Ibid., 101, 104, 144.

6. 当然，美国有些康德研究者并不同意这样的解读。笔者已在拙作 Tseng, *Immanuel Kant* 当中处理这些诠释上的争议，在此不赘。

诗歌颂康德。[7] 既然范泰尔自己采取了一种极约化的后康德框架来解读所有的现代思想，那么他的后人用同样的框架解读他“反康德”以致“反现代”的认识论，也就不难理解了。

然而真相是，黑格尔的思想在范泰尔的体系中所占的地位，较之康德更为重要。这其实是许多相关学者承认却较不常正视并在学术文献中处理的事实。早在 1940 及 1950 年代，布斯威尔（J. Oliver Buswell）等保守基督新教人士即指控范泰尔暗渡陈仓，用黑格尔的思想污染了基督教正统。这指控虽不属实，却非完全空穴来风：我们稍早已提及，范泰尔在普林斯顿大学的哲学博士论文，正是以英伦观念论为主题，此观念论传统以黑格尔为鼻祖。正因如此，范泰尔对黑格尔的诠释十分细腻，不似他对康德或克尔凯郭尔的理解。

如上所述，黑格尔在范泰尔思想体系中扮演的重要角色，是许多相关学者皆知晓，却未正视的事实。麦康奈尔（Timothy McConnell）是少数例外，他在一篇 2005 年的论文中剖析了黑格尔的观念论思想对范泰尔的影响。他正确地指出，范泰尔与黑格尔观念论的互动并非简单的敌我关系：“观念论为范泰尔提供了一套解决需要处理的难题的框架，也因此为我们提供一个理解他护教进路的参照点。” [8]

可惜麦康奈尔仅注意到黑格尔思想在范泰尔护教学当中扮演的角色，却未正视范泰尔在黑格尔的启发与挑战下所发展的

---

7. Cornelius Van Til, *The New Modernism*: *An Appraisal of the Theology of Barth and Brunner*(Philadelphia: P&R, 1946), 16–25.

8. Timothy McConnell, “The Influence of Idealism on the Apologetics of Cornelius Van Til,” *Journal of the Evangelical Theological Society* 48 (2005): 558.

本体论与**认识论**，亦即范泰尔对上帝超越性及可知性的论述。这导致麦康奈尔以为，范泰尔对黑格尔“观念论的使用……，对他护教学长远的适用性造成一种潜在的限制”。[9] 尽管黑格尔研究一直是门显学，观念论传统在学术界也薪火不断，但麦康奈尔却认为，范泰尔“如此多的分析都为观念论哲学量身定做，以致他在广泛文化界的听众转移到其他哲学型态时，他就失去他的声音了”。[10] 然而，鉴于黑格尔思想在齐泽克及查尔斯·泰勒等当代左右各派哲学人士笔下所发挥的影响，麦康奈尔显然错估了黑格尔的历史地位，也错估了范泰尔思想在当代的适切性。

本文将着重探讨范泰尔的“世界观”（worldview）思想，这词汇出自黑格尔那一代的德意志观念论者，原文 *Weltanschauung* 译为“世界直观”更为恰当。康德不可能接受这种论述。如稍早所述，他认为对世界的智性直观仅仅属乎上帝。范泰尔对“世界观”的阐述，主要是受黑格尔启发，而非施莱尔马赫或其他使用这词汇的观念论者。当然，范泰尔是在荷兰新加尔文主义的传统之下使用“世界观”（*wereldbeschouwing*）一词，特别是巴文克对“世界观”的阐述（见本书第三章）。[11] 然而范泰尔并非仅仅以二手的方式，透过新加尔文主义受黑格尔启发。

在范泰尔的世界观思想当中有个关键的概念：“具体普遍

9. Ibid.
10. Ibid., 587.
11. 参 Bavinck, *Christelijke wereldbeschouwing*。

者”（concrete universal）。范泰尔笔下这概念乃是直接借自黑格尔：黑格尔认为，上帝就是具体普遍者，而当上帝超越性与临在性的对立在三一逻辑当中被扬弃时，人就可以在具体普遍的绝对概念亮光下反思这世界，建立世界观。我们将会探讨范泰尔如何批判黑格尔的思辨哲学基础，并将黑格尔的洞见纳入基督新教认信正统的体系，肯认上帝不可扬弃（unsublatable）的超越性以及祂在启示当中的可知性，作为基督教世界观的出发点与基础。

二、黑格尔论“具体普遍者”与“世界观”：超越与临在的复和

若要掌握范泰尔如何以“具体普遍者”的概念为基础展开“世界观”的讨论，必须先了解黑格尔思辨哲学的逻辑三一论。这是我们在第二章解释过的内容，在此不妨简略复习其摘要。黑格尔在 1830 年版的《小逻辑》中呈现了逻辑三一论最成熟的表述。他在这部著作当中以三段辩证的形式，提出了“逻辑的精确概念理解及分题”（§§79–82）。[12]

黑格尔写道：“就其形式而言，**属乎逻辑的**有三个面向。”[13] 这三个面向是：（一）**抽象**或**理解性**的面向；（二）**辩证**或**负面理性**的面向；（三）**思辨**或**正面理性**的面向。[14]

在解释这三个面向之前，黑格尔首先定义“逻辑”为“一

12. G. W. F. Hegel, *Encyclopedia of Logic*, 125.（见本书第二章，第 101–102 页。）
13. Ibid. 另见 G. W. F. Hegel, *Enzyklopädie der philosophischen Wissenschaften im Grundrisse*, 102。
14. Hegel, *Encyclopedia of Logic*, 125.

切在逻辑上真实的，亦即一切概念，或一切普遍的真理”。[15] 唯有认知**普遍**的真理，才能透过普遍真理反思个殊的世界。然而他提出，普遍的绝对真理并非古典哲学所认知的那般静态而一成不变。他澄清，“这三个面向并非将逻辑分解成三个部分”，而是逻辑的三个“动相”。[16]

在这里黑格尔采用了基督教三一论的思想模式：圣父、圣子、圣灵并非上帝的三个**部分**。反之，每个位格都拥有上帝完整的本质，都是上帝完整的存在（the fullness of God's being）。相似地，逻辑在它的三个动相当中，都是完整的逻辑；这三个动相并非逻辑的三个部分或组成零件。

不同于基督教正统三一论的是，黑格尔的逻辑三一是同一个完整的主体在历史时间中的三个阶段，由“一”生成为“三”；基督教的三一是在时间以外永恒不变的上帝本质，“三”与“一”同等终极，无始无终（尽管不同的基督教传统与个别神学家在“一”与“三”之间往往会有不同的侧重点）。

“**抽象**或**理解性**的面向”是黑格尔逻辑学的第一个动相，人的心灵在其中以**抽象普遍**的形式来理解外在的世界。在这逻辑动相中，普遍形式被理解为各类事物的静态本质。**实体**尚未被正视为有生命的**主体**。

我们在前几章多次讨论到“实体主义”的问题。在第二章当中我们看到，黑格尔虽然沿用“实体”（substance/*Substanz*）、“本质”（essence/*Wesen*）、“本性”（natur/*Natur*）等传统形而上

15. Ibid.
16. Ibid.

学术语来论述逻辑的第一个动相，但他使用了一个德意志观念论的专有名词，在绝对观念论的框架下重新定义了这套传统词汇。他所使用的新名词是“规定”(determination/*Bestimmung*)。在某种意义上，这是黑格尔用以修正实体主义所述之“本性”与“本质”的独特修辞。黑格尔认为实体形而上学对实存世界之本质的描述是无机而静态的，无法体现宇宙及历史的有机性。

黑格尔认为，这世界的本质乃是它终将成为的实存型态，亦即绝对精神的型态。而在逻辑进入绝对的动相的过程中，一切事物的位份都是在辩证关系中获得定规性（determinacy/*Bestimmtheit*）的。事物（不论是个体或集体）的本质，只有在与他者或异在进入彼此的关系当中时，才会被彰显而变得确定。这本质在历史辩证过程当中与他者发生冲突并得到复和，进而被揭示出来。这揭示的过程，就是“规定”的含意。

逻辑的第一个动相是由最终的动相所规定的。逻辑的主体在第一个动相当中仍处于一种未规定（indeterminate/*unbestimmt*）的状态，一切都还是抽象的，还没有在与他者的关系中被设定。这是**抽象普遍性**（abstract universality/*abstrakte Allgemeinheit*）的动相。

在逻辑的第二个动相当中，前一个动相那种看似静态而抽象的未规定状态，进化成一种充满对立与矛盾的规定。黑格尔称此第二动相为逻辑“**辩证**或**负面理性**的”面向。这过程可以用黑格尔笔下另一个关键词来理解：“弃存扬升”或“扬弃”（sublation/*Aufhebung*）。

由于这是重要的关键词，我们在此不妨稍作复习。这德文字可指“取消”“抛弃”“废去”，也可指向“提升”“抬高”，黑格尔则结合了这两种不同的含意。他笔下“弃存扬升”是指逻辑的第二个动相废弃或否定前一个动相，目的不是要毁灭逻辑的主体，而是将其提升至下一个动相、正面理性的动相，实现前一个动相的合理性。如此，“弃存扬升”狭义而言乃是指逻辑的第二动相，亦即负面、矛盾的动相，此乃对第一动相的否定。在更广泛的含意上，三段动相的逻辑辩证，整体而言可以被称为一个弃存扬升的过程。

“弃存扬升”的逻辑可被形容为“负负得正”的“双重否定”。在负面理性的动相中，个殊性（particularity/*Besonderheit*）或殊相（the particular/*das Besondere*，本章视文思脉络而定，有时译为“个殊者”）否定了普遍性或共相（the universal/*das Allgemeine*，本文亦作“普遍者”），但却陷入另一种虚无的抽象性，成为**抽象个殊者**（abstract particular/*das abstrakte Besondere*）。在这动相中，**超越**的普遍性与**临在**的个殊性被视为相互对立而矛盾的。人们以为超越的上帝是一位全然的异在，最终发现这样超越的上帝对于人类意识而言是抽象、虚无缥缈、不可知的。

逻辑的第三个动相，乃是“**思辨**或**正面理性**的面向”（*die speculative* oder *positive-vernünftige* Seite）。它使先前动相的矛盾冲突得到**复和**（reconciliation/*Versöhnung*），是相互对立者之间的**中介**（mediation/*Vermittlung*），使两个看似敌对的异在或他者在概念上终于明白两造之间的一体性，也真的在本体的理性上成为一体。先前动相中的负面性，现在被扬升至正面理性的动相。在这圆满（consummate/*vollendet*）的动相中，人类意识终于正视精神主体发展的整个过程，掌握真理的整体为动态的真理。

黑格尔将这三一动相的逻辑辩证用于他思辨哲学的每个层面，其中较为出名的包括“存在”的三一性，亦即存在—虚无—生成（being-nothingness-becoming/*das Sein*，*das Nichts*，*das Werden*）。在第一个动相中，“存在”被理解为抽象的共相或形式。意识在第二个动相中发现，抽象共相在殊相以外是不存在的，故言“虚无”。当意识在最终的动相中发现整全的真理乃是一个过程时，就掌握了“生成”之规定的概念性理解，明白“生成”的概念乃是“存在”与“虚无”的本质与合理性之所在。

黑格尔认为，基督教的三一论乃是上述哲学概念的表象，呈现精神之存在、虚无、生成的三一逻辑辩证。换言之，三一上帝的本质并非永恒自存；祂的本质乃是透过超越性与临在性的弃存扬升过程所生成的。祂将在圆满的历史动相中成为在其自身而为其自身（in and for itself/*an und für sich*）的绝对者，亦即**具体普遍者**（concrete universal/*das konkrete Allgemeine*）。其之谓“具体”，乃在于黑格尔对这词汇的定义：“具体性”乃是普遍性与个殊性的结合。当人类的理性意识借由反思的过程去映现出终极的具体普遍者时，就可以借由这理性的概念来诠释、理解宇宙及历史的一切现象，间接参与在上帝对世界的理性意识直观当中，亦即**世界观**。

三、范泰尔与黑格尔的对话

黑格尔“具体普遍者”与“世界观”的概念，为范泰尔的本体论与认识论提供成了重要的素材。范泰尔处理古典哲学当中“一与多”或“普遍（共相）与个殊（殊相）”问题的方式与黑格尔有许多相似之处。这并不奇怪，与其说是范泰尔受黑格尔影响，不如说是黑格尔用了一种基督新教的进路思考这问题。不论如何，黑格尔的重要性在范泰尔眼中不容忽视。

共相与殊相之分，是西方哲学史的入门知识，但在黑格尔之前，甚少有哲学家能够突破柏拉图与亚里士多德对此区分之探讨所设的局限。虽然柏拉图与亚里士多德赋予共相与殊相之实存不同的先后次序，但其实他们皆同意，一个东西之所**是**，亦即那东西的**存在**（being），乃是由它的**抽象**形式（form）所规定的。**抽象方法**（abstraction）正是本书一再讨论的实体主义形而上学在研究本体论时所依赖的哲学工具。这种“抽象普遍”的思维方式，就是黑格尔笔下的逻辑第一动相，是所谓实体的、存在的动相。在其中，人类的意识尚未领悟到“实体”的有机主体性，以为“实体”是由永不改变的抽象形式所规定。就连在亚里士多德那里，“实体”被定义为形式与质料的结合时，他的形式质料说（hylomorphism）仍将实体的定规性归于抽象的共相，尽管共相不能独立于殊相而实存。

黑格尔指出，抽象地以普遍性所构思出来的实体或存在，事实上并非实存的——其实亚里斯多德已经明白这一点。譬如，当我说“这只猫还是小猫”时，句中主词乃指涉一只**个殊**的猫，它正好在我陈述那句命题时是只小猫。当我说“猫咪很可爱”时，我则是**普遍**指涉猫的**形式**。但猫的抽象形式不是一个实存的东西，不像这只猫、那只猫。

在此值得注意的是，十七世纪改革宗正统的经院哲学采取了亚里士多德关于殊相与共相的观点，拒斥了柏拉图的说法。受造万物各从其类，诚然各有不同形式，而这些形式诚然来自永恒的**观念**（ideas），但这些观念是上帝智慧在永恒中的行动所立定，并非自存，亦非实存。范泰尔所传承的荷兰新加尔文主义，亦沿袭了这种古典的理解。如巴文克所言：上帝的“话语必须连于行动，生成（generation）必须连于创造，智慧必须连于上帝的旨意，才能够将永恒地存在于上帝意识（*bewustzijn*）中的观念（*idee*）赋予真实的存在”。[17] 但巴文克又提出：“抽象者——共相——在现实中并非实存。（普遍意义上的）树、人类、科学、语言、宗教、神学，皆无处可寻。实存的唯有个殊的每棵树、每个人、每门科学、每个语言、每个宗教。”[18]

虽然亚里士多德的形而上学在西方哲学史上带来了强烈的实体主义倾向，但黑格尔也肯定亚里士多德为过程形而上学之有机思辨的源头。黑格尔评论道，亚里士多德“将自然描绘为有目的的行动，而目的乃是直接、不受搅动、自我推动的不动者；如此它便是主体”。[19] 对黑格尔而言，亚里士多德驳斥柏拉

17. Bavinck, *Christelijke wereldbeschouwing*, 56.
18. *RD* I, 85.
19. G. W. F. Hegel, *Phenomenology*（Baillie, 1931）, 83.

图的方式推进了逻辑在人类思想史上的进化。在这点上，他与基督新教以及更广泛的拉丁本体论传统十分相似。

在论述抽象共相的非实存性时，范泰尔跟随了巴文克，在传统改革宗的立足点上，认同了黑格尔对亚里士多德的肯定。当然，黑格尔对抽象思维的批评并未止步于亚里士多德对柏拉图所提出的反驳。黑格尔认为，抽象思维不仅导致非实存的抽象共相，亦导致以另一种方式虚化“存在”的“抽象殊相”（abstract particular/*das abstrakte Besondere*）。

我们不妨再次以猫为例：若要彻底贯彻个殊性原则，我们就必然被迫放弃猫的抽象共相，单单谈论**这只**猫、**那只**猫，强调“此猫非彼猫”。但如此一来，“猫”这个字在指涉不同的个殊对象时，便没有任何实质的共通性可言，这字便因而失去了它**具体**的定义或黑格尔所谓的**定规性**。于是，“猫”与“非猫”便不具任何差异。每只猫都成了抽象的个殊者。换言之，当“猫”这个字不再具有普遍的定义时，我们就再也无法有意义地带着**具体定规性**指涉这只猫或那只猫为“猫”。当我说“这**是**一只猫”时，那只猫之所“是”（亦即它的存在［being］）会变得抽象而空洞。简言之，贯彻亚里士多德个殊性原则的结果，最后其实跟柏拉图普遍性原则相同，一样会将“存在”化为“虚无”。

这难题便是稍早解释黑格尔逻辑学时所提出的逻辑第二动相之特征：“虚无”否定了“存在”。这是抽象思维必然导致的结果。范泰尔精准地简述并采取了黑格尔对**抽象**思维的批判：

> **多者**（The Many，指涉一类事物当中的诸多个殊者）必须被带入彼此之间的联系。但……我们怎知多者并非单单作为互不相关的个殊者而存在？所给的答案是，在这情况下，我们无从得知任何关于它们的事；它们会从我们所拥有的知识体系中被抽象化；它们会成为抽象个殊者。另一方面，我们又何以寻获一种不会毁灭诸多个殊者的一体性？我们似乎是用笼统化（generalizing）的思维去寻找这种一体性，从众多个殊者当中以抽象方式找出普遍性，将这些个殊者纳入更广泛的各种一体性当中。倘若我们持续这笼统化的过程，直到我们排除所有的个殊者（假设它们能尽数被排除），那么我们岂不已然剥夺了这些个殊者所拥有的个殊性吗？我们所寻获的，除了**抽象**普遍者以外，还有任何东西吗？[20]

范泰尔在此肯定了黑格尔的贡献："具体普遍者的概念，已由观念论哲学提出，为了要避免抽象个殊者与抽象普遍者的荒谬反证（*reductio ad absurdum*）。"[21] 黑格尔解决抽象思维之荒谬结论的辩证答案是"存在"与"虚无"之间的中介，亦即"生成"的第三逻辑动相。在此终极动相中，我们的意识不再以抽象方式思辨普遍者。普遍者被概念化，成为一个具体的主体，以它自己为它意识的对象：它同时**在其自身**而**为其自身**。如此的**绝对者**乃是**具体者**："具体性"乃个殊性与普遍性的终极结

---

20. Cornelius Van Til, *The Defense of the Faith*（Phillipsburg：P&R，2008），48–49.
21. Ibid., 49.

合。独一的精神与多样的人类意识在此结为一体：天人合一，共为上帝。

黑格尔如此将绝对精神定义为具体普遍者，目的在于强调构成宇宙整体的诸多个殊事物与实体并非静态而不具生命联系的零件，而是精神整体生命当中的有机体。个殊普遍者的生命与成长——它的生成（becoming）——将意义与目的赋予它发育的历史过程当中每件个殊的有机实体。具体普遍者乃是所有个殊事物的有机一体性之所在，是它使得每件个殊事物能够有意义地彼此相连。

黑格尔提出“具体普遍者”的概念，有一层重要的含意：不论我们是否意识到，也不论我们喜欢与否，我们每个人都无可避免地参与在精神的整体真理当中，都处于精神生成为具体普遍之绝对者的过程当中。因此唯有当我们的思辨借由对历史的后思（after-thinking/*Nachdenken*）去映现（reflects/*reflektiert*）出具体普遍者时，我们才有可能在我们个殊的实存与经验中寻获意义。倘若没有一位又真又活的具体普遍主体作为我们思辨的对象，我们就无法在思索自然的时候看见意义与目的，而哲学在自然主义的前提下便会失却对永恒的盼望。

在这环节上，黑格尔听起来与范泰尔似乎十分相似。对范泰尔而言，每个人的心灵都在受造时被赋予以上帝为对象的意识，在改革宗传统中，这被称为“神圣感知”（*sensus divinitatis*）。不论信或不信，所有受造的心灵都参与在上帝与祂造物的启示真理当中，亦即创造—堕落—救赎（creation-fall-redemption）的救赎历史（redemptive history）。唯有在这真理的亮光下，人的心灵才能在我们感知的现实中看见意义。这套认识论主张，当人类思维不以这真理为前提时，就必然陷入黑格尔所指出的抽象困境之中。

范泰尔同意黑格尔，认为“一与多”的难题必须以“具体普遍者”的概念为前提方能解决。然而范泰尔坚持，“唯有在基督教的三一上帝教义当中……，我们才能真的拥有一位**具体普遍者**。在上帝的存在当中，没有任何殊相是无关于共相的，也没有任何共相未在各殊相中全然被表达”。[22] 范泰尔认为，虽然黑格尔致力于**具体**思维，但这位哲学家笔下的具体普遍者仍旧是抽象思维的构思。在黑格尔的体系当中，个殊性被绝对的普遍性化为虚无。

范泰尔在这点上，沿用了巴文克对黑格尔的批评。[23] 如我们在本书第三章所见，巴文克认为，当黑格尔扬弃了超越性与临在性之间的区别、否定了上帝三一本质的自存与不变时，黑格尔所试图阐释的宇宙一体性与多样性，便是他的“动态原则……所不足以解释的”，与“唯物论的机械原则”无异。[24] 在黑格尔的观念论当中，“上帝没有祂自己独立于世界的实存与生命……在黑格尔的思想中……，绝对者、纯粹存在、思想、观念，在创世以先皆非实存，而仅在逻辑上及潜动性上（potentially）先于世界”。[25] 如此一来，不论黑格尔如何坚持具体思维，他“所有关于绝对者的陈述”终极而言皆“空洞而无

---

22. Van Til, *The Defense of the Faith*, 49.
23. Van Til, *An Introduction to Systematic Theology*, 292.
24. *RD* II, 436.
25. Ibid., 177.

内容——无非是抽象的诸逻辑范畴”。[26]

范泰尔跟随巴文克评论道，在黑格尔的体系当中，所有个殊主体的具体实存以及各类普遍事物终极而言都被约化为逻辑三一过程的一部分，不具有在其他个殊者之外的实存；逻辑的三一也无法独立于这些个殊性而自存。[27] 换言之，一切存在皆被约化为一个抽象的整体。

在这环节上，范泰尔又超越了他的思想导师巴文克，提出更进一步的论述。巴文克虽也受黑格尔多方面启发，却未能精确地辨明，原来“普遍性”并不必然是抽象的。[28] 范泰尔采取了黑格尔“具体普遍者”的概念，并在基督教的正统三一论框架下重新阐述之。

对范泰尔而言，唯有基督教世界观能够具体地反思上帝以及祂从无所造的万有。一旦偏离了基督教的正统三一论与创造论，任何世界观皆无法避免抽象思维。他用黑格尔的术语指出：“如果一个人抽象地思考，他所寻获的便是一种负面的、空洞的本质。”[29] 这正是黑格尔对传统实体形而上学的批评：抽象的动相无可避免地演化为负面理性的动相，而存在及本质在其中被化为虚无。范泰尔继续解释黑格尔的逻辑：“这本质接着被拿来与正面思维的内容相比……，以规定此本质。”[30] 这是指黑格尔逻辑的第三动相，亦即正面理性的思辨动相。

26. Ibid.
27. Van Til, *An Introduction to Systematic Theology*, 292.
28. *RD* I, 85.
29. Van Til, *An Introduction to Systematic Theology*, 323.
30. Ibid.

这终极的逻辑动相，正是范泰尔与黑格尔的根本差异所在。范泰尔认为，黑格尔笔下的正面理性所造成的结果是，真正超越而自存的上帝（倘若祂实存）对理性而言仍然是不可知的：黑格尔只不过在康德的局限之下设定了一个历史生成而不具永恒超越性的抽象上帝概念，却仍旧未能克服康德的障碍，确立真正超越而自存之上帝在理性思辨上的可知性。[31] 同时，在黑格尔笔下，人类对宇宙以及世界历史的知识被等同于对上帝生成过程的认识。如此一来，"一种非基督教的不可参透性概念与一种非基督教的正面知识概念被相互结合，而结果就是上帝的实质被分裂，人类的知识被毁灭"。[32]

范泰尔认为，黑格尔的"一元论预设"无法避免"非理性主义"（irrationalism）的结论。[33] 在这些"一元论预设"上，"除非人能**毫无遗漏地**（exhaustively）将所有事实历史的实存约化为不变的逻辑关系，否则就会有全然未定规（undetermined）而不可知者"。[34] 黑格尔自己的体系无法达到这理性的条件。如我们在第二章所见，黑格尔在晚期的宗教哲学当中愈来愈强调，没有任何个殊的人在直接意义上能够与上帝同一；人类的集体意识在圆满的阶段当中，仍然需要宗教表象来呈现绝对精神的概念。换言之，没有人能毫无遗漏地得到对宇宙整体的概念理解。绝对精神与宇宙整体于是在黑格尔的体系当中被抽象化了。范泰尔借重克尔凯郭尔对黑格尔的评论指出，当黑格尔"试图

31. Ibid., 293–294.
32. Ibid., 323.
33. Ibid., 291.
34. Ibid., 290.

用逻辑操作来显示整个现实如何必须是它之所是”时，他“扼杀了所有的个殊性以及历史上一切真实的新事”。[35]

范泰尔进一步指出黑格尔思想的康德批判核心：“黑格尔并非将上帝的观念当做构成概念（constitutive concept）而相信之。对他而言，对于某上帝的观念，只是个规约概念（limiting concept）。”[36]我们在上一章解释过，在康德的术语中，“构成原则”（constitutive principle/*konstitutives Prinzip*）指涉人类理性能够对其作出实存断言的对象。“规约原则”（regulative principle；limiting principle/*regulatives Prinzip*）则指涉理性所设准（postulate/*postulieren*）的观念，虽无法判断其实存与否，却必须用之解释经验观察的现象。康德在实践理性的范围内将上帝视为构成原则，但他的超验观念论在理论理性的范围内将上帝、自由、永生等三大形而上观念当成规约的设准。范泰尔在此使用康德的术语（在此就不讨论他对康德全面思想的一些基本误解）是要说明，黑格尔的现象学方法仍旧未能克服康德批判哲学的障碍：黑格尔并未肯认上帝为超越历史现象的客观实存者。黑格尔的上帝仍是一个逻辑设准，被用以反思并阐释历史的目的性、存在的普遍性与个殊性等课题。

范泰尔解释道，黑格尔笔下的“规约概念乃是基于那一元论的预设，认为除非人能够自己将现实逻辑化（logicize），亦即显示一切事实实存（factual existence）皆能被约化为逻辑关

---

35. Ibid. 范泰尔在此仅抓住了克尔凯郭尔对黑格尔的批评，但论及这位丹麦哲学家自己的思想时，范泰尔的诠释在克尔凯郭尔研究学界几乎不可能得到任何学派认可。
36. Ibid., 291.

系之网络当中的位置（loci），否则现实便是非理性的”。[37] 在黑格尔的体系中，人类能够将现实逻辑化，独因人类意识终极而言与上帝是同一者，“因为所有现实若是一体的……，那么人类心灵与上帝心灵亦是一体的。上帝心灵所知的并不多过人类心灵，而上帝意志对任何事物的掌管皆不超过人类意志”。[38]

在此同一性的前提下，由于宇宙对人类心灵而言仍旧是奥秘，它对上帝而言也必然一样是奥秘。如此，上帝心灵便无法参透他自己，而鉴于上帝与人类的终极同一性，人类心灵亦无法参透其自身，抑或宇宙的逻辑（亦即上帝的心灵）。如此黑格尔便会得到违反他用意的结论：“现实终极而言是奥秘的。”[39] 虽然黑格尔试图用逻辑体系解释宇宙真理而确立理性的形而上思辨，他在自己所定的游戏规则下却无法避免非理性主义的结果。

四、范泰尔论“具体普遍者”与“世界观”：上帝的可知性与不可扬弃之超越性

范泰尔将黑格尔笔下“具体普遍者”的洞见纳入基督教体系当中，建立一种肯定人类理性却不膜拜人类理性的世界观。他坚持，唯有上帝能被称为具体普遍者。在本体论层面上，这同时适用于上帝的三一性及祂的属性。三一上帝的每个位格皆是一位个殊者，但正如一脉相传自奥古斯丁的拉丁三一论所强调的，上帝每个位格皆拥有上帝完整的本质。如此，在三一上

37. Ibid.
38. Ibid., 292.
39. Ibid.

帝里面，每位个殊者皆全然普遍，而那普遍者亦完美地被表达于每位个殊者当中。上帝的“三”与“一”是同等终极的，这三一本质永恒不变，无可弃存扬升。

范泰尔又提出，圣经论及上帝的属性时，描述祂为一位具体普遍者，在其亮光之下，受造世界当中的个殊者能够各从其类，得到属于自己的名字。这必须从上帝的纯一性说起：上帝的每样属性皆是个殊的，有别于其他属性，但“我们不能分化上帝的本质”。[40] 范泰尔强调，“在处理上帝本质内的区别时，我们必须谨慎，不可忽视祂存在的纯一性（the simplicity of his being）”。[41]

然而我们也不能将上帝各属性的区别当成我们有限心灵的主观认知。这些是上帝不可分化的纯一本质当中真实的区别。范泰尔提出，正如上帝的每个位格皆拥有祂完整的本质，“上帝的每样属性皆与上帝共同终极（coterminous）”。[42] 上帝是恩慈的，也是公义的。祂的恩慈与公义有不可磨灭的区别。然而，上帝的恩慈是公义的，而祂的公义也是恩慈的。祂每一样属性（attribute），皆包含了祂完整的本性（nature）。这些属性不可分离亦不可相混，而上帝的本性又不可切割、不可改变（这是迦克墩传统论述基督神人二性的术语，此本体论文法亦适用于上帝属性与本性）。每样个殊的属性皆为普遍，而上帝本性的普遍性亦完美地表达于每样个殊的属性。如此，上帝乃是自存而不

40. Ibid.
41. Ibid.
42. Ibid.“共同终极”是巴文克传统的关键词。

可改变的具体普遍者，祂的绝对性并非透过弃存扬升的过程而生成。祂是自有永有、无可扬弃（unsublatable）的绝对者；祂的绝对性无始亦无终。

如此理解上帝的自存，就意味祂的**超越性**：不论世界是否受造、是否实存，祂皆永恒实存为无始无终的具体普遍者。因此基督教世界观乃是

> ……以上帝之为具体自存的存在（self-existent being）为出发点。因此上帝不是按受造物里面发现的事物被命名的，反之，祂首先以在祂里面的一切，为受造物命名。上帝之所以看似按着受造物里面发现的事物被命名，唯一的原因是我们作为受造物，在我们对任何事物的认识上，就心理结构而论必须以我们自己为出发点。我们自己乃是我们一切知识的近邻（proximate）出发点。然而另一方面，我们应该理解上帝为知识的终极出发点。上帝是原版（archetype），而我们是复刻（ectype）。上帝的知识是原型的（archetypal），而我们的知识则是复刻的（ectypal）。[43]

这段文字再次体现出范泰尔与黑格尔的异同。黑格尔的思辨法有双重出发点。邻近而言，他以人类意识为出发点，对历史现象进行后思（*Nachdenken*），进而映现（*reflektieren*）历史终极点上的具体普遍者；终极而言，他以对具体普遍者的

43. Ibid.

映现反思（*Reflexion*）为出发点，反向地后思历史现象，进而将这些现象系统化，辨明每件殊相的意义与目的。范泰尔的预设认识论亦采取了这种双向模式的反思。不同的是，黑格尔视宇宙历史为上帝生成的过程，而范泰尔则视历史为上帝本体之外（*ad extra*）借由创造与护理之工所成就的自我启示。

上帝透过外在于祂本体的工作启示祂自己，而我们从自己的意识出发，领受、反思祂的启示，得以认识祂为具体普遍者，进而以祂为终极出发点，理解这世界的意义与目的。范泰尔解释道，“在所有知识交易当中，我们必须将我们经验的诸多殊相置入其与诸般共相的关系当中”。[44] 但除非我们“在这世界背后预设上帝”，否则我们试图借由“联系殊相与共相”来解释这宇宙的努力，终究会使得我们的知识体系变得支离破碎。[45]

三一上帝是“原初（original）的一与多”，而受造宇宙则是“衍生（derivative）的一与多”。[46] 若不在具体的启示中认识上帝的三一性以及造物主与受造界的关系，那么殊相与共相的难题就只能以抽象思维去处理——就连黑格尔也无法避免抽象思维，不论他如何致力建构具体的知识体系。

由此观之，范泰尔的预设认识论乃是以一种本体论的信仰为出发点：他坚信上帝不可扬弃的具体普遍性，在此基础上追

44. Ibid., 58.
45. Ibid., 59.
46. Ibid.

求对个殊世界的反思与理解。在普遍性与个殊性的问题上，他同意黑格尔对古典希腊实体主义的批判，他也受到黑格尔第三逻辑动相的启发，肯定黑格尔以“具体普遍者”的概念来解决此问题。

然而范泰尔拒斥了黑格尔的信仰对象：黑格尔的思辨法乃是以笛卡尔式的“我思”与观念论之“上帝思”的终极同一性为信仰对象，进而追求在具体普遍者的亮光下反思宇宙现实。当范泰尔称上帝为具体普遍者时，他乃是用观念论术语表述基督教古老的正统三一论及创造论，以及奥古斯丁–安瑟尔谟“信仰追求理解”的基督教认识论（范泰尔因误解了安瑟尔谟而拒斥了他的所谓“本体论证”，此题外话在此不赘）。

以这套古老本体论及认识论为基础，范泰尔在现代哲学语境中肯定了上帝的超越性、不可参透性，以及可知性：唯有三一上帝的自我认识是全面参透的知识，也唯有祂作为超越的造物主，能参透宇宙的真理。而我们对祂以及对世界的认识既是祂神圣知识的复刻，那么我们的知识虽不可能如祂那般全面参透，却能构成一套正确的知识体系，在三一世界观当中理解这多中有一、一中有多的世界。在黑格尔那套天人合一的哲学体系当中，人类理性的有限性意味着上帝理性的有限性，而当人类意识没有一位超越的绝对者为参照点时，就必然导致非理性主义的结论。范泰尔透过坚持上帝不可扬弃的超越性，在承认人类知识之局限的同时，也肯定了人类可借由“跟随上帝的思维去思想”（think God’s thoughts after him，此乃范泰尔的名言，借自巴文克，源于科学革命先驱开普勒），建立理性而有系统的上帝观与世界观。[47]

五、总结：范泰尔与古典神论

本文稍早提及，过去讨论范泰尔的学者多数采后康德诠释的视角观之，这种诠释进路通常会将他的本体论与认识论、哲学内容与方法看作某种与古典神论相左的现代观念论思想。范泰尔的确对中世纪经院哲学的自然神学提出严厉的批评，但他的批评在何种程度上是基于正确的思想史与文本诠释，仍有待商榷。不论如何，当我们仔细审视范泰尔与黑格尔思想的互动时，我们会发现他其实非常坚持拉丁基督教的古典神论（有别于希腊的［Hellenistic］古典神论）。

在本文的阐述中，我们看见三一上帝纯一性的古典神论概念在范泰尔论述上帝不可扬弃的具体普遍性时，扮演了至关重要的角色。事实上，当他使用古典基督教术语时，他并非如黑格尔那般，赋予这些词汇截然不同的现代定义。范泰尔定义“上帝的一体性”（the unity of God）时，清楚遵循了十七世纪改革宗正统时期所制定的规范，区分“单数性的（*singularitatis*）一体性”（unity of singularity）及“纯一性（*simplicitatis*）的一体性”（unity of simplicity）。[48] 他使用经院哲学亚里士多德逻辑当中“数性”（numerical）及“类性”（specific，“species”的形容词）的区别，将“单数性的一体性”定义为“数性的单一性”

---

47. Ibid., 292.
48. Cornelius Van Til, *Christian Apologetics*, ed. William Edgar (Phillipsburg: P&R, 2003), 25.

（numerical oneness）。[49]

亚里士多德区分两种实体（substance），他在《范畴篇》中称之为"第一实体"及"第二实体"。[50]第一实体是指个殊的实体，而第二实体则是指实体的共相类别。譬如"苏格拉底"是第一实体，而"人类"则是他所属的第二实体。苏格拉底与柏拉图作为第一实体，在**数性**上并非一体（numerical unity），而是分开的两个实体。然而他们同属一个人类的物种，因此他们在**类性**上乃是一体的（specific unity）。

十七世纪改革宗经院学者采取了这套逻辑区分，应用在许多教义课题上。在灵魂受造抑或遗传的辩论（creationist-traducian debate）当中，改革宗经院学者的基本共识是，人类的灵魂在数性上是多数的，在类性上则是一体的。在他们的上帝论当中，同样的逻辑区分被用以解释上帝的三一性：上帝的三位格在数性及类性上，皆是一体的。

范泰尔论述上帝的具体普遍性时，他的前提乃是三一上帝的数性一体及类性一体，亦即上帝的独一性（singularity）及纯一性。许多范泰尔的跟随者与批评者未能明白这点，以致他们诠释范泰尔时，解读出某种他们并不清楚理解的黑格尔过程形而上学思想要素，认为范泰尔乃是使用这种现代观念论要素来平衡古典神论里面的希腊哲学思想。

在本文的解读下，范泰尔的思想可被理解为对现代基督教

---

49. Ibid.

50. 见 Aristotle，*Categories*，in *The Complete Works of Aristotle*，ed. Jonathan Barnes，trans. John Ackrill（Princeton：Princeton University Press，2014）。

本体论与认识论的一个重要提醒：基督教的本体论不需被约化为柏拉图观念论及黑格尔观念论之间非此即彼的抉择，甚或二者的某种辩证结合。我们看见范泰尔如何借重黑格尔对抽象思维的批判来驳斥源于柏拉图观念论的实体主义思想。同时我们也看见，范泰尔拒斥黑格尔的上帝生成论，坚持上帝的三一本质及本体属性乃自有永有的具体普遍者，祂在其自身而为其自身的绝对性既无始，亦无终。三一造物主无可扬弃的超越性以及祂在启示中的临在性，为人类理性提供了世界观知识体系的必要基础。

范泰尔用德意志观念论术语重新表达基督新教正统本体论与认识论的方式，也为汉语基督教研究带来值得参考的启发。基督教之为基督教的思想内容，可以用各种哲学文法（philosophical grammar）及语言重新表述。这有时会带来思想内容的实质转化，但在范泰尔的范例当中，基督教的本质并未在新语境中有所改变。在范泰尔这里，基督教的正统古典神论被置于新的语境当中，其本质不变，却添加了许多丰富的新内容。对于汉语基督教而言，这是一个值得借镜的范例，帮助我们思考如何将基督教放在中国思想的处境当中，以汉语表述基督教，一方面使得海纳百川的中国文化增添新色彩，另一方面也使普世的基督教传统更加丰富多样。

结语
黑格尔与拉丁正统本体论及认识论

一、决定论与非决定论的二律背反

本书导言的第一段引文提及尼采对黑格尔与十九世纪德意志观念论哲学的评论：尼采认为这种哲学不过是“挂着羊头卖狗肉的神学”。[1]然而本书第三、四章阐述了巴文克及巴特与黑格尔的对话，他们二人皆认为大卫·施特劳斯及费尔巴哈揭露了黑格尔观念论的唯物主义本质。费尔巴哈及施特劳斯为我们揭示，黑格尔笔下的“上帝”在人类的集体意识之外，并没有独立的智慧或意识，而这意味上帝心灵所经历的生成过程可以全然以自然主义的角度去阐述。我们或可借用自然科学史的类比：黑格尔哲学体系中的“上帝”就像牛顿用质量与加速度所定义的“力”，既非感官经验真实观察到的对象，在理论理性上又是累赘的概念。

1. Friedrich Nietzsche, *The Anti-Christ*, *Ecce Homo*, *Twilight of the Idols*, *and Other Writings*, eds. A. Ridley and J. Norman (Cambridge: Cambridge University Press, 2005), 9.

然而本书一再强调，黑格尔坚持以“上帝”的概念作为世界观的终极出发点，有重要的原因。他认为是上帝心灵以又真又活的主体性，将目的及意义赋予这宇宙以及它的历史。绝对者的意识保证个殊人类存在的历史目的性。若非一位又真又活的精神主体以其绝对本质规定世界历史的进程，那么世界历史就是由各种偶然性所构成，人类的集体意识也不过是全然随机的组成，而人类的集体行为就如当代愈来愈多社会学家、经济学家所描述的非理性行为。若要在自然主义的前提下避免这样的结论，似乎就必须诉诸某种决定论（determinism）。物理学弦理论（string theory）当中的一些模型，以及各种生物学、社会学的行为主义（behaviorism），皆试图以决定论的出发点来解释自然过程的合理性（rationality），这些科学理论背后的世界观预设其实都是古老的形而上学。

康德在第一批判处理了决定论与非决定论（indeterminism）之间的“二律背反”。[2] 他同时拒斥了“万事皆仅仅按着自然/天性之律而发生”的“决定论”观点，[3] 以及非决定论所主张的“无法则规律的自由”。[4] 我们在此无法离题深入探讨康德笔下“超验自由”之拟想所遭遇的难题，只需指出，康德在后期的道德哲学著作中提出了一种实践理性的道德自由观，既不是决定论，亦不是非决定论。康德认为，真正的道德自由乃在于一个人用其意志，使其行动呼应于人类天性“原初的道德性向”，并

2. Immanuel Kant, *Critique of Pure Reason*, trans. Paul Guyer and Allen Wood（Cambridge: Cambridge University Press, 2007）, A445/B473–A449/B477.

3. Ibid., A445/B473.

4. Ibid., A449/B477.

排除人类“根深蒂固”的邪恶“倾向”。[5]

康德关于自由的论述，预设了“上帝”这形而上观念在实践理性上的可知性，而本书第二章简略提及黑格尔的自由观，与康德其实有重要的连贯性。黑格尔认为心灵（不论是个殊之人或是集体意识）在其自身、不受他者或异在规定的状态，并非真正的自由。换言之，自由并非为所欲为的个人主义。然而在心灵与异在的冲突之间，真正的自由亦是未实现的。唯有在复和的定规状态下，在其自身而为其自身的自由方得实现。在其自身而为其自身者，上帝也。简言之，黑格尔与康德相似之处在于，二者皆诉诸某种形而上的“上帝”概念，试图突破决定论与非决定论的困境，为人类本质上的自由进行辩护。

对黑格尔而言，人类意识在本质上的自由取决于上帝的终极实存。这正是他诉诸上帝心灵为“具体普遍者”（见本书第五章）的原因：他以具体普遍的绝对者为终极参照点，反思世界历史的过程，在其中辨识有智慧的意义与目的。视自然世界的历史为有目的却无智慧的发展，就等于是采取决定论立场，而这种立场排除了任何实质意义上的“自由”。但自然世界历史的发展若是无目的又无智慧的，那么非理性主义就会是正确的世界观：宇宙是混乱而不可解释的，而人类心灵毫无合理性可言。黑格尔无法接受非理性主义，也无法接受决定论。对他而言，

5. Immanuel Kant, *Religion within the Bounds of Bare Reason*, trans. Werner Pluhar (Indianapolis: Hackett, 2009), 32, 56-57. 此处“性向”在汉语学界经常译为“禀赋”或“禀赋倾向”。

自然主义无法避免非理性主义或决定论的结论，因此他坚持在他的思辨哲学当中为“上帝”概念保留核心的地位，视其为诠释世界历史的终极参照点。在这点上，黑格尔在后康德时期的西方文化处境中，为传统基督教提供了重要的助力。

然而当巴文克、巴特、范泰尔等基督教思想家在黑格尔那里找到深具启发的哲学素材时，他们也发现了施特劳斯及费尔巴哈所揭示的事实：宗教的本质在黑格尔体系中无非是造偶像；上帝行动被约化为自然的因果与过程；上帝在人类集体意识之外没有独立的实存，而这基本上就意味上帝并非客观实存的主体。黑格尔想要用上帝创世的终极目的来解释宇宙生成的有机性与意义，但他最终只能找到自然，除了自然以外他一无所有。终极而言，黑格尔的体系当中没有客观实存的上帝；宇宙的生成若非无智慧、无意义的自然法则所定下的理性宿命，便是古希腊哲学家赫拉克里图斯那句名言所描述的“一堆随机堆成的垃圾”，但这都不是他能接受的结论。

二、超越性的界定：从无创有的造物者

施特劳斯还有一个洞见，一语中的指出德意志观念论哲学的唯物论本质。黑格尔笔下的“绝对者”是在历史过程中生成的，而施特劳斯评论道：“若假设绝对者被置于时间与变迁、对立与苦难之下，这与我们对‘绝对者’的概念是无可复和的。”[6]当然，施特劳斯这段文本是在批判新约福音书及希伯来圣经关

6. David Strauss, *The Life of Jesus Critically Examined*, trans. George Eliot, 3 vols. (London: Continuum, 2005), 1: 58.

于上帝受苦的叙事，但他此处的观念论术语着实耐人寻味。他似乎是在暗示，圣经关于上帝的叙事与黑格尔、施莱尔马赫观念论的上帝观相符，而这样的“上帝”并非超自然的客观实存者或真实意义上的绝对者：此“上帝”在人类与自然之外别无存在。

施特劳斯在此间接揭示，一个在理论上真实而充分的“上帝”概念，必须涵盖两个关于“超越性”的必要条件。这其实是西方哲学自柏拉图以降便已然肯认的。首先，在上帝与受造宇宙的关系当中，祂的超越性乃是由造物者与受造者之间的本体差距（ontological divide）所界定的。其次，上帝在其自身乃是永恒的（eternal）、自存的（self-existent）、不变的（immutable）、不受感的（impassible）、纯一的（simple）。唯有这样的上帝才能在真实而充分的意义上被称为绝对者：这是施特劳斯在概念上所肯认的。

我们在此先从造物者与受造者的本体差距谈起。在拉丁正统本体论当中，这差距的核心在于创造者与受造者的差异（Creator-creature distinction）。本书第三、四、五章呈现巴文克、巴特、范泰尔的思想时，或直接或间接预设了这概念。这是他们在本体论上与黑格尔最根本的歧异之一。

拉丁基督教传统，不论天主教或新教，皆以奥古斯丁的本体论为主要范式。对笔者亦师亦友的牛津大学博慕贺（Markus Bockmuehl）教授 2014–2015 年主持一个牛津大学与美国圣母大学（University of Notre Dame）跨学科合作项目，研究“从无创有”的传统。他们发现虽然希伯来圣经并未直接表达这概念，但第二圣殿犹太教在接触希腊哲学之后，已经很明确地发现，“从无创有”是对《创世记》1：1–2 唯一合理的诠释，尽管这术语尚未成形。[7]

奥古斯丁采用了“从无创有”的术语，发展出一套巨细靡遗的本体论体系，探讨形式与质料、灵魂与身体、上帝形像、恶的难题等哲学课题。这套本体论的核心无疑是基督教特有的，亦即三一上帝从无创造万物的教义。然而它许多方面也深受希腊哲学的影响，而如何界定奥古斯丁本体论与希腊哲学之间的关系及差异，是学界近一个世纪热烈辩论的议题。[8] 然而就连积

---

7. 见 Markus Bockmuehl and Gary Anderson，eds.，*Creation ex nihilo*：*Origins*，*Development*，*Contemporary Challenges*（Notre Dame：University of Notre Dame Press，2017）。

8. 1930 年代的欧陆学者提出有力证据，显示奥古斯丁在思想上十分依赖柏拉图主义，见 Willy Theiler，*Porphyrios und Augustin*（Halle：Niemeyer，1933）；Paul Henry，*Plotin et l'Occident*（Louvain：Spicilegium Sacrum Lovaniense，1934）。有一派学者主张将奥古斯丁界定为“基督教柏拉图主义者”（Christian Platonist），见 Philip Cary，*Augustine's Invention of the Inner Self*：*The Legacy of a Christian Platonist*（Oxford：Oxford University Press，2003）。另有一派学者提出所谓的“希腊–拉丁二分法”（Greek-Latin dichotomy）之范式，辩称奥古斯丁的拉丁思维无法掌握希腊本体论的复杂内容，故有别于希腊思想，不论是希腊哲学或是希腊教父，见 G. L. Prestige，*God in Patristic Thought*（London：SPCK，1959）。然而奥康奈尔（Robert O'Connell）已提出充分证据说服了主流学者，奥古斯丁其实十分熟悉希腊形而上学。他认为奥古斯丁基本上是位基督教思想家，但在许多重要的论证环节上跟随了柏拉图主义，与他自己的基督教出发点相违。相似地，利斯特（J. M. Rist）主张，奥古斯丁在他本体论的一些重要维度上，对柏拉图主义的依赖胜过了他对“从无创有”基本原则的委身，见 Robert O'Connell，*The Origin of the Soul in St. Augustine's Later Works*（New York：Fordham University Press，1987）；J. M. Rist，*Augustine*：*Ancient Thought Baptized*（Cambridge：Cambridge University Press，1994）。孟恩（Stephen Menn）等学者更直接地提出“奥古斯丁不是柏拉图主义者”，但他们也承认“在很大程度上”奥古斯丁的论述“与普罗提诺（Plotinus）的概念与教义相同”：Stephen Menn，*Descartes and Augustine*（Cambridge：Cambridge University Press，1998），144。另一些学者则更强调奥古斯丁与柏拉图主义本体论的根本歧异，然而就连他们也会承认，这位拉丁教父的思想保留了许多柏拉图主义的向度，见 Gillian Evans，*Augustine on Evil*（Cambridge：Cambridge University Press，1990）；Carol Harrison，*Beauty and Revelation in the Thought of Augustine*（Oxford：（转下页）

极强调奥古斯丁与希腊哲学之对立的学者，都会承认他本体论的许多要素乃借自柏拉图主义及其他古典哲学的来源。[9] 宗教改革后，许多新教思想家对奥古斯丁本体论提出批判性的修正，解决希腊形而上学与拉丁正统本体论之间难以调和之处。[10] 但奥古斯丁本体论建基于“从无创有”之说的基本架构，仍是整个拉丁正统的规范，新教及天主教皆然。拉丁正统的本体论可概述如下：

（接上页）Clarendon Press，1992）；Janet Soskice，“Augustine on Knowing God and Knowing the Self，” in T. O’ Loughlin，K. Kilby and S. Oliver，eds.，*Faithful Reading：New Essays in Theology in Honour of Fergus Kerr，O.P.*（London：T&T Clark，2012）；Gerald Boersma，*Augustine's Early Theology of Image：A Study in the Development of Pro-Nicene Theology*（Oxford：Oxford University Press，2016）。

9. 例如：艾文斯（Gillian Evans）主张，普罗提诺的“《九章集》（*Enneads*）包含了一套关于恶的理论，整体而言是被奥古斯丁拒绝的”，尽管奥古斯丁“保留了它许多部分的内容”，见 Evans，39。

10. 奥古斯丁关于“恶”的非本体论解释是个知名的例子。加尔文虽未完全拒斥奥古斯丁将恶解释为“善之缺乏”（*privatio boni*）的理论，但加尔文认为这种观点不够强调恶的实存与积极性，因此提出了“第一因”与“第二因”的区别。我们在第三章解释过改革宗传统的护理说对“上帝同在”（*concursus Dei*）的阐述：受造界一切事物的实存、一切事件的发生，皆有上帝行动为第一因，以及按受造规律进行的活动为第二因，两者并非“部分–部分”（*partim-partim*），而是“全然–全然”（*totus-totus*）的关系。根据加尔文的解释，在第一因的层面上，“恶”诚然如奥古斯丁所言，并无有效因（efficient cause），只有缺乏因（deficient cause），因为上帝的创造是一切受造存在的有效因，而上帝并未创造恶。但在第二因的层面上，恶诚然是实存的、积极的，其有效因是恶人的意志。事实上，就连在第一因的层面上，加尔文都对奥古斯丁的非本体论提出异议。他认为奥古斯丁及其跟随者将恶的发生单单归因于上帝的“任凭”（*permissio*）而“规避”上帝积极的意志，乃是严重的错误：John Calvin，*Institutes of the Christian Religion*（以下缩写为 *Institutes*）1.18.1，trans. Ford Lewis Battles，ed. John T. McNeill（Philadelphia：Westminster John Knox，1960），229。加尔文批评奥古斯丁关于上帝“任凭”的理论，认为非本体论传统当中“诸恶的生成不是借由上帝旨意，而仅仅借由祂的任凭”的说法“愚昧又脆弱”，John Calvin，*Concerning the Eternal Predestination of God*，trans. J. K. S. Reid（Louisville：WJK，1961），176。加尔文的理论模型当然会碰到许多需要仔细处理的难题，在此无法详述，见 Heath White，“Theological Determinism and the ‘Authoring Sin’ Objection，” in *Calvinism and the Problem of Evil*，ed. D. E. Alexander and D. M. Johnson（Eugene：Pickwick，2016）。

（一）三一上帝在内在于祂本体（*ad intra*）的永恒关系与行动中乃是自存者。

（二）上帝之外一切事物皆是生成的，不是自己生成，而是被上帝创造。上帝在原初创造（original creation）的单一行动（物质的受造与受形并非两次行动）中从无创造宇宙万物。

（三）上帝是造物者，在祂以外的万物都是受造者：此造物者与受造者的区别是拉丁基督教教义所有内容的前提。

（四）终极而言只有两种存在：上帝之为永恒自存的存在，亦即奥古斯丁所谓"存在自身"，以及受造的存在。后者在被上帝造出前，没有任何质料或形式的实质实存。

（五）上帝的良善乃绝对、至高、不变的。

（六）由于万物实存的因（目的因、有效因等）乃是造物者的良善，一切受造物在本性上皆是良善的，尽管此善性并非不可改变亦非绝对，而仅仅各从其类、各安天命实存为相对的良善者。

（七）在上帝及受造物之外没有第三种实体，因为如果在上帝之外有某种非受造者，那么这东西就会是独一上帝之外自存的某种第二个神，但三一上帝是独一无二的真神。

在奥古斯丁的论述中，"从无创有"之说与基督教本体论对上帝超越性的理解相辅相成。上帝的超越性"不像油之浮于水上，亦不似天之高于地"。[11] 上帝的超越性在于祂是永恒自存的

11. Augustine, *Confessions*, trans. Henry Chadwick（Oxford：Oxford University Press, 1991）, 124.

造物者，而祂以外的一切皆是从无被祂所造，本于祂、倚靠祂、归于祂。[12] 这套本体论乃是巴文克、巴特、范泰尔所传承并坚持的思想框架。

三、自存性的界定：超越者的可知性

奥古斯丁如此定义超越性，较之柏拉图主义更为彻底而激进：柏拉图主义透过某种“流溢”过程的理论，在上帝与受造者之间设定某种本体上的连结。奥古斯丁笔下的“从无创有”意味，上帝与受造者之间没有任何本体连结，上帝相对于人类的可知性不在于本体的连结，而在于某种类比。这对奥古斯丁造成了可观的挑战，因为他必须在理性上阐述基督教圣经所言说的**上帝是**（*God is*），而这断言是连柏拉图主义那种较弱的超越性哲学表述都不允许的。

柏拉图主义坚持**超越性**必须包含**不变性**，而这就意味超越的良善者（the Good）或太一（the One）不能参与任何行动，因为行动包含变迁。因此良善者或太一并未创造世界而是德穆革（Demiurge）透过中介的世界之魂（World-Soul）创造了宇宙。再者，柏拉图主义对超越性的理解包含了某种绝对的独一性与纯一性，拒斥任何内在于上帝本体的主客体分化。如此，上帝之为良善者或太一，不能被称为“存在”（being），因为其“存在”意味其之所**是**（*is*），而太一或良善者不能够**做**它自己（*be* itself）或认识它自己，因为自我认同（self-identity）及

---

12. Ibid.

自我认识（self-knowledge）预设自我的主客体分化。

奥古斯丁面对的挑战，是要言说上帝的“存在”，亦即上帝之所“是”，同时又在基督教本体论的预设上坚持上帝的超越性。阿奎那诉诸亚里士多德形而上学的因果论，描述上帝之为“我就是**我是**”（I am *I am*/*ehyeh ahser eheyh*）之“自有永有者”的方式，对奥古斯丁来说仍是陌生的，尽管他应该对亚里士多德主义有相当程度的了解。再者，奥古斯丁认为柏拉图主义学派在许多方面能够与基督教结盟，但他认为追随亚里士多德的逍遥学派整体而言难以与基督教调和。如孟恩（Stephen Menn）所言，“奥古斯丁说次等的东西**在**，因为它们是从上帝来的。圣托马斯［阿奎那］或许会说一样的话；但托马斯的意思会是，上帝借由将实存的行动（act of existence）传递（communicating）于自身不具实存的诸本质，使得受造物实动地实存”。[13] 奥古斯丁并未提出这样一套论述。

他用希腊哲学“存在”的概念理解“上帝”，并在《忏悔录》一段知名的论述中解释道，二者在概念上的联系乃出自他对“我就是**我是**”（出 3：14，和合本译为“我是自有永有的”）之神圣名讳的解经（7.10.16）。他所面对的难题是上帝的存在（上帝“是”）与祂的超越性之间的概念性张力，因为超越性包含纯一性。奥古斯丁接受柏拉图主义以纯一性理解上帝超越性的基本进路。然而“我就是**我是**”这句宣告，与柏拉图主义所论述的超越性与纯一性相悖。若要前后一致地贯彻上帝超越性

13. Menn, *Descartes and Augustine*, 169.

的概念，上帝的自我启示似乎在理论上就是不可能的，甚至上帝的自我认同、自我认识都变得不可能。超越的上帝似乎不可能对摩西宣告“我就是**我是**”，却又不在这自我启示的行动中摧毁祂自己的纯一性与不变性。

我们在本书中一再发现，黑格尔所面对的正是这难题，只不过它是以一种现代（后康德）的形式浮现于黑格尔笔下。黑格尔驳斥上帝不可知性的策略是将本体三一约化为一个逻辑三一，并将严格意义上的超越性单单归于逻辑三一的第一动相：超越性与临在性的对立，会在上帝生成的过程中被弃存扬升。换言之，上帝的纯一性及不变性被弃存扬升，使得原本不可知的上帝变为可知。这样的策略当然也就扬弃了造物者与受造者之间的区别。

自奥古斯丁以降，拉丁本体论的正统三一论一直是人类言说上帝纯一性与多样性的依据。如奥古斯丁所言，上帝是“既纯一又多样的实体”。[14] 在《论三位一体》(*De Trinitate*）第八卷的结尾，他提出著名的“三一圣痕”之说，将人间的爱解释为三一本体位格间之爱的“圣痕”：“爱属乎一个爱的付出者，而随着爱的行动，有一个被爱的对象。看哪，如此就有三个要素：付出爱的、被爱的，以及爱。”[15] 奥古斯丁接着在第九卷继续用这套论述解释新约圣经著名的宣告：“上帝就是爱。”（约壹 4：16）[16]

14. Augustine，*On the Trinity*，ed. P. Schaff，trans. A. W. Haddan（Edinburgh：T&T Clark，1887），101.
15. Ibid.，124.
16. Ibid.，126.

奥古斯丁宣称，爱有三个维度：爱的主体、爱的对象、爱的行动。黑格尔笔下的“主体—对象—行动”，将上帝约化为历史过程当中的三个逻辑动相。原版的“主体—对象—行动”在奥古斯丁笔下，则提供了三一上帝自存性的理论基础：上帝不需要祂以外的存在作为爱的对象，祂就是爱，因为祂是三一者，在祂里面自有而永有爱的主体、爱的对象、爱的行动；祂就**是**爱的主体、对象、行动。我们在本书第四章看见，巴特正是诉诸奥古斯丁这套本体三一论，在黑格尔之后坚持三一上帝不可弃存扬升的绝对性，亦即祂在其自身、为其自身的自存性。奥古斯丁的三一论意味，上帝不需要祂之外的异在，才能自我实现为上帝。祂是三一者，而作为三一者，祂在祂纯一而不变却又多样而动态的存在中，能够爱、被爱，且作为爱的行动本身。

奥古斯丁《论三位一体》第九卷将“主体—对象—行动”的理解应用于认识论。他提出，人类的自我认识就像爱一样，是三一上帝按祂形像造人时所留下的圣痕。[17] 这就使奥古斯丁得以在坚持上帝的纯一性时，又能言说“爱”与“认识”等内在于上帝本体的位格际关系与行动。在奥古斯丁那里，纯一上帝不是静态的实体，而是又真又活的动态主体、对象、行动，是行动中的存在（being-in-act）。这就使得奥古斯丁得以言说上帝，而一旦上帝被确立为可言说的对象，他就摆脱了柏拉图主义的束缚，称上帝为“存在”。

---

17. Ibid., 126–133.

四、超越性、不可参透性、可知性：类比法的探寻

然而在这奥古斯丁的本体论当中，仍有一个相当可疑的柏拉图主义元素："三一圣痕"之说以及借自柏拉图主义的"形像"（*imago*）一词，可被解读为上帝与受造者之间的某种本体连贯性或本体类比。上帝从无创造万有，而奥古斯丁诚然会说"从无创有"同时指涉形式与质料。然而，"三一圣痕"一说似乎暗示，受造界的诸般形式并非从无生成，而是从上帝内在的本质流溢出来的。上帝与受造者之间的本体连结在中世纪的经院主义理论当中，又因阿奎那等思想家将亚里士多德形而上学纳入基督教本体论而被强化。这套形而上学将上帝视为宇宙实存的第一因。如我们在第二章及第五章所见，当这套亚里士多德主义之本体类比（*analogia entis*）的预设在理论上被前后一致地贯彻时，终究会导致一种黑格尔主义式的一元观念论。这种思想上的结论，是许多哲学家所乐见的，但对于传承拉丁基督教正统本体论的思想家（包括阿奎那）而言却难以接受。

在拉丁思想史上，加尔文是强而有力地在理论上斩断造物者与受造者之本体连结、重申克尔凯郭尔后来谓之二者间"无限本质差异"的重要人物。巴特与自由派决裂后深受克尔凯郭尔启发，在一封 1920 年代的书信中称这位丹麦思想家笔下"无限本质的差异"为"天地之间巨大的加尔文主义差距"。[18]

18. T. F. Torrance, *Karl Barth: An Introduction to His Early Theology, 1910–1931* (Edinburgh: T&T Clark, 1962), 49.

加尔文在“第一因”与“第二因”之间划下重要的区别。他所有关于上帝行动与受造世界之关系的论述，皆预设了这区别。在一部出版于1558年论护理的著述中，他写道：“我在每一处都区分第一因及第二因、近因及远因。”[19]他在1559年版的《基督教要义》中解释道，上帝的意志是“万事的第一因、至高的因，因为在祂的命令之外，没有任何事情能够发生”。[20]在加尔文笔下，“第一因”亦作“远因”“间接因”“隐藏因”；“第二因”又称为“近因”“直接因”。他在一段题为“不可忽略直接因!”的分节中提出，万事发生皆有“第二因”，亦即受造的自然规律之下的因果关系。[21]

那么，世间诸事发生时，在何等程度上是出于上帝之手（第一因），又在何等程度上出于自然（第二因）？我们在第三章解释“上帝同在”（*Concursus Dei*）的概念时提出，按照加尔文传统的理解，万事发生全然是出于上帝之手，也全然出于自然。再者，加尔文之所以称第一因为“隐藏因”，是因为人类理性无法参透上帝的作为、臆测上帝在永恒中预定万事的旨意；人类理性所能明白的，只有自然界的因果关系。类似的观点对中华文化亦不陌生。春秋时代，郑国子产论及自以为可观天道而知世事的预言家，说道：“天道远，人道迩，非所及也，何以知之？”（《左传・昭公十八年》）

加尔文在第一因及第二因之间划下的重要区分，对于创造

19. John Calvin, *The Secret Providence of God*, trans. Paul Helm（Wheaton：Crossway, 2010）, 101.
20. Calvin, *Institutes*, 1.16.8, 1：208.
21. Ibid., 1.17.9, 1：221.

者与受造者的本体关系有重要的含意。不论柏拉图主义或亚里士多德主义、奥古斯丁抑或阿奎那，都在造物者与受造者之间提出某种本体上的连贯性。[22] 上帝以及祂的创造之工在这些本体论体系中，以不同的方式被描绘为某种因果链的第一环，而这样勾勒出的一幅图画，其时已经隐含了黑格尔的一元论了。在这种本体类比的框架下，上帝之为形而上的“因”，与世界因果链上其他的“因”并无本质差异，尽管奥古斯丁及阿奎那都极力试图说明上帝之为“第一因”，与宇宙内所有的因都不一样。

加尔文在第一因与第二因之间所作的区别，使得他之后的新教思想家能够将上帝的创造之工视为一种在本体上与自然因果具有无限本质差异的因。倘若他们能够同时用“因”这个字来指涉上帝**在时间之外**并**使用时间**（*outside of time* and *with time*）的超自然工作，以及自然世界**在时间以内**的运作，那是因为上帝本体之外（*ad extra*）的诸般行动与工作皆是对祂内在（*ad intra*）本质的自由表达。我们在第四章讨论巴特时所提到的“实动本体论”，采取的正是这样的思维模式。

当然，加尔文对上帝自由的理解有相当重的唯意志论（voluntaristic）倾向，以致他甚至会在某种意义上称上帝为恶的作者。在他笔下，上帝的意志有时似乎会违背祂内在的属性。十七世纪认信正统时期的主流改革宗思想会更加强调上帝内在

---

22. 当然，这断言需要相当详细的解释，但这题目超出本书处理的范围，详见 Archie Spencer，*The Analogy of Faith*：*The Quest for God's Speakability*（Downders Grove：IVP Academic，2015），40。

本质与外在行动及工作之间的完美对应。巴特虽然明确地扬弃了改革宗认信正统，但他仍在其影响下坚持上帝“不能”违背祂自己的本性以及已然立定的旨意（见本书第四章）。巴文克及范泰尔则完全遵循认信正统的规范，用“原版-复刻”的框架来表述上帝本体存在与祂外在之工的完美对应。这种路线的基督新教本体论旨在映现上帝及受造界之间最亲密的关系，同时又在理论上坚守造物者及受造者之间最严格的无限本质差异。

在黑格尔的体系中，宇宙终极而言就是上帝之所是，虽然这同一性并非直接的。上述基督新教沿袭自拉丁正统本体论的理论路线则一以贯之地强调，受造宇宙乃上帝之所是（亦即上帝的存在）的自我**表达**。如此，自然的宇宙以及它的历史就被理解为上帝的**自我启示**，这是**外在于祂本体**的行动，并不属乎祂的存在或本质。由于有限的宇宙是上帝外在于祂本体的自我表达，它透过其有限性所启示的那位不可弃存扬升的主体（三一上帝），是人类有限的心灵无法一览无遗、全然参透的：自奥古斯丁以降，拉丁正统本体论始终坚持“有限者无可承受无限者”，而上述基督新教的理论框架，正是要贯彻这本体论及认识论的公理。

黑格尔及他那一代的德意志观念论者，其实基本上也同意这公理。黑格尔同时又认为，人类意识必须于本体意义上参与在绝对知识当中，亦即上帝全然参透一切奥秘的知识，否则人的心灵就不是理性的。他并不认为任何个殊的人能够全然参透宇宙的奥秘，但他在相对者及绝对者、有限者及无限者之间设定了某种意义上的同一性，使得人类的集体意识、人类这物种在理论上终极而言能够如上帝般参透万事。然而我们在第二章看见，黑格尔在晚年的宗教哲学中，对于人类理性的潜能有愈来愈强烈的保留。他不但不认为任何个殊的人作为认知的主体能够参透现实的真理，反而在晚年开始认为，集体而言，人类始终需要宗教作为哲学真理的表象，不可能如上帝般直接参透逻辑的绝对概念。我们无从得知这在黑格尔眼中，究竟是他哲学体系的危机抑或转机，但他在晚期思想当中透过宗教哲学所表达的转变，却十分值得哲学研究者继续去探索（正如我们在第二章所言，这课题对许多黑格尔研究学者而言仍旧相当陌生）。或许黑格尔在晚年渐渐向拉丁基督教正统靠近（有学者甚至认为黑格尔的哲学体系与正统基督教是一致的）：就文本及史料而言，我们诚然无从得知。[23]

范泰尔指出，拉丁正统本体论——特别是上述基督新教的表述——当中“上帝之不可参透性”的教义预设，“上帝全然认识祂自己，且祂全然认识祂所造的世界”。[24] 这事实上也是黑格尔的预设。或许是受德意志西南的神秘敬虔主义的影响，他认为人类能够在某种本体意义上有份于上帝的自我认识，但是这种本体论的终极神人同一性在巴文克、巴特、范泰尔眼中，会磨灭上帝知识与人类知识之间的差异，进而违反黑格尔的用意，导致否定绝对知识之可能性的结论。

---

23. 见 Stephen Theron，*The Orthodox Hegel：Development Further Developed*（Cambridge：Cambridge Scholars Publishing，2014）。
24. Van Til，*An Introduction to Systematic Theology*，294.

巴文克、巴特、范泰尔同意黑格尔思辨哲学的一个重要洞见：三一绝对者是人类的意识反思宇宙真理的终极参照点。但他们在加尔文思想的影响下坚持，人类意识之为反思的邻近出发点，以及三一绝对者之为终极的反思出发点，并没有任何本体上的连结，更遑论任何意义上的本体同一性。这三位现代新教思想家与黑格尔皆采取“信仰追求理解”的认识论，拒斥他们眼中康德在知识与信仰之间所开裂的理论鸿沟（笔者认为这是对康德的误解）。然而我们在本书中多次指出，黑格尔的信仰是笛卡尔式的（Cartesian），以“我思”及“我在”为终极意义上的绝对者、信仰的对象；巴文克、巴特、范泰尔的信仰则是安瑟尔谟式的（Anselmian），在上帝的知识与人类知识之间预设了本体上无限本质的差异。上帝之为永恒自存的三一者，拥有不可弃存扬升的自我认识，这种认识并非在过程中生成，而是自有永有。人类的知识不能于本体意义上参与在上帝知识之中，却能够透过上帝在基督里创造及护理之工的自我启示而对应于上帝的知识。这是一种“信仰的类比”（*analogia fidei*），亦即“信仰之理”（*ratio fidei*）与启示的“真理之理”（*ratio veritatis*）之间的对应，在此对应关系当中，三一造物者乃是无可弃存扬升的主体。就连在成为被认识的客体及对象时，祂都是这被认识的过程当中的绝对主体，因为人类对祂的认识，是由祂自己的启示行动所实动化的。这其实正是加尔文那著名的认识论辩证在现代语境中的重述：人若不认识上帝，就不能认识自己（及受造界），而人若不认识自己（及上帝所造的一切），也无从认识上帝。人必须从自己的意识以及受造的世界出发去反思、映现上帝，但这只是邻近的参照点：终极的参照点在于反思受造启示后所映现出的上帝以及祂造物的旨意。

范泰尔写道："如果人要知道关于那超越他的创造者以及赐律者的神圣心智之事，他就必须仰赖这神圣心智自发的自我启示。"[25] 再者，宇宙之为上帝自发的自我启示之工，乃是宇宙之可智知性（intelligibility）的充分必要条件。"这启示的自发性，不单单是在上帝直接对人说话时显现的；它同样清楚地显明在受造宇宙的每件事实之中。因为受造宇宙自身便是由上帝的自发行动所生成的。唯独由此观之，它才能够被智知。"[26]

在这样一套本体论与认识论的框架下，一切受造现实的内在必然启示性不仅意味人能够真实地、系统地认知上帝及宇宙，就算这认知不可能是全面参透。"每个与我面对面的事实具有启示性"：这还意味没有人能够规避上帝的真理。[27] 黑格尔也认为全人类都无可规避地参与在绝对者的真理当中，但这种参与是一种在体性（ontic）的参与，而非安瑟尔谟思辨传统当中的纯理性（noetic）参与。换言之，在黑格尔的思辨哲学当中，每个人的心灵意识都是上帝有机真理之生成过程的一员，与上帝的真理有本体的连结；在范泰尔、巴文克等新教思想家所属的安瑟尔谟的思辨传统中，人的理性就算不以信仰之理对应真理之理，"人类之为按上帝形像受造者诚然（在某种意义上）知道

25. Van Til, *An Introduction to Systematic Theology*, 292.
26. Ibid.
27. Ibid.

上帝，且无法不知道上帝”（当然，范泰尔及巴文克都误解了安瑟尔谟，关于这点我们已经在三章及第五章解释过）。[28] 范泰尔精辟地注意到，如此阐述上帝的可知性、不可参透性，以及不可规避性，预设的正是被黑格尔贬称为“旧形而上学”的一套本体论，是黑格尔采取后康德认识论框架，预设超越性及可知性的对立之后所“拒斥”的。[29] 本书已指出，巴特及范泰尔皆不接受这种后康德的认识论预设。

巴特在安瑟尔谟思辨法的模式下，会同意范泰尔与巴文克借自科学革命先驱开普勒的名言所表达的类比法：上帝在创造及圣经中以基督为中心的启示意味着，人类能够“跟随上帝的思维去思想”（见本书第三、五章）。[30] 然而巴特与巴文克、范泰尔有所不同，他认为这种信仰的类比并不意味“基督教世界观”的可能性：巴特在思想生涯上终其一生斥拒“世界观”（worldview/*Weltanschauung*）及“体系”（system/*System*）的说法。这并不是因为他受到某种新康德主义认识论的局限（如第四章提及的“修正学派”巴特研究者所想象的），而是因为他力图避免十九世纪德意志观念论在建构世界观的知识体系时“陷入那我与祢（*das Ich und Du*）相互融合的中立范域”的结果。[31] 巴特与巴文克一样，坚持神学（尤其是教理学）乃是一门以上帝为研究对象的科学（*Wissenschaft*），而这反映一个事实：巴特认为对上帝的认识乃是真的理性知识、科学认识（*Wissen*）。

---

28. Ibid., 294.
29. Ibid.
30. Ibid., 292.
31. Karl Barth, *Unterricht in der Chrisliche Religion*, 1. Band（Zurich：TVZ, 1985）, 75.

他不接受他眼中康德在“不可参透性”与“不可知性”之间所划下的等号。事实上，巴特接受古典西方神学以“上帝本质不可知性”定义“不可参透性”的教理，而康德笔下的上帝不可知性，其实并未偏离这古典教理。这意味巴特并不似黑格尔等后康德时期观念论者，认为真的理性知识必须具有**参透**宇宙奥秘的潜在性。如此观之，当巴特拒斥“世界观”及“体系”时，这两个概念乃是被定义为一种**参透**的、**全知**的直观认识，而其实巴文克及范泰尔也会反对这种十九世纪德意志观念论意义上的“世界观”及知识“体系”。

然而，巴特的确无法像巴文克、范泰尔那样，发展出一套“基督教世界观”作为所有学科（亦即知识体系）的基础。巴特只能称神学为认识上帝的理性科学，但他无法以神学为基础，保证其他学科的科学性。虽然他经常谦虚地借重其他学科对人类知识的贡献，但他又经常在字里行间透漏他对这些学科的某种负面态度：他拒斥自然神学，而他认为一切以自然为研究对象的学科，皆无法摸着宇宙的究极真理。究其缘由，这乃是因为巴特的基督中心本体论（见本书第四章）将创造论纳入了基督论的范畴，而既然“自然”（nature/*Natur*）都是在基督里被规定（determined/*bestimmt*）的，那么巴特就只能否定巴文克及范泰尔在“普遍启示”（general revelation）及“特殊启示”之间划下的区分。

在巴特那里，关乎自然历史的知识离不开关乎救赎历史的知识，但是在巴文克及范泰尔那里，这两种知识虽也有不可割离的结合，却始终有不可磨灭的区别。这使得巴文克及范泰尔能够将神学视为众学科的王母及女仆（queen and handmaid of the sciences），贯彻柏拉图、亚里士多德、黑格尔的意图，以神学的制高点为其他学科提供黑格尔所谓的合理性（rationality/*Vernünftigkeit*），同时又全然尊重每个学科独立于神学及其他一切学科的范域主权。

至于巴特的路线及巴文克、范泰尔的路线在这差异上的优劣，就必须由读者自行判断。也或许读者会更加认同黑格尔。认同巴特的读者可能会担心，巴文克及范泰尔的那套科学观会导致克尔凯郭尔在十九世纪极力对抗的那种文化基督教（cultural Christianity）、一种没有基督的基督教（Christless Christianity），甚至演变成一种神治论（theonomy）。确实也有极端的新加尔文主义实践者在社会上以某种“文化使命”的名义，以神学及宗教侵犯其他的知识学科、社会范域，但这显然违反新加尔文主义“范域主权”的思想。另一方面，认同巴文克、范泰尔的读者可能会认为，巴特的基督中心本体论容易导致基督教关起门来自说自话。于笔者亦师亦友的原牛津大学马格丽特教席教授（Lady Margaret Professor）帕提森（George Pattison）先生论及巴特的《教会教理学》时，曾带著批判性的欣赏评论道，巴特借由这部巨著所达到的非凡成就，就是建构了一套“属于教会的语言游戏”（language game of the church）。从我们在第四章关于巴特如何使用观念论哲学“文法”的讨论就可以看见，建构一套自说自话的语言游戏绝非巴特的用意。然而在巴特之后，确实有不少新教思想家在他影响下，走向这种关起大门建构基督教语言游戏的路线，侯活士（Stanley

Hauerwas）在许多读者的理解下就是这样的一个例子（且不论这种理解是否正确）。

不论如何，巴特虽然反对“世界观”与知识“体系”之说，但他基本上还是会同意范泰尔所言：我们能够使用“造物者所赐逻辑分析的礼物”，成体系地从启示的事实（*Tatsache*）去反思（*reflektieren*）这宇宙以及其造物者的真理。[32] 与此同时，巴特及巴文克也都会同意范泰尔在此所强调的，造物者与受造者的无限本质差异意味，我们对上帝以及受造宇宙成体系的真知识始终不可能“在任何一点上”成为上帝心思中的知识体系的“直接复制品”。[33] 这是他们三人的反思法与黑格尔思辨哲学之间的根本差异：他们坚持，人类受造的理性只能在信仰类比的框架下对应于上帝的智慧，但始终不可能在本体上与上帝的心灵有任何连结。

范泰尔提出，我们借由信仰预设之反思所获得关于上帝及宇宙的知识体系，“在每一点上都必类比于上帝的体系”。[34] 这并不是本体的类比。这类比出自内在于三一上帝本体的行动（*opera ad intra*）以及外在于上帝本体的行动（*opera ad extra*）之间的完美对应。如我们在本书三、四、五章所见，巴文克、范泰尔、巴特在黑格尔三一思辨哲学的语境中重申拉丁正统三一本体论时一再强调，内在于三一上帝本体的行动属乎上帝的本质，这本质在其自身且为其自身的绝对性乃不可弃存扬升

32. Van Til, *An Introduction to Systematic Theology*, 292.
33. Ibid.
34. Ibid.

的。外在于上帝本体的行动却是出自上帝意志的决定，这些行动并不能规定上帝在其自身而为其自身的存在，却以这本质为基础，规定上帝之为人类的上帝、宇宙的造物者的存在。巴文克、巴特、范泰尔一致坚持，人类始终是受造者，而上帝始终是造物者；我们的知识始终是反思的复刻，而上帝的知识始终是直接的原版。由于上帝外在的行动完美地对应于祂内在的本质，所以祂的经世之工皆表达着祂永恒之所是。人类心灵借由“信仰追求理解”的反思，能够得到上述复刻知识，成为上帝知识之原版的类比。

五、理性的复和

拉丁正统的本体认识论除了上述“有限者无可承受无限者”的公理外，还有另一基本原则：“堕落之人无法承受上帝话语。”（*Homo peccator non capax verbi divini.*）拉丁基督教传统对于人类的堕落，在理论上有不同派别的理解，这或多或少与时代文化背景有关。奥古斯丁与柏拉图主义、摩尼主义（Manichaeism）[35]的互动，产生了非本体论的传统，并奠定了“意志”（*voluntas*）的概念在拉丁堕落论当中的重要地位。安瑟尔谟受中世纪封建制度的荣辱文化（honor-shame culture）影响，在《上帝为何成为人》（*Cur Deus Homo*）当中以上帝荣誉之无价、人类所欠的无限罪债，解释人类堕落为对无限者的

35. 笔者认为译为“摩尼教”有时代错乱之嫌，因为奥古斯丁的时代并没有十九世纪历史主义所产生的“宗教”概念，如黑格尔般区分“宗教”与“哲学”。

冒犯。这种堕落论预设了某种分配正义（distributive justice）的理论。宗教改革在安瑟尔谟的基础上，加上了惩罚正义（retributive justice）的维度，强调人类的堕落乃是一种刑事意义上的责任，而不单是债务。不论是哪种模型，拉丁传统的堕落理论一致认为，人类的堕落乃是受造者对超越的造物者的反叛及冒犯。

宗教改革在堕落理论上的激进程度意味，正统新教思想，不论路德宗或改革宗传统，较之中世纪经院哲学更加彻底地强调堕落对理性的影响。十六、十七世纪路德宗认信正统及改革宗认信正统不但在创造论上反对“本体类比”，更进一步提出，堕落之人无法正确地诠释上帝借由所造之物而启示那明明可知的永能和神性。这原则在巴文克及范泰尔的著述中占有重要地位，而巴特虽不在认信正统的规范之内，但他也一以贯之地坚持这理论基础。[36]

人类的心灵是堕落的，必须与上帝复和，才能在知识上建立合理性及体系：这的确也是黑格尔在新教思想的影响下明确提出的观点。然而我们在第二章看见，黑格尔用哲学**概念**重新诠释了基督教陈述“堕落”的宗教**表象**。堕落不再被理解为受造者对超越造物者的反叛，而是精神在生成为上帝的弃存扬升过程中的自我分化。复和也不再被解释为堕落之人从上帝的刑罚所得的救赎，而是超越性及临在性的对立被弃存扬升时所达到的圆满状态。于是在黑格尔笔下，不但受造者与造物主没有

36. Barth, *KD* I/1, 479.

新教正统所述的“本体差距”(ontological divide)，在堕落之人与上帝之间亦无“罪的鸿沟”(gulf of sin)，使人无法以自己的意识为可信的出发点去思辨上帝。这就是为什么克尔凯郭尔在黑格尔之后，除了大声疾呼上帝与世界的无限本质差异外，亦反复强调罪对理性认知功能的全面影响 (noetic effects of sin)。[37]

巴文克、巴特、范泰尔等新教思想家对黑格尔逻辑形而上学的复和理论提出的批评，本书已多次提出，上文也稍作解释，在此就不重复了。值得放在本书最后讨论的，是一个尚未处理的课题，亦即新教传统当中“自然”与“恩典”的区分。这区分乃是拉丁传统共有的，并非新教专属。奥古斯丁论意志的自由与捆绑时已然在“亚当的自由”(*libertas Adami*) 及“信仰的自由”(*libertas fidelium*) 之间设定了这区分：堕落之人在其虚伪的假自由 (*libertas peccatorum*) 之中无法认识上帝，需要基督救赎的恩典才能在“信仰追求理解”的道路上获得对上帝的认识。然而，堕落之后的人，是否可能对上帝拥有两种知识，亦即在救赎恩典之外凭着自然本性的亮光所得知关于上帝之事，以及借着救赎恩典所获得的认识？若是，那么这两者是否皆能构成真知识的**体系**，亦即理论理性的**科学**知识？

阿奎那的答案是肯定的，尽管他仍旧会说，在救赎恩典的启示之外所建立对上帝的自然知识没有牢固的基础，就像没有根的树一样。他提出，人类可以拥有两种关乎上帝的科学，一种是由在自然本性的亮光中以理性获得对上帝的知识所构成，

---

37. 参 Rasmussen, *Between Irony and Witness*, 93–95。

另一种则是教会透过上帝超自然启示所领受的神圣教理所构成。神学属乎哲学，而神圣教理终极而言是一种奥秘、超自然的知识，两者皆是关乎上帝的科学。

宗教改革对上述问题的回答，则更加复杂。一方面，新教正统会肯定自然与本性之光使得人类与生俱来就对上帝有某种认知，加尔文称之为“神圣感知”（*sensus divinitatis*）。这种认知使得人类无法规避上帝借由所造之物所启示的真理。十七世纪的新教经院主义正统时期，甚至有图伦丁（Francis Turretin）等思想家主张某种意义上的“自然神学”，但他们会比阿奎那更加强调自然启示及超自然启示的连贯性。加尔文将自然启示比做一本书，而堕落之人则像重度近视之人，虽然得见眼前这本书，却无法阅读书上的文字。他又将基督救赎的启示比做一副眼镜，戴上之人可透过它阅读自然启示这本书。图伦丁等十七世纪新教经院主义者便以这种模式强调，人的理性与本性之光必须在救赎启示的光照下，才能透过研究自然获得对上帝的真知识体系。这就意味自然神学及教义神学并非两种分庭抗礼的上帝科学；自然神学乃是以教义神学为基础，透过超自然启示去研究自然，使得教义神学更加丰富。

巴文克、范泰尔所属的新加尔文主义，与上述古典新教经院主义之间的异同，至今在学术界仍是有待厘清的课题，超出本书写作目的所界定的范围，在此就不详述。我们只需指出，本书第五章对范泰尔所提出的诠释，强调的乃是二者的连贯性。新加尔文主义以新教思想史较晚期的“普遍启示”及“特殊启示”之分，用德意志观念论“世界观”及“体系”的术语，呈现上述古典新教经院主义的基本框架。

在继续讲述新加尔文主义的思想前，巴特的立场值得我们先行稍作讨论。他在1934年与布伦纳（Emil Brunner）的著名论战中明确拒斥了普遍启示与特殊启示的区分，但这并非在淡化人类堕落之概念的前提下否定特殊启示的必要。巴特在那次辩论中强调："人在其自身没有能力寻见上帝的启示。只因基督已然降生，我们必须将世界视为在上帝眼中已然失丧的。"[38]我们在第四章看见，巴特思想进入成熟时期之后，用复和之恩的圣约历史重新定义了"自然"或"本性"（nature/*Natur*）：上帝所造的人类本性与世界的自然规律乃是"从上方"由基督的历史所规定的。这就意味自然与本性之光都是上帝在基督里的启示，并非独立于救赎性启示的某种"普遍启示"。

一方面，这似乎重新肯定了巴特早年否定普遍启示与特殊启示之区分的观点。另一方面，我们在第四章发现，巴特在1936年之前的著述中，对于"自然""本性"的描述相当悲观、负面，然而这种观点在1936之后渐渐转变，而他的晚期著述对于"自然"及"本性"的肯定较之奥古斯丁更为彻底，尽管他也仍旧强调人类在今世的景况全然而彻底地被堕落的历史所规定。巴特认为，当学者用一般学科的方法研究这世界时，他们能认识的世界只有堕落、无意义的世界，但无法看见上帝在基督里如何规定世界历史的一切。唯有在基督救赎历史的亮光下，

---

38. Karl Barth, "No! Answer to Emil Brunner," in Karl Barth and Emil Brunner, *Natural Theology, Comprising "Nature and Grace" by Professor Dr. Emil Brunner and the Reply "No!" by Dr. Karl Barth*, trans. Peter Franekel (Eugene: Wipf and Stock, 2002), 116.

我们才能明白亚当的历史不仅是堕落历史，也是被救赎的历史。这套论述其实已经与新加尔文主义相当靠近：如上所述，新加尔文主义认为，堕落后的人类必须在特殊启示所揭示的“创造—堕落—救赎”之“救赎历史”亮光下，才能明白普遍启示的含意。

巴特拒斥的乃是一种特定形式的普遍与特殊启示之分：这种形式的区分，将特殊启示视为上帝外加于普遍启示的堕落后行动，而普遍启示于在体性（ontic）的层面上能够独立于特殊启示而拥有自身的意义，尽管在纯理性（noetic）的层面上，堕落之人必须透过特殊启示才能明白普遍启示。换言之，上帝创造之工的意义与上帝的救赎之恩没有在体性的关连。巴特不接受这样的区分，但其实巴文克及范泰尔也不接受。在巴文克及范泰尔的思想体系中，普遍启示与特殊启示就像两个同心圆，普遍启示在外圈，特殊启示在内圈，二者是有重叠的。二者皆具有历史性：一切启示都具有历史性，而所有的历史都具有启示性。普遍启示是宇宙历史；特殊启示是救赎历史。救赎历史以宇宙历史为上演的舞台；宇宙历史以救赎历史为发展的剧本。借用巴特的术语，普遍启示是特殊启示的外在基础；特殊启示是普遍启示的内在基础。巴特似乎并未理解巴文克笔下这种形式的普遍与特殊启示之分，而当然巴特也从未拒斥过这样的区分。

当然，巴特在《教会教理学》III/3 的序言中有段相当知名的文字，以愤怒的口吻辱骂了所有的“荷兰新加尔文主义者”，声称他们在对他的误解与批评中“显示他们自己是愚蠢、冷酷、硬心之人，是我们不需要聆听的人”。[39] 但这其实是因为范泰尔等特定荷兰裔改革宗人士用简单粗暴的方式曲解了巴特的文本，将他斥为异端，导致他以情绪化的方式反击。事实上，巴特在 1920 年代曾与荷兰改革宗人士交好，但后来巴特不接受认信正统的规范，以致双方渐行渐远。[40] 值得注意的是，巴特在《教会教理学》IV/2 序言的结尾，特地为他在 III/4 的不当言论郑重道歉，指出自己不应一竿子打翻一船人。[41] 他特地提到了柏寇伟（G. C. Berkouwer）的《巴特神学中的恩典凯旋》（*The Triumph of Grace in the Theology of Karl Barth*, 1954）——虽然作者在书中也忽视了巴特的实动主义并对巴特提出了严厉的批评，但巴特却予以这部著作充分的肯定：“撇开其中一切保留与批评，这部著作乃是以如此严谨、善意、公允的方式写成——为了盼望能够还有其他这样的作者——我想要在此全然收回我过去在长年刺激下突然释放的那些笼统因而缺乏根据的言论”，亦即他在 III/4 所表达的情绪。[42]

此外，我们在第三章提到，巴特其实十分推崇巴文克，认为巴文克在具有重要历史地位的现代基督教思想家当中，是唯一一位正确处理超越者之不可参透性及可知性，并建立教理学之科学性的人物。但或许碍于语言的隔阂，巴特极少引用巴文

---

39. Barth, *CD* III/4, preface.
40. 见 George Harinck, "'How Can an Elephant Understand a Whale and Vice Versa?' The Dutch Origins of Cornelius Van Til's Appraisal of Karl Barth," in B. McCormack and C. Anderson, eds. *Karl Barth and American Evangelicalism* (Grand Rapids: Eerdmans, 2011), 13–41。
41. Barth, *CD* IV/2, preface.
42. Ibid.

克的著述，似乎他一生当中并未有机会深入研究巴文克的思想。巴特固然拒斥了布伦纳在新正统主义框架下所提出的普遍启示与特殊启示之分（再次强调：巴特不是新正统！），但他若有机会仔细阅读巴文克，或许能够欣然接受新加尔文主义在此议题上的许多观点。[43]

范泰尔在某种信仰类比的框架下论述人类领受特殊启示的方式，其实与巴特的思辨法颇有异曲同工之妙。二者皆否定了黑格尔那套笛卡尔式的思辨哲学，采取了安瑟尔谟式的思辨（尽管范泰尔因误解而拒斥了安瑟尔谟的本体"论证"——其实这并非"论证"）。范泰尔写道："因此当上帝对我言说一些直接关乎祂在世界之外的存在的事情时，我能够在我自己经验的层面上重复祂已然言说的话语。"[44]他与巴文克、巴特皆反对黑格尔的后康德观念论预设：黑格尔、谢林等后康德时期观念论者认为，人类对上帝的认识全然局限于历史中的事件与行动，而上帝在世界之外永恒自存的本质对人类理性而言是不可知的。巴特的进路确实与巴文克及范泰尔有差距，但三者皆坚持拉丁传统的"上帝言说"（*Deus dixit*），主张上帝超越而不可参透的存在能够被堕落之人认识，因为上帝在复和的恩典之中对人言说了关于祂自己的真理。"譬如，当祂告诉我，祂在创世以先就已然从亘古实存至今，我能够重复祂的话语，说道'上帝是永恒的'"，尽管"显然上帝全然掌握祂言说的含意，而我并未

---

43. 徐西面近期研究的成果值得参考：Ximian Xu，"Herman Bavinck's 'Yes' and Karl Barth's 'No'：Constructing a Dialectic-in-Organic Approach to the Theology of General Revelation，" *Modern Theology* 35（2018）：323–351。

44. Van Til，*An Introduction to Systematic Theology*，293.

如此”。[45]

对范泰尔而言，特殊启示乃是人们成为黑格尔追求成为的“理性主义者”的前提。[46] 当然，范泰尔并不是指哲学史意义上的现代欧陆理性主义。他与巴文克皆能认同黑格尔对“理性”所设的一些条件：宇宙若是合理的，而人类的心灵若是理性的，那么人类意识就应该能够以逻辑体系来诠释宇宙现实。这是范泰尔此处所指的“理性主义”，而他认为救赎性的启示乃是人类心灵之合理性的必要条件。巴特或许对“特殊启示”一词有所顾忌，且对“体系”一词有所保留，但他基本上会认同巴文克与范泰尔此处的观点。三者皆认为，是拉丁正统本体论当中创造者与受造者的本体差距、上帝的不可参透性，以及救赎性的启示，使得堕落之人得以凭信仰认识不可弃存扬升的三一主体，并在这信仰的预设上追求理解，反思上帝的本质、旨意、行动、工作，进而回过来诠释祂所造的世界。“上帝毫无遗漏地认识祂自己，而我能正确地认识祂，却不能毫无遗漏地参透祂。再者，上帝所告诉我那些关于我自己或是这世界的事，与祂所告诉我那些关于祂自己的真理，是一样真的。”[47] 这是因为上帝外在行动及工作的真理，以一种实动的方式完美地对应于上帝本体的真理。一反黑格尔在超越性及可知性之间所设的对立二分，巴文克及晚期巴特会全然赞同范泰尔所言：上帝的不可参透性“完全不会”贬损“任何领域当中［知识］断言的可

45. Ibid.
46. Ibid., 291.
47. Ibid., 293.

能性”。[48] 反之，当救赎性的启示使得人类心灵与上帝真理复和时，上帝的不可参透性恰恰保障了人类心灵的合理性，使之不被融入上帝心灵而成为宇宙精神的一部分，反而保证人类能够作为真正的人类，以上帝及宇宙作为外在于心灵的实存对象而认识之。

48. Ibid., 294.

词汇表

绝对者（the Absolute / *das Absolute*）

黑格尔将传统的“上帝”概念理解为“绝对者”。在文法上，他使用了德语的形容词性名词，亦即在“绝对”（*absolut*）这形容词前面加上定性冠词，以作名词使用。这种文法上的操作，显示黑格尔思想当中的主体-对象反转（subject-object reversal），意在颠覆传统欧洲语言的文法所反映的本体论思维。欧洲语言对于“上帝是绝对的。”（God is absolute.）这句命题习以为常：“上帝”是主语，“是绝对的”是谓语。当我们将主语及谓语颠倒过来时，就产生了一道耐人寻味的新命题：“绝对者是上帝。”（The absolute is God.）由于“绝对”原本是形容词，它若无相应的主语作为描述的主体，那么它就是抽象、虚无的。黑格尔经常使用形容词“绝对的”来描述诸般主语，譬如“精神”：精神透过三阶段的逻辑过程，进化为“绝对精神”。“绝对精神”就是“绝对者”：它是完全自我实现的精神，亦即精神之为精神的本质的圆满状态。“绝对者”作为一个形容词性名词，唯有在包含现象世界当中一切可能的主体时，方具有具体的内涵。绝对者并非在其自身（in itself/*an sich*）而为绝对之**所是**；它乃是透过为其自身（for itself/*für sich*）的阶段，达到在与为其自身（in and for itself/*an und für* *sich*）的阶段时，方**成为**绝对者。换言之，绝对者在其自身是空洞而虚无的，它必须先成为一个形容词性的主语，描述现象宇宙之万有，然后作为人类的意识，认识自己为包罗万象的绝对者。黑格尔称此认识为“绝对知识”。

绝对观念论（absolute idealism / *absoluter Idealismus*）

黑格尔使用“绝对”一词的方式，暗示上帝与现象世界之间的某种终极同一性（identity/*Identität*），尽管这种同一性并非**直接的**（immediate/*unmmitelbar*）。这派由黑格尔及谢林所提出的观念论，乃是对康德超验观念论（transcendental idealism/*tranzendentaler Idealismus*）的回应。根据黑格尔、谢林等后康德观念论者的理解（或误解），康德的超验观念论在心灵与外在世界之间设定（posit/*setzen*）了一道不可跨越的鸿沟。绝对观念论与超验观念论的根本差异之一在于，前者不再设定一个在其自身（*an sich*）的现实，它是在终极意义上与心灵二分的。绝对观念论主张，心灵就是万物，而万物皆是心灵。在黑格尔那里，这个“是”（is/*ist*）字必须被理解为“生成”（becoming/*Werden*）的过程。这种形而上学的进路，在认知的主体（人类意识）与被认知的对象（终极而言就是包含整个现实宇宙的绝对精神）之间设定终极的同一性。整个世界历史被视为精神透过人类全体意识在每个历史阶段中的彰显，自我实现为绝对精神的过程。这种神人之间的终极同一性（早期谢林的绝对观念论，设定了一种较为直接的同一性），旨在克服康德超验观念论当中的本体-现象鸿沟，以坚持人类对世界与上帝等形而上观念之理性知识的可能性。

抽象（abstract / *abstrakt*）

用以描述空洞、无内涵的对象的形容词。详见**具体普遍者**（Concrete Universal/*das konkrete Allgemeine*）。

现实性、实现（actuality，actualization / *Wirklichkeit*，*Verwirklichung*）

“现实”（亦作“实存”“实动”）是指某主体发展完成的状态（form/*Gestalt*），而“实现”则是指这发展的过程。黑格尔视“现实”及“理性”为同义词，而一切偶然的、非理性的，都只是在某种意义上不具现实性的**显象**（appearances/*Erscheinungen*）。不过，某个概念的显象所包含的偶然性，又可被称为“直接现实性”（immediate actualities/*unmittelbare Wirklichkeiten*）。直接现实者，必须透过显象的阶段，才能发展成终极现实者。黑格尔视终极现实者为上帝——亦即排除了一切偶然性的绝对理性者。

显象（appearance /*Schein*；*Erscheinung*）

在多数的英语及汉语文献中，黑格尔笔下 *Schein* 及 *Erscheinung* 这两个相关却有区别的词汇，皆被翻译为“显象”（appearance）。

（1）**显象**（*Schein*）：在日常用语当中，*Schein* 有“幻觉”（illusion/*Illusion*）的意思，而康德论及形而上观念时，也交替使用 *Schein* 及 *Illusion*。然而在黑格尔这里，相应于 *Schein* 的动词 *scheinen* 乃是指某概念的本质（essence/*Wesen*）透过自我隐藏的方式来自我彰显。这是典型的路德宗辩证，可见于马丁·路德十架神学（*theologia crucis*）当中“隐藏的上帝”（*Deus absconditus*）与“显明的上帝”（*Deus revelatus*）之间的概念联系。如此，*Schein* 乃是一种现象的帷幕，用以遮蔽概念的本质，使得本质能够在现象界当中显现出来。亦参见**存在**（being/*Sein*）及**本质**（essence/*Wesen*）。

（2）**显象**（*Erscheinung*）：*Erscheinung* 不同于 *Schein*，其并不包含隐藏性。**概念**（ceoncept/*Begriff*）或**理性者**（the rational/*das Vernünftige*）在 *Erscheinung* 当中，以偶然现象的**表象**（representation/*Vorstellung*）型态，将自己完全揭示出来。在此意义上，*Erscheinung* 指涉各个历史表象阶段当中之现象世界的整体。每个 *Erscheinung* 皆是流变的，必须被弃存扬升至下一个更贴近现实本质的 *Erscheinung*，直到整体被扬升至**绝对者**的动相（moment/*Moment*）。

存在（being /*Sein*）

或许“所是”会是更好的汉语翻译，本书多处亦作“所是”。黑格尔区分**本质**（essence/*Wesen*）及**所是**。德文的“本质”（*Wesen*）是拉丁哲学用语 *essentia* 的直译，这拉丁词汇源于 *esse*（是）。在传统上，*essentia* 被用以指涉各种本体概念上的“所是”或“存在”。在这种较传统的用法上，德文的 *Wesen* 及 *Sein* 是可以交替使用的：一件事物之“所是”即是它的“本质”。然而在黑格尔的用法当中，**本质**乃是一件事物的**概念**（concept/*Begriff*）基础：它是在**显象**（appearance/*Schein*）的帷幕之后，某件事物在其自身与为其自身的**规定**（determination/*Bestimmung*）。相较之，“存在”或“所是”则是某事物**透过表象**所显现出来的本质。

具体（concrete / *konkret*）

形容词，用以描述个殊者与普遍者的结合。当我们透过个殊性与普遍性之间的对立来理解世界时，我们的理解是抽象的。唯有透过个殊性与普遍性之间的**复和**（reconciliation/*Versöhnung*），我们才能具体地理解世界。见**具体普遍者**（concrete universal/*das konkrete Allgemeine*）。

具体普遍者（concrete universal / *das konkrete Allgemeine*）

在传承自古典哲学的传统形而上学中，理型（形式因）、共相（普遍者）通常被视为**抽象**的。譬如，“狗”是一个抽象的普遍概念，而哮天、八公、史奴比、莱卡则是属乎这普遍概念的个殊者。在传统上，个殊者通常被视为**具体**的。黑格尔亦在“抽象”与“具体”之间进行对立划分。他指出，倘若共相抽离了殊相，就不复实存，亦不具内涵了。黑格尔用**抽象**（abstract/*abstrakt*）一词指涉空洞而无内涵的思想对象。对他而言，抽象的不仅仅是从殊相抽离的共相，亦包括从共相抽离的殊相。一个**抽象个殊者**乃是一个从它的规定性概念被抽离的个殊物件。譬如，如果没有“狗”这个概念来规定八公之所是，那么“八公”就成了一个无法定义、不具定规性、什么都不是的个殊物件了。“具体”乃是“抽象”的对立面。黑格尔用**具体**（concrete/*konkret*）一词指涉个殊性及普遍性的终极一体性。如此，这词汇适用于共相，亦适用于殊相。普遍性发展为个殊性，而个殊性则发展为**个体性**（individuality/*Individualität*）。在其完满实现的动相中，普遍者完全具体化。“具体普遍者”这概念，是哲学史上的重要创见。它指涉宇宙所有个殊事物之间的有机一体性，并使每个个殊者有意义地联系于所有其他的个殊者。如此，唯有在具体普遍者的亮光中，观察者才能有意义地认知并思辨每个个殊的现象。

概念（concept / *Begriff*）

“概念”与“表象”（representation/*Vorstellung*）之区分，是黑格尔思辨法的关键之一。在日常德文当中，*Begriff* 及 *Vorstellung* 都可以翻译为“概念”（亦即日常英文当中的 concept、idea），但 *Vorstellung* 的指涉较广，且背负许多思想史包袱（见以下关于**表象**的说明）。在黑格尔的用语当中，表象思维是一种感性的理解，而概念思维则是**掌握**某事物的理性本质。德文名词 *Begriff* 是从动词 *greifen* 变化来的，最直接的字面意义是“抓住、握住”，其引申含意与中文“掌握”一词相近。黑格尔认为，但凡理性者，必然是真实而实存的；它是某事物的纯粹本质性。他并不否认抽象思考及逻辑的重要性，但他坚持，这纯粹本质性的整全真理唯有在历史现实中自我实现时，才能被我们认知。然而在现实的历史当中，概念必然透过表象被呈现出来，因而带有偶然的性质。

意识（consciousness / *Bewußtsein*）

在日常用语当中，“意识”一词乃是指涉清晰的心理状态，而黑格尔则用此术语指涉某主体对于特定对象的目的性意向。此外，黑格尔作为一位观念论者，在“主体的意识”与“意识的主体”之间画上等号（在这点上，他与康德、费希特是一致的）。他在《大逻辑》当中提出“意识”的著名定义：“意识乃是精神之为具体、自我知觉的知识。”

教化（cultivation / *Bildung*）

“教化”是黑格尔著作当中经常出现的主题。这德文字源于名词“图画”或“图像”（*das Bild*）。在现代德文当中，这个字有“教育”“陶冶”“教化”“文化熏陶”“人格塑造”等含意，较之狭义的学校教育

（*Erziehung*）更加广泛。“图像”与“教化”两个概念之间有趣的联系，源于中世纪德国基督教神秘主义的灵修法：信徒在默想时会瞻仰圣像，以达到灵命塑造的目的。到了长十九世纪，*Bildung* 这概念已经发展为德国文化的核心价值之一，被用以指涉心灵的成长、人格塑造、教育、文化熏陶。黑格尔在其**有机主义**（organicism/*Organizismus*）的框架下，将 *Bildung* 一词用作隐喻，同时指涉个人的教化，以及精神在世界历史当中的发展与成长。

规定、定规性（determination，determinacy / *Bestimmung Bestimmtheit*）

德文 *Bestimmung* 一词源于“声音”（*Stimme*），指来自上帝的声音，因而有“天命”的意思。在费希特那里，*Bestimmung* 一词的汉语翻译，通常是“使命”。在一般用语当中，动词 *bestimmen* 主要的含意是“决定”，而它的分词作形容词使用时，是“特定”的意思。黑格尔的用法，背后有复杂的哲学史背景。沃尔夫在莱布尼茨哲学的框架下，以**可能性**及**现实性**来研究实存宇宙。譬如，“地球上有生命”是个实现了的可能性；而“地球上没有生命”虽然可能，但这可能性并没有成真。当我们提出一个**因由**，解释“地球上有生命”这可能性何以成真时，并解释它的反命题何以被排除时，这命题就成为**定规**（determinate/*bestimmt*）的了。康德进一步发展这定义，提出了**全然定规**的概念：当某事物一切可能的谓语都被解释，而每个谓语的反命题都被排除时，这事物就全然定规了。在这点上，康德承袭了欧陆理性主义的观点，认为现实终极而言是理性的（一切事情发生都有原因），而非偶然的。康德又用 *Bestimmung* 一词，主张时间与空间并非物自身的 *Bestimmungen*：当人类感知的主观条件被抽离时，时间与空间就不复存在了。黑格尔在沃尔夫、康德等人的基础上，进一步发展 *Bestimmung* 的定义。他将 *Bestimmung* 与“天命”的含意联系在一起。黑格尔认为，这世界的实体与本质乃是由一种动态的神圣声音所确立，亦即绝对者的声音。而在逻辑进入绝对的动相之前，一切事物的位份都是在辩证关系中被确立（被定规）的。唯有在我与他者的关系当中，我之为“我”、我不是“非我”的定规性，才能被确立。“规定”的过程，因而具有必然的历史主义向度：它乃是某事物之本质在历史辩证过程中的揭示。透过在历史中被他者**弃存扬升**（sublation/*Aufhebung*）的过程，一件未定规的事物才会变得定规。黑格尔也提出“自我规定”（self-determination/*Selbstbestimmung*）一说，这是指精神自主地否定自身当下的型态，将自身扬升至更高的显象，以进一步揭示自己的本质。

辩证（dialectic / *Dialektik*）

（1）**辩证法**（dialectical method/*Dialektik als Methode*）：汉语及英语惯用“辩证法”（dialectical method）一词，而黑格尔及德语黑格尔学者则以“辩证作为方法”（dialectics as method/*Dialektik als Methode*）表达之。在德文语法当中，若将“辩证”当形容词来描述“方法”，那么“辩证”就不是“方法”本身，而是某方法所带有的特征或向度之一。若用复合词结合“辩证”及“方法”（*Dialektiksmethode*），那么表达出来的含意就是“用以进行辩证的方法”，如此一来，“辩证”亦不再是“方法”本身。黑格尔及受他启发的辩证思想家，经常用“辩证”来指涉达到种种目的的方法，例如马克思主义者经常提及“辩证作为展示的方法”（*Dialektik als Darstellungsmethode*）。简言之，“辩证作为方法”这样的语法是要表示，“辩证”这形而上的现实，自身就是思辨的方法。“辩证”一词源于希腊文，原意是“对话”。英文 dialogue（对话）的字源是希腊文，而 dialectic（辩证）则取自这希腊字源所演化出来的一个字的拉丁字母转写——*dialectica*。在字面意义上，*dialectica* 最直接的意思是“辩论的哲学艺术”。广义而言，“辩证法”是指透过双重或多重立场之间的辩论来发掘真理的哲学方法。到了十八世纪，“辩证”作为形容词，被赋予了新的含意。康德在《纯粹理性批判》当中，以“超验辩证”（transcendental dialectic/*die transzendentale Dialektik*）指涉超验幻象（transcendental illusions/*die transzendentale Scheine*）在理论上无可避免的逻辑矛盾。例如，他认为传统形而上学当中的有神论证以及无神论证，都是辩证的幻象，而“辩证”在此与“矛盾”及“悖反”无异。黑格尔的辩证法是典型**后康德**而**现代**的：康德仍认为亚里士多德已经发现了逻辑学所有可知的内容，而黑格尔则是历史上第一个挑战古典逻辑学三大定律的哲学家——包括非矛盾律。黑格尔并非简单地否定非矛盾律（以及同一律、排中律）。然而他坚持，**真理**远较传统哲学定律所规范的更为复杂。当我们肯认真理为发展过程的全貌时，我们就会在矛与盾中间找到共通的本质性与合理性。相互矛盾的立场相互扬弃，乃是同一个主体在成长过程当中的自我否定，目的是主体的自我复和。这样的逻辑，又被称为**中介**（mediation/*Vermittlung*）。

（2）**辩证的**（the dialectical/*das Dialektische*）（逻辑的动相）：狭义而言，“辩证”一词特指黑格尔笔下的逻辑第二动相（moment/*Moment*），亦即“辩证或负面理性的面向”（the dialectical or negatively rational aspect/*die dialektische oder negative-vernünftige Seite*）。在此意义上，“辩证”意味“自相矛盾”。在逻辑的辩证动相当中，人们发现“普遍形式”“实体”等在传统上被视为永恒而静态的抽象事物原来并非实存者。辩证动相被**扬弃**时，逻辑就被**提升**到第三个动相。在这最终动相中，人的意识掌握真理的全貌，视真理为主体，发现矛与盾皆是同一主体成长过程的不同阶段。

经验主义（empiricism / *Empirizismus*）

经验主义是十八世纪英伦哲学的重要学派，主张感官经验乃是人类知识的首要甚或唯一来源。贝克莱明确提出“实存即是被感知”（*esse est percipi*）一说。此说在苏格兰哲学家休谟笔下集为大成，提出了前后一致地贯彻经验论核心教条的体系。他反对以洛克（John Locke）为首的“白板说经验论学派”（*tabula rasa* empiricists）：洛克认为，人类的心灵就像一块白板，所有的观念（ideas）都是被动地由外在事物透过感官传递给我们的资料写上去的，而我们的心灵则在它透过感官信息所接收到的各观念之间进行必然联系（necessary connections）。休谟同意，人类的心灵如同白板，在感官经验接收到的信息外没有任何先天的观念，但他却认为“白板说”学派所提出的理性之“必然联系”没有任何感官经验的依据，因此是模糊不清而不确定的。休谟认为，“因果”并非感官能够观察到的对象，因此我们无从确认其现实性。这不但对传统形而上学带来挑战，甚至威胁到自然科学的基本预设：“自然规律”仅仅是人类心灵主观的拟想，并非

感官经验的对象。

本质（essence / *Wesen*）

某事物在**显象**（appearance/*Schein*）的帷幕背后，在其自身而为其自身之真实所是；亦即一件事物由其终将成为的型态所形成的**规定**（determination/*Bestimmung*）。

历史主义（historicism / *Historizismus*）

“历史主义”一词最初由黑格尔同辈思想家施莱格尔（Friedrich Schlegel，1772–1829）所创，泛指一切视历史为具有目的之行动的哲学观点。黑格尔所提出的辩证史观，在十九世纪各派历史主义当中尤为影响深远。黑格尔的历史主义同时包括社会政治的维度，以及形而上的维度。他认为，人类历史终将发展出一个完美的政权，作为人类绝对自由的基石，并视此自由的全然实现为历史的终极目标。根据各个较主流的学派的解释，黑格尔笔下的绝对自由并非古典自由主义（classical liberalism）、自由意志主义（libertarianism）所提倡的个体自由，而是一种社群主义（communitarian）、集体主义（collectivist），甚至集权主义（totalitarian）的自由。在此历史阶段，精神已然全然实现，进入绝对的动相，成为绝对精神。左派黑格尔主义以及**后康德学派**（post-Kantian school）的诠释者倾向于淡化、否认黑格尔思想的形而上维度，或是批判此维度，认为它与黑格尔自身的哲学体系不兼容。**传统学派**（traditionalist）以及**修正形而上学派**（revised-metaphysical）的诠释者则视精神的形而上活动为形而下社会变革的推动力。

观念（idea / *Idee*）

黑格尔笔下“观念”一词，带有复杂的思想史背景。柏拉图认为，人类心灵当中一切的观念都是与生俱来的。早期欧陆理性主义承认，我们心灵当中绝大多数的观念来自感官经验（例如“小提琴的音色”“蓝色”等）。然而，像“上帝”这样的形而上观念，既非我们的心灵能够凭空杜撰，又不源于感官经验。理性主义因而主张，形而上观念乃是与生俱来的先天观念（innate ideas/*eingeborene Ideen*）。康德将“观念”界定为一种特殊的纯粹概念（pure concept/*reiner Begriff*）。纯粹概念是先验的（*a priori*）。像“因果”“实存”这类的概念，都不是借由经验获得的，而是我们认知功能当中的理解力（understanding/*Verstand*）先天具备的。“观念”并不属于理解力，而是属于理性（reason/*Vernunft*）的纯粹概念。理性作为一种认知功能，职责在于**综合**各种判断，以形成知识的体系。康德认为，我们无法用综合先验判断来认知沃尔夫理性主义形而上学当中的三大观念，亦即“上帝”“世界”“灵魂”。我们只能用分析思辨来处理这些观念，然而像“世界是受造的”“世界不是受造的”这样的命题，都能够用思辨分析来肯定或否定。这就意味，我们就无法对这些形而上观念进行任何**规定**（determination/*Bestimmung*）：我们无法说出上帝实存、灵魂不灭的因由，也无法排除上帝不存在、灵魂可消灭的可能。然而康德又指出一种特殊的观念，他称之为理念（ideal/*Ideal*）。理念乃是个殊化、具体化的观念，此个殊者只能够被其观念规定。严格而论，只有上帝能被称为理念，尽管康德有时也会提出“美的理想”这样的说法。黑格尔提出**具体普遍者**（concrete universal/*das konkrete Allgemeine*）一说，与康德笔下的“理想”十分相近。黑格尔认为，唯有上帝（绝对者）是具体而又普遍的。当精神成为**绝对者**（the absolute/*das Absolute*）时，它的本质会全然具体地彰显出来。在此历史逻辑的动相中，精神完成自我复和的过程，成为在其自身而为其自身的绝对者。这个动相，就是黑格尔对“观念”的定义。在这意义上，“观念”与“绝对者”可被视为同义词。如此定义“观念”，就显示了黑格尔与早期现代理性主义以及康德的区别了。对黑格尔而言，“上帝”这观念所指涉的对象，并非已然具体实存，因此理性主义始终无法找到这观念的规定。另一方面，黑格尔认为，康德虽正确地指出理想只能被自身规定，却未能用思辨诠释法从现象映现出万物的终极本质（亦即上帝），因此康德会认为人类无法拥有对上帝的确切知识。黑格尔主张，一旦我们理解历史为精神被“上帝”这终极本质所规定的过程，我们就可以拥有对这观念的确定知识了。

直接性（immediacy / *Unmittelbarkeit*）

“直接性”是德意志观念论及浪漫主义的重要词汇，其基本定义为“不经反思”。黑格尔将直接性归于抽象的逻辑动相，在此动相中，精神尚未经历主体-客体的自我分化。“直接性”与“中介”（mediation/*Vermittlung*）相对：后者包含分化与复和。

个体性（individuality / *Individualität*）

个殊性（particulartiy/*Besonderheit*）与**普遍性**（universality/*Allgemeinheit*）之间的**复和**（reconciliation/*Versöhnung*）所带来的结果。见**具体普遍者**（concrete universal/*das konkrete Allgemeine*）。

无限（infinity / *Unendlichkeit*）

根据正统拉丁神学的教义，有限与无限之间的差异，乃是一道无可跨越的本体鸿沟；有限者无可承受无限者（*finitum non capax infiniti*）。早期现代理性主义倾向于淡化这道鸿沟，而康德则强有力重申了上帝之为无限者的超越性。这种有限与无限相互对立的思维框架所产生的“无限”观，黑格尔称之为“坏无限”（bad infinity/*schlechte Undendlichkeit*）。“坏无限”是对有限者的简单否定。黑格尔认为，“真无限”（true infinity/*wahrhafte Unendlichkeit*）并非对有限者的简单否定，而是**否定的否定**，亦即**弃存扬升**（sublation/*Aufhebung*）。如是，“真无限”是指某事物进入逻辑终极动相时所达到的无条件性（unconditionedness/*Unbedingtheit*）；该事物不再被外在、现象、表象的要素所限制，因而成为无限。在此意义上，“无限”不只无限的量，也是无限的质。严格来说，唯有**绝对者**（the absolute/*das Absolute*）是无限的。但有限者与无限者又有终极的同一性（identity/*Identität*）：无限者乃是透过弃存扬升的过程，从有限者生成的。施莱尔马赫在早期著作中，也独立发展出一套有限者与无限者之同一性的论述，与黑格尔的观点有显著差异，却又有着异曲同工之妙。二人皆诉诸有限者与无限者之同一性，以回应康德批判哲学在上帝与世界之间划下的认识论鸿沟。

中介（mediation / *Vermittlung*）

黑格尔区分中介与**直接性**（immediacy/*Unmittelbarkeit*）。原文“中介”将名词转化为动词，再将动词转化为名词，也就是说，转化后的名词是指涉中介的**行动**。“直接性”则是使用了转化前的“中介”这名词，字首加上“非”或“无”（*un-*），字尾加上形容词，再加上“性”（*-keit*），将形容词变化为名词。简言之，“直接性”按照字义理解，就是“无中介性”。“直接性”在同时期及较早的德意志观念论与浪漫主义当中，是普遍使用的术语，而“中介”一词虽然也可在当时其他文献找到，但黑格尔是中介逻辑的首创者，是他将“中介”的思想建构成一套体系（施莱尔马赫也独立于黑格尔自创了一套中介思想）。黑格尔认为，“真理”并非静态而一成不变的抽象者，而是中介的过程。在黑格尔笔下，直接性简单来说是真理的初始阶段，在其中，真理被表述为抽象共相。在这阶段当中，精神仅仅是**在其自身**（in itself /*an sich*），却无法将自己当成客体来认识。基督教三一论当中“圣子受生”的教义，以表象的方式呈现了精神自我分化、自我客体化过程的哲学概念，这过程使得精神能够成为**为其自身**（for itself / *für sich*）。然而在这第二个阶段，精神相对于自身而言成了一位**异在**（other/*Anderssein*）而这就与它初始的纯一性相违了。真理整体的进化，亦即中介的过程，在第三阶段方告成大功。这阶段的概念由基督教三一论当中“圣灵发出”的表象教义所呈现，精神在其中同时是**在其自身而为其自身**（in and for itself /*an und für sich*）的。在此，精神终于成为它本质上之所是：绝对者。

逻辑（logic / *Logik*）

黑格尔赋予“逻辑”的基本定义是：“**一切在逻辑上真实的**，亦即一切概念，或一切普遍的真理。”如此，在黑格尔的体系当中，逻辑与现实之间无可分割。这与亚里士多德以降的主流观点相左。亚里士多德认为，逻辑乃是内在于人的心灵，相应于外在世界的理性秩序，却不属于外在世界；逻辑是我们用以解释外在现实的**方法**与**工具**，但它自身却不是我们对现实的知识**内容**。黑格尔则认为，哲学的方法与内容是不可分割的整体。据黑格尔所述，逻辑一共有三个**动相**（moment/*Moment*）：（一）“**抽象或理解性**的面向”；（二）“**辩证或负面理性**的面向”；（三）“**思辨或正面理性**的面向”。这套逻辑学并非否定古典逻辑学的定律（非矛盾律、同一律、排中律）。然而黑格尔认为，“真理”这概念的全貌，远非古典逻辑学所能窥探。我们必须肯认真理为精神发展的整套过程，而当我们如此看待真理时，就会发现矛与盾之间的对立在逻辑的中介当中被**弃存扬升**（sublated/*aufgehoben*）。黑格尔的逻辑，正是**中介**（mediation/*Vermittlung*）的辩证逻辑。他将这三一动相的逻辑辩证用于他思辨哲学的每个层面，其中较为出名的包括“存在”的三一性，亦即存在—虚无—生成（being-nothingness-becoming/*das Sein*, *das Nichts*, *das Werden*）。在第一个动相中，“存在”被理解为抽象的共相或形式。意识在第二个动相中发现，抽象共相在殊相以外是不存在的，故言“虚无”。当意识在最终的动相中发现整全的真理乃是一个过程时，就掌握了“生成”之规定的概念性理解，明白“生成”的概念乃是“存在”与“虚无”的合理性之所在。黑格尔认为，基督教的三一论乃是上述哲学概念的表象，呈现精神之存在—虚无—生成的逻辑辩证。

形而上学（metaphysics / *Metaphysik*）

形而上学是哲学的主要分科之一，在传统上是哲学研究的核心学科，其探究对象乃是现实的第一原则，包括上帝的实存与属性、宇宙及人类的起源与本质等。在较为主流的传统西方哲学当中，本体论（ontology/*Ontologie*）又是形而上学的核心，其研究对象乃“存在”“所是”“不变者”（being）的概念，以及这概念与“生成”“变者”（becoming）之间的关系。形而上学通常预设，心灵与外在现实之间有一种必然的连结或类比，使得我们得以在理性思辨的基础上理解这世界。德意志理性论者沃尔夫通常被视为欧陆古典哲学的集大成者。他的哲学论述缺乏创见，但他将理性主义形而上学集合成大一统的理论。他区分“广义形而上学”及“狭义形而上学”。前者即是本体论，而他将后者划分为理性灵魂学（rational psychology/*rationale Psychologie*）、理性宇宙学（rational cosmology/*rationale*

Kosmologie)、理性神学(rational theology/*rationale Theologie*)。康德在《纯粹理性批判》当中，亦遵循沃尔夫的形而上学分科，并对理性主义形而上学提出超验批判。康德认为，理论理性无法对形而上学的大哉问提出任何确切答案；唯有诉诸实践理性，形而上学才可能找到出路。黑格尔研究的**传统学派**(traditionalist school)及**修正形而上学派**(revised metaphysics school)认为，黑格尔哲学的主要意图，乃是回应康德的批判，令思辨形而上学死灰复燃。

动相(moment/*Moment*)

这单词在国内有译为“状态”“阶段”等，这些翻译都没有掌握德文*Moment*的意思。在德文及英文的日常用语当中，moment/*Moment*是指“很短的时间”“瞬间”，但它还有较深层的含意，与其字源有关。*Moment*源于拉丁文*momentum*，有“运动”(指物体的运动，而非体育运动)、“动力”、“移动”、“转变”之意。物理学的“转动惯量”，英文便是moment of inertia。这个字还可以指涉“要素”“因素”。黑格尔使用*Moment*一词，结合了上述所有的意指与蓄意指，目的是要体现逻辑的三段式进程当中每个时间阶段的动态性，故翻译为“动相”最为妥当。简言之，“动相”可定义为“动态的时间阶段与状态”。逻辑在它的三个动相当中，都是完整的逻辑，而不是逻辑的三个部分。在这里黑格尔采用了基督教三一论的思想模式：圣父、圣子、圣灵并非上帝的三个**部分**。反之，每个位格都拥有上帝完整的本质，都是上帝完整的存在(the fullness of God's being)。不同于基督教正统三一论的是，黑格尔逻辑学的三个动相是历史时间中的三个阶段，而基督教的三一是在时间以外永恒不变的上帝本质。见**逻辑**(Logic/*Logik*)。

负面、否定性(negative，negativity/*negativ*，*Negativität*)

黑格尔笔下，“负面”与狭义的“辩证”(dialectical/*dialektisch*)乃同义词。负面性(negativity/*Negativität*)预设被**否定**的**客体或对象**(object/*Objekt*；*Gegestand*)。对客观性(objectivity/*Objektivity*)以及客观真理的

否定，仅是**中介**（mediation/*Vermittlung*）过程当中的一个**动相**（moment/*Moment*）。逻辑的负面理性（negatively rational/*negative-vernünftige*）面向，会经历**弃存扬升**（sublation/*Aufhebung*）的过程，亦即“否定的否定”，进入**正面**（positively/*positiv*）理性的动相。真理的全貌在此终极动相中，被理解为一个已然与自身复和的整全主体。在此辩证论述中，我们可将“负面性”理解为“未实现的潜动性”（unactualized potentiality/*unverwirklichte Potentialität*）。

客体、对象（object / *Objekt*；*Gegenstand*）

黑格尔笔下有两个相近的概念，英文皆翻译为 object。英语黑格尔研究在这两个单词之间的混淆，也在汉语学界造成一些影响。

（1）**客体**（*Objekt*）与英文 object 同义，可指涉现实或非现实的被动物件，也可指涉语句中的宾语。

（2）**对象**（*Gegenstand*）一词由 *gegen* 与 *Stand* 组成，字面的意思是“相对而立”：“对象”乃是相对于主体而站立的客体。换言之，对象乃是实存的客体。

有机主义（organicism / *Organizismus*）

有机主义泛指一切将现实以及真理视为有机整体的哲学体系，此有机体就像生物一样，其中百体互相连结，支撑整体的生命与成长。在黑格尔有机主义的思想体系中，命题真理是有效的，但不可被理解为在其自身独立成立的抽象真理，而当被理解为对有机现实的真确描述。有机主义哲学的一个特征，乃是使用有机的隐喻来诠释现实世界并表述其真理。黑格尔视宇宙之整体为有机实体（substance/*Substanz*），亦即在时间历史当中以辩证型态经历有机生长的**主体**（subject/*Subjekt*）。

万有在神论（panentheism / *Panentheismus*）

德意志哲学家克劳泽发明了“万有在神论”（panentheism）一词，以强调黑格尔及谢林哲学体系与**泛神论**（pantheism/*Pantheismus*）之间的差异。泛神论将上帝视为宇宙整体的实质，临在地内住于宇宙中的每个物体，以致宇宙整体及每个部分都具有内在的神性。万有在神论视上帝及宇宙为**终极**同一者，但这同一性并非**直接**的。黑格尔认为，现象世界在**本质**上是神圣的，但它的历史**显象**（appearances/*Erscheinungen*）亦体现出违反其神圣本质的偶然性及非理性特征。如此，上帝与世界并非直接同一，而是透过**中介**（mediation/*Vermittlung*）的过程成为同一者。

泛神论（pantheism / *Pantheismus*）

“泛神论”一词泛指将一切现实视为神圣，或是认为神性弥漫渗透宇宙万物的世界观。如此，泛神论否认在世界以外有任何超越者的存在。在近代欧陆哲学史上，斯宾诺莎（Baruch Spinoza）是泛神论的代表人物；爱因斯坦（Albert Einstein）经常提到的“上帝”，也属泛神论的概念。许多基督教神学家（包括巴文克、范泰尔）将黑格尔归类为泛神论者，但以**万有在神论**（panentheism/*Panentheismus*）描述黑格尔的观点，其实更为贴切。

个殊性（particularity / *Besonderheit*）

见**概念**（concept/*Begriff*）及**具体普遍者**（concrete universal/*das konkrete Allgemeine*）。

正面；肯定性、实证性（positive；positivity / *positiv*；*Positivität*）

Positivität 一般译为“肯定性”及“实证性”，而其相应的形容词有时被译为“正面”。这个源于拉丁文的单字有两个相应的动词：保留拉丁字根的 *postulieren*（假设）以及转化为德语的 *setzen*（设定）。英语一般将 *postulieren* 翻译为 postulate，而 *setzen* 则翻译为 posit。在最简单的意义上，黑格尔用“肯定的”（positive/*positiv*）来指涉一切实存的、现实的。“肯定性、实证性”一词可指涉简单的、现象上的实存，有别于**合理性**（rationality/*Vernünftigkeit*）。在这层意义上，黑格尔跟随康德以及较广泛的近代德国哲学传统，称基督教为“实证宗教”（positive religion/*positive Religion*），意思是基督教以历史现象呈现其教义，而它的理性本质被隐藏

于历史表象的帷幕之后。黑格尔又提出“正面理性”（positively rational/*positiv-vernünftige*）的说法，意指某事物的理性本质与它的个殊现象全然结合的状态，亦即**实证性**与**合理性**的复和。见**逻辑**（logic/*Logik*）。

后康德学派（post-Kantian school）

亦称“非形而上学派”（non-metaphysical school），乃当代黑格尔研究及德意志观念论研究的重要学派。在相关学科的历史上，一直有种颇具影响力的观点，认为黑格尔形而上学的核心乃是康德对传统形而上学的批判。近期英语学界出现了所谓的“后康德学派”，亦称“非形而上学派”，贯彻这观点，并提出引发争议的断言。这派学者宣称，黑格尔前后一致地秉持康德对传统形而上学的批判，并不是传统学派所描述的形而上学家。根据后康德学派的学说，黑格尔的观念论以康德的批判哲学为基础，以康德自己的基本立场来修正康德的论述，进而完成康德的思想革命，去除传统形而上学残留于德意志观念论的痕迹。见**传统学派**（traditionalist school）及**修正形而上学派**（revised metaphysical school）。

过程哲学（process philosophy / *Prozessphilosophie*）

与实体形而上学（substance metaphysics/*Substanzmetaphysik*）对立的现代哲学观点，认为**生成**（becoming/*Werden*）在本体上先于**所是**或说**存在**（being/*Sein*）。黑格尔及怀海德（Alfred North Whitehead，1861-1947）通常被视为现代过程哲学的两大鼻祖。黑格尔认为，某事物的**本质**（essence/*Wesen*）并非由其恒常之**所是**所**规定**（determined/*bestimmt*）。反之，该事物当下之所是，乃是由它内在的**合理性**（rationality/*Vernünftigkeit*）所规定的，这合理性指向此事物终将**生成**的型态，亦即这事物的本质。简言之，实体形而上学主张“恒常之所是规定生成”，而过程哲学则主张“终极的生成规定当下之所是”。

合理性、理性（rationality，reason / *Vernünftigkeit*，*Vernunft*）

对黑格尔而言，“合理性”不仅意味“秩序”，亦包括**有目的的活动**。

现实是合理的，不仅因为现实世界的运行遵循着自然规律。宇宙是个具有心灵的现实，而它进化的过程带有明确的终极目的。不论是对于**精神**（spirit/*Geist*）抑或**人类意识**（consciousness/*Bewußtsein*）而言，理性的目的乃在于思辨并掌握现实的合理性，亦即绝对精神之为万有的本质。

理性主义（rationalism / *Rationalismus*）

理性主义是早期现代欧陆哲学的主流学派，其核心教条是：知识的来源乃是理性，而非感官经验。理性主义主张，我们的思维功能（诸如内在概念、内在知识、直观—推论之过程等）乃是我们认知、理解外在世界的基础。这派哲学预设了我们思辨过程在理性上的确定性，以此为基础，反思、解释外在于心灵之世界的现实性。早期现代理性主义的代表人物包括笛卡尔、斯宾诺莎、莱布尼茨、沃尔夫等。

复和（reconciliation / *Versöhnung*）

“复和”一词借自基督教的救赎论，原指上帝与堕落之人在基督里和好。在黑格尔笔下，这词汇已不具有基督教特有的救赎内涵。黑格尔并不是以道德意义上的“罪”与“堕落”为框架，理解人类历史处境中的变迁幻灭、苦难矛盾。黑格尔认为，人与上帝（或者终将成为上帝的精神）之间的疏离，并不是人类犯罪、得罪祂而造成的。反之，上帝与人类终极而言乃是同一者，人类在本质上就是精神，因此这二者间的疏离，其实就是精神的自我疏离。精神从自己自我疏离，目的是要在它之外设定一个它者，以至在这主体与对象的关系中，透过相互疏离的二者之间的复和，因而成为绝对者。从黑格尔文本字义所表达的明确意向看来，他笔下“复和”的概念首先是形而上的、本体论的、神学的，是在这基础上才具有社会伦理学的意义。本体的疏离体现于社会现实的实存维度，而思辨哲学必须借由**反思**历史的发展，意识到社会上种种矛盾与苦难、种种非理性的现象，都将在复和的过程中**被扬弃**（sublated/*aufgehoben*）。黑格尔在《法哲学原理》的序言中有段充满诗意的名句，浅显地表达了这思想：“肯认理性为当下的十字架当中的玫瑰，因而以当下为喜悦：这理性的洞见就是与现实的复和。”

宗教（religion / *Religion*）

黑格尔认为，宗教是**上帝**（God/*Gott*）这**概念**（concept/*Begriff*）的**表象**（representation/*Vorstellung*），而上帝则是全然现实者、全然理性者、绝对者、绝对精神。采取非神学诠释的学者，通常将黑格尔笔下的“上帝”约化为某种主导历史进程的宇宙性原则。然而，黑格尔的文本显然将上帝当作具有心灵与意识的主体。他称基督教为“圆满宗教”（consummate religion/*vollendete Religion*）：这宗教用表象的方式表达了他哲学体系的概念，特别是三一论、复和论，以及“道成肉身”的教义在基督教文明当中带来的“神人一体”意识。虽然黑格尔说基督教只是绝对真理的表象，但这并不意味他认为基督教会在历史辩证中被哲学扬弃。的确，他在《精神现象学》（1807 年）当中提出，宗教无可避免地使人类意识与精神疏离，因为宗教的形式必然是表象的。在 1821 年的《宗教哲学讲演录》当中，黑格尔仍以“[宗教]群体的逝离”为标题结束整门课程的讲演。他声称，在历史圆满的阶段当中，基督教作为圆满宗教的本质与概念将被保存下来，但教会的祭司性会被哲学的祭司性给取代。然而在 1824 年的讲演录当中，黑格尔删除了“群体的逝离”一段，以新的内容取代之，标题为“信仰的实现”。到了 1827 年，他就不再将宗教归入负面理性的范畴了：他不再认为哲学会扬弃宗教。他仍旧认为宗教在形式上乃是属乎表象的，但他不再认为基督教会使人的意识与精神疏离。反之，他在 1824 年的讲演当中就已提出，宗教的“感性”（sensibility/*Sinnlichkeit*）在哲学的阶段当中乃是“被发展并扩大”，被转化而变得耳目一新，却不被哲学取代。黑格尔在晚期认知到，哲学家始终会是世上的少数人，世上的社会不可能像康德所期待的那样，人人都被教化为哲学家。因此黑格尔在 1827 年的宗教哲学课程讲演中宣称，基督教在其圆满的阶段与状态中会成为一个公民宗教（*Volksreligion*）后，将一直拥有持续存在的必要性，以表象的形态教化一般老百姓，将复和的真理传递给社会大众。

表象（Representation / *Vorstellung*）

在黑格尔笔下，表象思维乃是透过感性（sensibility/*Sinnlichkeit*）所获得的理解。他区分“表象”与“概念”（concept/*Begriff*）。一件事物的概念，乃是其现象背后的本质（essence/*Wesen*）与合理性（rationality/*Vernünftigkeit*）。概念透过现象被呈现出来时，就成为“表象”，因而表象必然带有现象界的偶然性。黑格尔如此使用“表象”一词，背后有错综复杂的德国哲学史背景。德文动词 *vorstellen* 的字面含意是“向前放置”，意指“呈现”。在日常用语中，名词 *Vorstellung* 有多重含意，包括“概念”“感知”“信念”“观点”“呈现”“介绍”等。英语学者翻译德意志哲学文献时，通常将 *Vorstellung* 译为 representation，因为德意志哲学乃是用 *Vorstellung* 直译拉丁文的 *repræsentatio* 一词。在古典欧陆哲学当中，*repræsentatio* 泛指一切将事物呈现于心灵的方式。心灵的一切认知行动，皆可被称为 *repræsentatio*。譬如，“白色”这概念形成于心灵当中的过程，就是一种 *repræsentatio*。早期现代欧陆理性论认为，*repræsentatio* 在定义上必然是智性（intellectual）的。笛卡尔以著名的“蜡的论证”辩称，我们的感官只能给予我们颜色、形状、气味、质感等感官信息，而蜡在受热时，这些属性都会改变；在蜡受热后，我们仍然能够辨识该事物为蜡。这事实就意味，当我们将眼前之物**呈现**于心灵时，我们所呈现的并非**可感知者**（sensible），而是蜡之为蜡的**实体**，是**可智知者**（intelligible）。理性主义认为，本体界的实体并非借由感官呈现于心灵，而是借由智性（intellect/*intellectus*）。康德笔下的 *Vorstellung* 亦对应于拉丁文 *repræsentatio*，汉语学者通常译为“表象”，但这翻译并不完全适用于康德。康德使用 *Vorstellung*/*repræsentatio* 的方式，与早期现代理性主义有显著的连贯与差异。康德认为，呈现于心灵者，能够是先验的（*a priori*），也能够是后验的（*a posteriori*）。概念（concept/*Begriff*）自身也可被称为 *Vorstellung*。康德严肃对待休谟对理性主义的批判，却又拒斥休谟的怀疑论。康德于是坚持，我们虽然必须预设恒常实体（substance/*Substanz*）作为在时空形式下借由感性被呈现于心灵的物件的实存**原则**（principle/*Prinzip*），但我们的智性无法**直接**触及**本体界**的实体。我们只能用复杂的认知功能将外在物件呈现于心灵。个别的外在物件透过感性（sensible/*sinnliche*）经验（experiences/*Erfahrungen*）被呈现于心灵，然后我们用理解（understanding/*Verstand*）的功能将这些零件组装起来，构成“认知”（cognition/*Erkenntnis*）的基本单位。康德对直接性的批判，意味我们无法用智性认知本体界的实体；我们只能将“恒常实体”当成一种**原则**。黑格尔认为，康德的错误在于将本体意义上的“实体”定义为恒常的实存物件。黑格尔重新定义本体意义上的“实体”为有机**主体**（subject/*Subjekt*）。这样一来，主体的本质就能够透过现象，以**表象**的形式**呈现**于我们的心灵。

修正形而上学派（revised metaphysical school）

亦称“批判形而上学派”（critical-metaphysical school）。**后康德学派**（post-Kantian school）对黑格尔提出的非形而上学（non-ontological）诠释，对于正视文本含意的学者而言虽然难以接受，但这学派至少成功地为学界指出，康德的批判哲学对黑格尔具有不容忽视的影响。后康德学派的成就，促使许多**传统学派**（traditionalist/traditional metaphysical school）黑格尔学者修正他们的观点。“修正形而上学派”又称“批判形而上学派”，此派学者认为，最为持平的黑格尔诠释，必须同时正视黑格尔方法论当中的康德批判哲学维度，以及黑格尔文本中明确表述的形而上学内容，包括黑格尔试图挽救宗教及思辨形而上学的清晰意向。

思辨（speculation/*Spekulation*）

黑格尔笔下“思辨”一词，汉语学界有时译为“玄思”。德文及英文的“思辨”亦有“臆测”之意。十九至二十世纪正统基督教神学家，以及采取新康德主义式实证主义（positivism）的思想家，通常将这单词当作贬义词使用。但事实上，欧陆观念论思辨法最主要的特色就是拉丁基督教传承自奥古斯丁及安瑟尔谟“信仰追求理解”（*fides quaerens intellectum*）的类比法。黑格尔思辨法的信仰是以笛卡尔的“我思”（*cogito*）为对象，正如他自己所言，他的思辨逻辑旨在令康德批判哲学所“连根拔起”的笛卡尔思辨传统死灰复燃。巴特、巴文克、范泰尔的信仰则以奥古斯丁及安瑟尔谟的上帝为对象（尽管后二者对安瑟尔谟多有误解），视其为伟大无可复加之完美存在，亦即不可改变的上帝，其三一本质是无可扬弃的（unsublatable/*unaufhebbar*）。笛卡尔的思辨法与安瑟尔谟有一雷同之处，就是二者皆将某种信仰当成知识的出发点。安瑟尔谟乃是以伟大无可复加的完美存在为信仰与理解的对象及知识的出发点，而笛卡尔所信的乃是“我思”或“我知”（*cogito*）的主体。以思辨主体为出发点，论证某种上帝概念之存在，进而回过头后思（*nachdenken*）并映现（*reflektieren*）世界的本质、起源与目的，即是笛卡尔对思辨哲学传统的贡献，也是前现代与早期现代思辨法的分水岭。黑格尔笔下那套被康德“连根拔起”的思辨哲学，正是笛卡尔的这套理性形而上学的方法论。康德在第一批判的“纯粹理性二律悖反”中对笛卡尔的本体论证提出了著名的反驳，而黑格尔的思辨法则在康德之后，强有力地提出一种对人类意识之“我思”主体的预设信仰。人类理性为上帝存在的必然性提供了基础（简言之：我在而我思，故上帝在）。“上帝”在黑格尔的哲学体系中，成为了一个理性的概念（concept/*Begriff*），使得人类能够反思上帝在世界历史当中的显象（appearances/*Erscheinungen*）。

精神（Spirit，Mind / *Geist*）

“精神”是宇宙真理之为有机主体的所是。它作为有生命的主体，在历史过程当中经历不同的动相，并以不同的状态显现。**主观精神**（subjective spirit/*subjektiver Geist*）以个体意识为其显现型态；**客观精神**（objective spirit/*objektiver Geist*）则是社会的集体意识，以文化习俗的形态显现。**意识**（consciousness/*Bewußtsein*）“是纯粹思维，是思想着自身之本质的精神”，而在这思辨过程的终极动相（moment/*Moment*）中，精神掌握到自己的**本质**（essence/*Wesen*），亦即其之为**绝对者**（the absolute/*das Absolute*）之所是。

弃存扬升、扬弃（sublation / *Aufhebung*）

对英语读者而言，这德文字几乎无法准确地翻译（有作 sublimation、

supersession、transcendence 等）；国内一般译为“扬弃”，但汉语“弃存扬升”能够更贴切地体现原文的字义，并避免“扬弃”一词在一般用语中的定义所带来的误解。德文名词“弃存扬升”是动词 *aufheben* 变化来的。这动词由两个部分组成，分别是“抬”“举”（*heben*），以及一个特殊的字首（*auf-*）。由于这字首可有不同含意，*aufheben* 这动词就成了复义词，可指“取消”“抛弃”“废去”，也可指向上“提升”“抬高”。在日常用语中，这单词的含意视上下文而定，通常只有其中一种指涉，但黑格尔却结合了这两种不同的含意。黑格尔笔下的“弃存扬升”是指逻辑（logic/*Logik*）的第二个动相（moment/*Moment*）废弃或否定前一个动相，目的不是要灭掉逻辑的主体，而是将其提升至下一个动相，一个正面理性的动相。如此，“弃存扬升”狭义而言乃是指那第二个负面的、矛盾的逻辑动相，亦即对第一个动相的否定。在更广泛的含意上，三段动相逻辑辩证的整体，可以被称为一个弃存扬升的过程。黑格尔从未提出“正—反—合”之说：“弃存扬升”的逻辑应被理解为“负负得正”的“双重否定”。

实体主义（substantialism / *Substantzialismus*）

亦称“实体形而上学”（substance metaphysics/*Substanz-metaphysik*）、实体哲学（substance philosophy/*Substanzphilosophie*）。“实体主义”一词源于后期**过程哲学**（process philosophy/*Prozessphilosophie*）的传统，黑格尔通常被视为此传统直接或间接的鼻祖之一。它意指黑格尔所谓西方哲学史“趋向实体的倾向”。用黑格尔的术语表达之，“实体主义”的观点可理解如下：构成现实的实体乃是静态的“抽象普遍性”（abstract universality/*abstrakte Allgemeinheit*），即“未分化、不动的实体性”（undifferentiated, unmoved substantiality/*ununterschiedne*, *unbe-wegte Substantialität*）。黑格尔并不否认，真理诚然有一个实体的维度或动相（moment/*Moment*，亦译为“状态”），但这并非真理之整体。他视现实的真理或真相为一个历史的过程，渐渐在透过历史辩证的各阶段绽放开来。黑格尔坚持，“终极的真理”不只是“实体”，更是“主体”（subject/*Subjekt*）。所谓“主体”，乃是“有生命的实体”：它是“那真正为主体的存在，换言之，它唯有在自我设定的过程，亦即在它从一种状态或定位到相反的状态或地位的转变以及它的自身之间提供中介的过程当中，才是真正被实现而实动（*wirklich*）的”。这是个渐渐具体化的过程，抽象的普遍性渐渐与历史的特殊性结合，最终抽象性被扬弃，主体就从抽象的“实体”阶段进入具体普遍性的阶段。黑格尔解释：“真正的现实……是它自身之生成的过程，即预设其终点为其目的之圆周，而它的终点就是它的起点；它唯有借由被实现，以及借由它所涉及的终点，才变为具体而实动。”现象学（phenomenology）、苏维埃辩证唯物主义（Soviet dialectical materialism）等学派，都使用了“实体主义”一词。苏联哲学的辩证史观可追溯自黑格尔，这派思想家以“实体主义”一词指涉一切预设现象的来源乃实体现实的世界观。在苏联辩证唯物主义的传统中，“实体主义”与“唯心论”（亦即观念论）可作同义词使用：费希特的“自我”（*das Ich*）、黑格尔的“绝对精神”、洛克的“基体”（substratum），甚至德谟克利特（Democritus）的“原子”，都被辩证唯物主义者贴上了“实体主义”及“唯心论”的标签。

主体真理（truth as subject / *die Wahrheit als Subjekt*）

黑格尔坚持，“终极的真理”不只是“实体”，更是“主体”。这意思是，宇宙的真理不只是一套抽象形式或观念，更是一个又真又活的**主体**。生命是个**过程**，而当我们说终极的现实与真理就是一个有生命的主体时，这意思是它在生命成长的过程中渐渐绽放，在表象上愈来愈贴近它理性的本质。这就意味，就连在实体性的阶段当中，这主体都不是僵死、一成不变、抽象的实体，而是“有生命的实体”。见**实体主义**（substantialism/*Substanzialismus*）。

传统学派（traditionalist school）

亦称“传统形而上学派”（traditional metaphysical school），乃旧时黑格尔研究之主流。这学派认为，黑格尔的绝对观念论乃是对康德超验观念论的反动，旨在恢复传统形而上学的科学地位。在这种诠释框架当中，“上帝”与“绝对精神”之间的等号乃是黑格尔形而上学的核心。上帝的心智透过集体人类意识在历史过程中的发展来表达自己，并且自我实现为上帝。这意味我们能够透过对人类思想史的哲学性研究来认知上帝心智的本质与终极现实性。见**后康德学派**（post-Kantian school）以及**修正形而上学派**（revised metaphysical school）。

超验观念论（transcendental idealism / *transzendentaler Idealismus*）

超验观念论是康德批判哲学的核心教义，尽管有些学者（例如：斯特劳森［P. F. Strawson］、兰顿［Rae Langton］和盖伊［Paul Guyer］等）认为这理论对于康德哲学来说可有可无，甚至应该摒弃。在康德笔下，"观念论者"在定义上"不承认（感官经验的外在对象）是透过直接知觉所认知，并进而推论，我们始终无法从任何可能的经验，全然地确定它们的真实性"。与观念论相对的，乃是"实在论"（realism/*Realismus*）。我们必须注意，康德并不是简单意义上的观念论者。他所主张的，乃是一种"超验"的观念论。我们可以如此理解"超验"一词：感官经验的可能性，乃是由心灵当中一些特定的范畴所构成的。康德非常明确地指出，在理性的理论用途中，他持感官经验实在论（empirical realism/*empirischer Realismus*），否定贝克莱那样的经验观念论（empirical idealism/*empirischer Idealismus*）。康德的观念论，并非针对感官经验的对象，而是，针对超验的对象。所谓"超验"，是指"我们认知到特定的表象……乃是全然先验地被实施，又是如何全然先验地被实施的；或者认知到这乃是可能，又如何可能"。在这里，"表象"（representation/*Vorstellung*）一词汉语翻译容易误导人。在黑格尔那里，*Vorstellung* 确可贴切地译为表象，但是康德则是使用这个字，泛指一切**呈现**于我们心灵的思维内容。不论是感性直观、直观的先验形式（亦实时间与空间）、智性概念、任何的认知，都可称为 *Vorstellung*。康德这段话是指我们心灵的内在结构如何将外在事物对我们的显现或"显象"（appearance/*Erscheinung*）**呈现**于我们的认知，而这有别于这些事物在其自身的状态：外在于心灵的物件在其自身的状态是我们无法认知的。如此，"超验观念论"的"教义"就是：我们所认知到的一切外在事物的显象，"全都必须被视为单纯的表象，而不是事物的自身，而既然如此，那么空间与时间就仅仅是我们的直观（intuition/*Anschauung*）的感性形式，而不是被赋予它们自身的规定（determinations/*Bestimmenen*，可简单理解为一件事物之为那一件事物而非任何其他事物的总体决定性因素），或是作为事物自身的对象的条件”。换言之，空间与时间并不是外在于我们心灵的实存物件，也不是我们直观到的事物的显象。空间与时间乃是构成我们的直观的形式本身：它们乃是内在于我们的心灵，且是我们的心灵用来认知外在事物的显象的条件。如此，康德的观念论乃是“形式观念论”（formal idealism/*formaler Idealismus*），而非经验观念论。这意味，我们作为认知的主体，并不是被动地接收外在世界传递给我们的感官讯息。我们的心灵在认知外在世界的过程当中，扮演了主动积极的角色：我们使用内在于心灵的形式，即空间与时间，来整合外在物件传递给我们的显象，将这些显象**呈现**（to represent/*vorstellen*，“呈现”乃是“表象”的动词）于我们的认知。超验观念论在本体（noumenon/*Noumenon*）与现象（phenomena/*Phänomen*）之间划下了一道认识论的鸿沟，而黑格尔提出**绝对观念论**（absolute idealism/*absoluter Idealismus*），则是要跨越这道鸿沟，申论透过现象思辨本质的可能性。

世界观（worldview / *Weltanschauung*）

黑格尔那一代的德意志观念论者使用“世界观”一词，纳入了康德笔下的“直观”（intuition/*Anschauung*）。康德认为，人类对现象世界的直观，皆是感性（sensible/*sinnlich*）而间接的；唯有上帝能直接用智性来直观世界的实体——康德称之为“智性直观”（intellectual intuition/*intellektuelle Anschauung*）。黑格尔的逻辑科学在康德之后，重新开启了形而上观念被人类理性思辨的可能性。这意味人类理性能够有系统地认识这宇宙，甚至在某种意义上参与在上帝对世界的智性直观当中。换言之，人类的理性能够借由逻辑思辨，有系统地在理性上建构一套对世界的直观，亦即世界观。黑格尔认为，意图理解世界的系统性尝试，必须建基于某种预设信念之上，进而对感性现象作出智性诠释。每个人都采取了一套诠释世界的预设信念，亦即世界观。然而大多数人皆未曾审视过自己的世界观，甚至未曾意识到自己所采取的预设信念。对黑格尔而言，哲学的职责之一，即在于厘清我们在自己的时代文化处境中所传承的世界观，审视其中非理性的内容，以**复和**（reconciliation/*Versöhnung*）为进路，解决其中的矛盾。这些非理性的内容虽属精神层面，却会导致社会上的冲突与苦难。

图书在版编目(CIP)数据

黑格尔与现代西方本体论/曾劭恺著.—上海:上海三联书店,2021.6(2024.11 重印)
ISBN 978-7-5426-7135-6

Ⅰ.①黑… Ⅱ.①曾… Ⅲ.①黑格尔(Hegel, Georg Wilhelm Friedrich 1770-1831)-哲学思想-研究 Ⅳ.①B516.35

中国版本图书馆 CIP 数据核字(2020)第 144122 号

黑格尔与现代西方本体论

著　　者 / 曾劭恺

责任编辑 / 邱　红　陈泠珅
装帧设计 / 徐　徐
监　　制 / 姚　军
责任校对 / 王凌霄

出版发行 / 上海三联书店
(200041)中国上海市静安区威海路 755 号 30 楼
邮　　箱 / sdxsanlian@sina.com
联系电话 / 编辑部:021-22895517
发行部:021-22895559
印　　刷 / 上海展强印刷有限公司

版　　次 / 2021 年 6 月第 1 版
印　　次 / 2024 年 11 月第 2 次印刷
开　　本 / 655mm×960mm　1/16
字　　数 / 273 千字
印　　张 / 19
书　　号 / ISBN 978-7-5426-7135-6/B·693
定　　价 / 78.00 元

敬启读者,如发现本书有印装质量问题,请与印刷厂联系 021-66366565